高等职业院校文化素质教育改革创新教材

主　编　卜繁燕　姜新民

副主编　蔡明玉　王佳宁　刘　畅　王洁漪

　　　　滕向华　宋琅琅　刘　琳

主　审　牟　岩

GAOZHI SHIYONG YUWEN

高职实用语文

中国教育出版传媒集团

高等教育出版社·北京

内容提要

本书内容分为上下编,上编为人文素质·涵养,下编为语文能力·实训。

上编包括七个单元,分别为:逐梦青春,不负韶华;阅读经典,浸润心灵;吟诵诗词,传承文化;回首峥嵘,赓续红脉;品味妙语,练就口才;体悟匠心,追求卓越;普通话水平测试专题。七个单元涵盖文学鉴赏、口语表达、应用写作、普通话等内容。每个单元既为独立的教学项目,又相互关联补充。

下编为精心设计的大学语文综合实训项目,包括青春主题演讲比赛、经典阅读交流会、古诗词吟诵展演、红色主题朗诵比赛、价值观主题辩论赛、职业岗位模拟面试、普通话水平模拟测试。这些项目采用活页式设计,具体可操作,且与上编每一单元的内容相呼应,实现了人文素养与语文听说读写能力培养的有机结合,能够有效提升学生的职业核心素养。

为了利教便学,部分学习资料(视频等)以二维码形式提供在相关内容旁,可扫描获取。本书另配有教学课件、教案等,供教学使用。此外,本书配套在线开放课程,可登录"超星学银在线"网站(http://www.xueyinonline.com)学习或开展线上线下混合式教学。

本书适合作为高等职业院校公共课教材使用。

图书在版编目(CIP)数据

高职实用语文 / 卜繁燕,姜新民主编. — 北京:
高等教育出版社,2024.9
ISBN 978-7-04-061299-8

Ⅰ.①高… Ⅱ.①卜… ②姜… Ⅲ.①大学语文课—
高等职业教育—教材 Ⅳ.①H193.9

中国国家版本馆CIP数据核字(2023)第222241号

策划编辑 雷 芳 责任编辑 雷 芳 封面设计 张文豪 责任印制 高忠富

出版发行	高等教育出版社		网　址	http://www.hep.edu.cn
社　址	北京市西城区德外大街4号			http://www.hep.com.cn
邮政编码	100120		网上订购	http://www.hepmall.com.cn
印　刷	上海盛通时代印刷有限公司			http://www.hepmall.com
开　本	787 mm×1092 mm　1/16			http://www.hepmall.cn
印　张	19.25			
字　数	400千字		版　次	2024年9月第1版
购书热线	010-58581118		印　次	2024年9月第1次印刷
咨询电话	400-810-0598		定　价	38.00元

前言

　　教育部、国家语委印发的《关于加强高等学校服务国家通用语言文字高质量推广普及的若干意见》(以下简称《意见》)指出,要"提高大学生语言文字应用能力""强化学生口语表达、书面写作、汉字书写、经典诗文和书法欣赏能力培养",并明确提出"支持高校开设大学语文、应用文写作、口语表达、经典诵读等语言文化相关课程",这对高职院校大学语文课程开设、建设及人才培养提供了依据,也指明了方向。

　　大学语文是一门集工具性、人文性和审美性为一体的课程,在语言文字应用、人文素养提升和艺术审美提高方面是其他课程所不能取代的,在传承文化、发扬精神和引领思想方面也具有独特的作用。本书基于大学语文课程的性质与定位,以党的二十大报告精神为指导,从高职学生的具体学情出发,结合职业院校人才培养目标和学生的职业岗位发展需求,围绕落实立德树人根本任务,将文学赏读、口语表达和应用写作融为一体,精心设计了七个单元。

　　第一单元以"青春梦想"为主题,旨在为刚开启人生新篇章的大学生拨开迷雾,明确奋斗目标,以便度过有意义的大学生涯。第二单元针对网络冲击下大学生阅读堪忧的现状,引导学生重视阅读,重拾阅读兴趣并掌握一定的阅读方法,在良好的阅读习惯中实现自我提升。第三单元传承中华优秀传统文化,将古代读书方法——吟诵引入教材,带领学生以一种不同于以往的方式重新感受汉语言的音律美和中国古典诗词的魅力,从而更加热爱祖国语言和文化,增强文化自信。这一单元的古诗词力求体现不同的风格和中国诗歌发展的脉络。第四单元以为党育人、为国育才为目标,精选红色经典作品,弘扬红色精神,赓续红色血脉,也充分体现了大学语文课程思政的特色。第五单元从语言表达的角度选文,通过欣赏古代历史人物能言善辩的描写及名家关于语言的论述,感受语言的魅力和影响力,加强口语练习,提高口才。第六单元对接校企合作,融入企业文化,紧密结合职业岗位,围绕劳动精神、工匠精神及各行各业共需的职业素养进行选文,为学生将来的就业和职业发展打下基础。第七单元从内容到体例的编排都有别于前六个单元,是对教育部、国家语委在《意见》中提出"加大普通话培训测试力度,为毕业生就业从事相关职业达到国家规定的普通话水平提供支持"的要求的贯彻落实。以普通话水平测试为推动力,能有效促进学生普通话水平的提高,助力以后的职业发展。此外,本书还设计了七个综合实训项目,与七个单元一一对应,这不仅丰富了语文教学,更能激发学生的语文学习兴趣,使学生在愉快的活动过程中有效提升语文能力。

本书的特色与创新可以归纳为以下几个方面。

1. 围绕立德树人,融入课程思政,培养情、思、观一体

党的二十大报告指出:"培养什么人、怎样培养人、为谁培养人是教育的根本问题。育人的根本在于立德。"本书围绕立德树人,以二十大报告精神为指导,全面融入课程思政,发挥大学语文学科的特色,为党育人,为国育才。每一单元的文学作品都蕴含丰富的课程思政元素,诸如家国情怀、优秀传统文化、理想信念、社会主义核心价值观、工匠精神等。本书单独设计了"回首峥嵘,赓续红脉"单元,通过精选红色经典作品生动地再现党的发展历程和峥嵘岁月,以革命先辈在战争年代的坚贞不屈和爱国精神,引发学生情感上的共振,思想上和价值观上的认同,进一步弘扬和传承革命精神,赓续红色血脉。

2. 传承中华优秀传统文化,引入古代吟诵,感悟音、形、义一体

在传承中华优秀传统文化方面,本书将古代读书方法——吟诵引入其中,即第三单元"吟诵诗词,传承文化"。吟诵是古人的读书方法。与朗诵相比,吟诵才能真正呈现汉语声音之美。吟诵也是打开古诗词学习新天地的一把钥匙,从声韵角度赏析古诗词作品更能贴近本意,更能感受古代文人的家国情怀,实现"诗教"目的。

3. 突出语文能力训练,采用活页式设计,达到学、练、用一体

本书突出语言文字应用能力的训练,不仅在上编融入口语表达和应用写作知识,设计了能力训练题目,还在下编与每一单元对应设计了七个综合实训项目,并在编写形式上大胆创新,采用活页式设计。任务单中明确了课前、课中、课后做什么,使得实训内容具体、可操作。评价表中将能力分解为各项考查指标,使学生对能力训练目标有更清晰的认识,从而有效促进能力提升。以实训项目为载体尽量扩大能力训练范围,如主持词、新闻宣传稿的写作,活动的策划、组织能力和做事善于总结的好习惯等。

本书由牟岩总体设计并主审，卜繁燕、姜新民拟定编写大纲和选定篇目，编委会成员分工完成初稿编选、撰写，具体分工情况为：卜繁燕负责第一单元，蔡明玉负责第二单元，滕向华负责第三单元，王佳宁负责第四单元，刘畅负责第五单元，王洁漪、刘琳负责第六单元，姜新民、宋琅琅负责第七单元。卜繁燕、姜新民全面参与了每一单元内容的修改和完善，最后由卜繁燕、姜新民统稿，由编委会集体校对。

　　在本书编写过程中，我们参阅了大量著作和期刊，借鉴了一些专家学者的观点，也援引了一些网上的信息，在此向各位作者表示由衷的感谢和深深的敬意。此外，编写组对烟台欣和企业食品有限公司、烟台安信精密机械有限公司、山东博锐机器人科技有限公司、万华化学（烟台）氯碱热电有限公司、鸣启数字科技（山东）有限公司等多家知名企业的企业文化进行了调研，他们对高素质技术技能人才的要求，特别是人文素养方面的要求也体现在本书中，感谢以上企业提供支持和帮助。由于编写者水平有限，加之时间紧迫，书中难免存在一定的局限和不足之处，恳请各位专家学者和使用本书的师生批评指正，我们将进一步努力，日臻完善。

编　者

目录

上编　人文素质·涵养

下编　语文能力·实训

上 编
人文素质·涵养

第一单元

逐梦青春　不负韶华

1.1 第一单元导语

以梦为马，不负韶华。你的梦想是什么呢？在美好的大学时光里，你又将如何追逐自己的梦想？

在古代，"四书"之一《大学》为儒家子弟指明了人生方向——修身齐家治国平天下，治国安邦、大济苍生是古代青年学子的梦想。一百多年前，李大钊在《青春》中号召青年去除陈腐，冲破罗网，再造青春之中国，彰显和鼓舞了青年们的爱国激情。新中国成立后的初建时期，王蒙的《青春万岁》序诗歌颂了青年们献身祖国、建设祖国的责任与豪情。新时代，许多青年参军入伍，在军营中谱写青春的诗篇。兰晓龙的《士兵突击》以成才、许三多的成长历程说明团队是个人成长的沃土。青年要将自己的梦想与集体、国家和民族联系起来，才能实现更有价值的人生。大学不同于高中，正如雅斯贝尔斯在《大学的观念》中指出，大学是自由的，大学生应是独立自主把握自己命运的人，大学生要有自我负责的观念，并带着批判精神从事学习。

为自己的梦想奋斗吧！确定一个具体的大学阶段的目标，总结过去，制订计划，并在本单元实训演讲中畅谈自己的计划，让同学们成为你人生的见证。实施计划，实现目标，三年后收获满满的你定会感谢今天有计划并努力付出的自己！

大学·经一章

《礼记》

大学①之道②，在明明德③，在亲民④，在止于至善⑤。知止⑥而后有定⑦，定而后能静，静而后能安，安而后能虑，虑而后能得。物有本末，事有终始。知所先后，则近道矣。

古之欲明明德于天下者，先治其国，欲治其国者，先齐其家⑧，欲齐其家者，先修其身⑨，欲修其身者，先正其心⑩，欲正其心者，先诚其意⑪，欲诚其意者，先致其知⑫，致知在格物⑬。物格而后知至，知至而后意诚，意诚而后心正，心正而后身修，身修而后家齐，家齐而后国治，国治而后天下平。

自天子以至于庶人⑭，壹是⑮皆以修身为本。其本乱而末⑯治者，否矣。其所厚者薄，而其所薄者厚⑰，未之有也⑱。此谓知本，此谓知之至也。

（选自《大学中庸译注》，王文锦译注，中华书局2019年版，标点有改动）

1.2《大学·经一章》朗读

---

① 大学：在古代有两种含义，一为"博学"，二为"大人之学"，二者具有相通之处。"大学"的第二种含义是与古代"小学"相对的，是比小学高一级的学习层次。古人8岁入"小学"，"详训诂，明句读"，学习"洒扫应对进退"和"礼乐射御书数"等基本礼节和文化基础知识；15岁入"大学"，开始研习内修和外治的大学问。　② 道：宗旨。"道"的本义是道路，引申为自然法则，亦称为"天道"，而"人道"则是关于社会和人自身的道理，即社会和人的价值标准。"道"内涵丰富，在不同的语境里有不同的含义。　③ 明明德：前一个"明"为动词，使动用法，即"使……彰明"；后一个"明"为形容词，含有高尚、美好之义。明明德就是弘扬美好的品德。　④ 亲民："亲"通"新"，使动用法，即"使……革新、弃旧图新"。亲民，使民众弃旧图新、去恶从善。　⑤ 至善：道德修养的最高境界。　⑥ 知止：知道目标所在。止，目标为至善境界。　⑦ 定：坚定。　⑧ 齐其家：齐，使动用法，使……整齐，井然有序；家，家庭或家族；齐家意为管理好自己的家庭或家族，使家庭或家族成员各处其位，既不缺位也不越位。　⑨ 修身：身，既指外在形体又指内在身心。修身重要的是修养内在身心。　⑩ 正心：端正心思，还心灵以纯净。　⑪ 诚意：真实地对待自己的意念。　⑫ 致知：力所能及地深究自己掌握的知识。　⑬ 格物：本意为接触事物，引申为洞悉事物中的理。　⑭ 庶人：指平民百姓。　⑮ 壹是：一律，一概。　⑯ 末：相对于本而言，指枝末、枝节。　⑰ 厚者薄、薄者厚：厚，形容词意动用法，以……为厚，即重视；薄，形容词意动用法，以……为薄，即轻视。厚者薄：该重视的不重视。薄者厚：不该重视的却加以重视。　⑱ 未之有也：宾语前置，正常语序为"未有之也"。意为没有这样的道理(事情、做法等)。

作品解读

本文为儒家经典"四书"之首《大学》中的"经一章"。《大学》原为《礼记》中第四十二篇。北宋程颢、程颐兄弟把它从《礼记》中摘出，编次章句，成为单行本。南宋朱熹又作《大学章句》，最终将《大学》和《论语》《孟子》《中庸》合编注释，称为"四书"。宋元以后，《大学》成为学校官定教科书和科举考试必读书，对中国古代教育产生了极大的影响。

关于《大学》的作者，程颢、程颐认为是"孔氏之遗书"。朱熹把《大学》重新编排整理，分为"经一章""传十章"，认为"经一章盖孔子之言，而曾子述之；其传十章，则曾子之意而门人记之也"，就是说，"经"是孔子的原话，学生曾子将其记录下来；"传"是曾子对"经"的理解和阐述，由曾子的学生记录下来。

《大学》为古代儒家子弟"初学入德之门也"，总结了先秦儒家的伦理政治思想，系统阐释了儒家修身致道的原则及步骤。全篇将道德修养和政治议论结合，以成熟的理论思维构建了中国封建社会儒家人生教育的总体框架。"经一章"提出"三纲八目"，"传十章"对"三纲八目"进行解释。所谓"三纲"，是指明明德、亲民、止于至善，既是《大学》的纲领宗旨，也是儒学垂世立教的目标所在。所谓"八目"，是指格物、致知、诚意、正心、修身、齐家、治国、平天下，是为达到"三纲"而设计的条目途径。"八目"分为内修和外治两大方面。前四目是内修，指向"明明德"；后三目是外治，指向"亲民"，而中间的"修身"，是连接"内修"和"外治"的枢纽，在"八目"中占中心位置。

1.3 大学之道

两千多年来，一代又一代中国知识分子在儒家思想的教育下"穷则独善其身，达则兼济天下"（《孟子·尽心上》），依循着"八目"实现人生进阶，无一例外地将人生奋斗目标指向家国，铸就了浓烈的家国情怀，也形成了特有的集体人格心理。

 思考与练习

1. "物有本末，事有终始。知所先后，则近道矣。"这一句中"道"是什么意思？你是怎样理解这句话的？结合课文谈谈你对"大学之道"的感悟。

2. 从《大学》里看，古代儒家学子的人生进阶有哪些步骤？你如何理解他们的共同人生指向呢？

3. 结合《大学》及古代名人事例,谈谈你对"修身"的理解。
4. 网上查阅或从图书馆借阅该书,并诵读《大学》全文。

先摆几个方块阵

南怀瑾

我们正式讲解《大学》《中庸》之前,首先需要了解中国文化中三个重要文字的内涵:"道"字、"德"字、"天"字,再加一个"大人"名词的意义。然后再研读《大学》或《中庸》,就好办得多了。

我们中国的文字,自远古以来,就不同于其他一些民族的文字。中国字是方块字,它与印度的梵文、埃及上古的象形文字,都以个体图形来表达思维语言的内涵意义。所以到了汉代,便有专门研究文字学的学问,以"六书"来说明中国文字的形成及其用法。所谓"六书"的内容,包括象形、指事、会意、形声、转注、假借。这属于汉学中最出色的"小学"和"训诂"的范围。但是,这是一门专门的学问,我们不必在这里多讲,免得浪费时间。不过,这里所讲的"汉学",是专门指汉代文字学、考证学,并不是现代外国人将中国文学或学术都称作"汉学"的意思。

那么,我提出读古书须先理解"道""德""天"等字,以及"大人"一词是什么意思。这也与汉代文字学的"小学""训诂"很有相关之处。因为我们要研究从春秋、战国时期以来的诸子百家书籍,尤其是儒道两家的书,对以上的几个字,用在不同语句、不同篇章里的含义,并不可只做同一意义的理解。否则,很容易把自己的思维意识引入歧途,那就偏差太远了。

"道"字的五个内涵

一是道路的道。换言之,一条路,就叫作道。很多古代书上的注解:"道者,径路也。"就是这个意思。

二为一个理则,或为一个方法上的原理、原则的浓缩之名词,例如,《易经·系传》说:"一阴一阳之谓道。"在医药上的定理,有叫医道,或药物之道。用于政治上的原则,便叫政道。用事军事,叫兵道。又如《孙子》十三篇中所用的一句话:"兵者,诡道也。"甚至自古以来,已经为人们惯用的口头语,所谓"盗亦有道",或者"天道""地道""人道"等的"道"字,都是指有某一个特定法则的道。

三是形而上哲学的代号,如《易经·系传》所说"形而下者谓之器""形而上者谓之道"。形而下,是指物理世界、物质世界有形有相的东西;"器"字,就是指有形有相的东西而言。那么,超越于物质或物理的有形有相之上,那个本来体性,那个能为"万象之主"的又是什么东西呢? 它是实在唯物的,还是抽象唯心的呢? 这是我们自古祖先传统的答案,不是"物",也不是"心",心物两样,也还是它的作用现象而已。这无以名之的它,便叫作道。例如《老子》一书,首先提出"道可道,非常道"的道,就是从形而上说起。其实,"大学之道"的道,也是从形而上而来的理念,且听后面慢慢道来。

四是讲话的意思,这是古代中原文化习惯的用词,你只要多看看中国古典民间通俗小说,就处处可见,"且听我慢慢道来",或是"他道""老婆子道"等,真是随手拈来,多不胜数。

五是汉魏时期以后,这个"道"字,又变成某一个宗教或学术宗派的最高主旨,或是主义的代号和标志。例如"侠义道"或"五斗米道"等。到了唐代,佛家(教)也用它来做代号,如"道在寻常日用间"。道家(教)更不用说,把它视为唯我道家独有的道了。推而行之,到了宋代,非常有趣的,在儒家学说学派之外,却另立一"道学"的名词,自以为在"儒学"或"儒林"之外,别有薪传于孔孟心法之外的"道学"的道,岂不奇而怪哉!

"德"字的内涵

我们现代人,一看到"德"字,很自然地就会联想到"道德",而且毫无疑问地,"道德"就是代表好人,不好的,便叫他"缺德"。其实,把这两个字联系在一起,是汉魏以后,渐渐变成口语的习惯,尤其是从唐代开始,把《老子》一书称作《道德经》。因此,道德便成为人格行为最普通、又是最高的标准了。但是,根据传统的五经文化,又有另一种解释:"德者,得也。"这是指已经达到某一种行为目的,便叫德。《尚书·皋陶谟》篇中的定义,共有九德——九种行为的标准:"宽而栗,柔而立,愿而恭,乱而敬,扰而毅,直而温,简而廉,刚而塞,强而义。"在《尚书·洪范》篇中,另外说到三德:"一曰正直,二曰刚克,三曰柔克。"在《周礼·地官》篇中,又有讲到六德:"知、仁、圣、义、中、和"。

另外有关"德"字,在魏晋以后,因为佛教、佛学的普及,提倡"布施",教导人们必须将自己所有,尽心施放恩惠,给予众生,这样才有修行的功绩基础。由此采用《书经》上一个同义词,叫作"功德"。后代人们有时讲到"德"字,就习惯性地与"功德"一词的观念连在一起,所以附带说明,以便大家了解。

我们了解到上古传统文化对于"德"字的内涵以后,把它归纳起来,再简化一点来讲,"道"字是指体,"德"字是指用。所谓用,是指人们由生理、心理上所发出的种种行为的作用。这对于研究《大学》一书,尤其是最重要的认识。不然,到了"明德"和"明明德"关头,就很容易模糊、混淆不清了。因为古文以简化为要,到了现在,中国人的教育,不从文字学入手,搞得自己不懂自己的文化。

"天"字的五个内涵

"天"字,真是"我的天哪"! 读古书,碰到这个天字,如果要仔细研究,那也不是那么容易,同是一个"天",看它用在哪里,又是哪一个"天"的意义,我们现在把它归纳起来,也与"道"字一样,有五个内涵。

一是指天文学上天体之天，也可以说，包括了无量无边的太空。可不是吗？外国叫航行太空，我们叫航天，并没有两样，各自文化不同，用字不同而已。这是科学的天。

二是宗教性的天，这是表示在地球人类之上，另外有个仿佛依稀，看不见、摸不着的主宰，叫它为天。在我们上古以来的传统习惯上，有时和"帝"字、"皇"字是同一意义。不过，"帝"或"皇"是把那个莫名其妙的东西，加上些人格化的意思而已。如果用"天"字，就抽象得多。在意识上，便有"天人之际"，自有一个主宰存在的意思。

三是形而上哲学的天，它既不代表陈列日月星辰的天体，统属于自然科学的范围，又不是宗教性的唯心之天。它既非心和物，又是心和物与一切万象的根源。它犹如萧梁时代，傅善慧大师所说的一首诗"有物先天地，无形本寂寥。能为万象主，不逐四时凋"的天。简言之，它是哲学所谓的"本体"之天。

四是心理情绪上的天。它如一般人习惯性地所默认的"命"和"运"关联的天。所谓"天理良心"，这是心理道德行为上所倚仗的精神的天。又如说"穷极则呼天，痛极则呼父母"，是纯粹唯心的天。

五是属于自然科学的范围，作为时间和空间连锁代号的天，例如一年三百六十五天，今天、明天、昨天，以及西天、东天等。

总之，先要了解这几个中国古书中，"天"字的差别意义，这在研究《中庸》一书时，更为重要。好了，我们为了讲《大学》，又是"过了一天又一天"了！

（选自《原本大学微言》，南怀瑾讲述，东方出版社2014年版，有改动）

"青春"诗文二篇

青春（节选）

李大钊

　　春日载阳，东风解冻。远从瀛岛，反顾祖帮。肃杀郁塞之象，一变而为清和明媚之象矣；冰雪冱寒①之天，一幻而为百卉昭苏之天矣。每更节序，辄动怀思，人事万端，那堪回首，或则幽闺善怨，或则骚客工愁。

　　当兹春雨梨花，重门深掩，诗人颠顶②，独倚栏杆之际，登楼四瞩，则见千条垂柳，未半才黄。十里铺青，遥看有色。彼幽闲贞静之青春，携来无限之希望，无限之兴趣。飘然贡其柔丽之姿于吾前途辽远之青年之前，而默许以独享之权利。

　　嗟吾青年可爱之学子乎！彼美之青春，念子之任重而道远也，子之内美而脩能也，怜子之劳，爱子之才也；故而经年一度，展其怡和之颜，饯子于长征迈往之途，冀有以慰子之心也。纵子为尽瘁于子之高尚之理想，圣神之使命，远大之事业，艰巨之责任，而夙兴夜寐，不遑启处③，亦当于千忙万迫之中，偷隙一盼，霁颜相向，领彼恋子之殷情，赠子之韶华；俾以青年纯洁之躬，饫④尝青春之甘美，浃⑤浴青春之恩泽，永续青春之生涯。致我为青春之我，我之家庭为青春之家庭，我之国家为青春之国家，我之民族为青春之民族。斯青春之我，乃不枉于遥遥百千万劫中，为此一大因缘，与此多情多爱之青春，相邂逅于无尽青春中之一部分空间与时间也。

　　推而言之，乃至生死、盛衰、阴阳、否泰、剥复、屈信、消长、盈虚、吉凶、祸福、青春白首、健壮颓老之轮回反复，连续流转，无非青春之进程。而此无初无终、无限无极、无方无体之机轴，亦即无尽之青春也。青年锐进之子，尘尘刹刹，立于旋转簸扬循环无端之大洪流中，宜有江流不转之精神，屹然独立之气魄，冲荡其潮流，抵拒其势力，以其不变应其变，以其同操其异，以其周执其易，以其无持其有，以其绝对统其相对，以其空驭其色，以其平等律其差别，故能以宇宙之生涯为自我之生涯，以宇宙之青春为自我之青春。宇宙无尽，即青春无尽，即自我无尽。

　　此之精神，即生死肉骨、回天再造之精神也。此之气魄，即慷慨悲壮、拔山盖世之气魄也。惟⑥真知爱青春者，乃能识宇宙有无尽之青春。惟真能识宇宙有无尽之青春者，乃能具此种精神与气魄。惟真有此种精神与气魄者，乃能永享宇宙无尽之青春。

---

① 冱（hù）寒：天气严寒，积冻不开。　② 颠顶：憔悴。　③ 不遑启处：遑（huáng），闲暇。处（chǔ），休息。指没有闲暇时间过安宁的日子。　④ 饫：yù，饱（食）。　⑤ 浃：jiā，（湿）透。　⑥ 惟：唯。

人类之成一民族一国家者，亦各有其生命焉。有青春之民族，斯有白首之民族。有青春之国家，斯有白首之国家。吾之民族若国家，果为青春之民族、青春之国家欤？抑为白首之民族、白首之国家欤？苟已成白首之民族、白首之国家焉。吾辈青年之谋所以致之回春为之再造者，又应以何等信力与愿力从事，而克以著效。此则系乎青年之自觉何如耳！

吾族今后之能否立足于世界，不在白首中国之苟延残喘，而在青春中国之投胎复活。盖尝闻之，生命者，死与再生之连续也。今后人类之问题，民族之问题，非苟生残存之问题，乃复活更生、回春再造之问题也。与吾并称为老大帝国之土耳其，则青年之政治运动，屡试不一试焉。

吾愿吾亲爱之青年，生于青春死于青春，生于少年死于少年也。德国史家孟孙①氏，评骘锡札②曰："彼由青春之杯，饮人生之水，并泡沫而干之。"吾愿吾亲爱之青年，擎此夜光之杯，举人生之醍醐浆液，一饮而干也。人能如是，方为不役于物，物莫之伤。大浸稽天而不溺，大旱金石流土山焦而不热，是其尘垢粃糠，将犹陶铸尧、舜。自我之青春，何能以外界之变动而改易，历史上残骸枯骨之灰，又何能塞蔽青年之聪明也哉！市南宜僚见鲁侯，鲁侯有忧色，市南子乃示以去累除忧之道。有曰，"吾愿君去国捐俗，与道相辅而行。"君曰："彼其道远而险，又有江山，我无舟车，奈何？"市南子曰："君无形倨，无留居，以为舟车。"君曰："彼其道幽远而无人，吾谁与为邻？吾无粮，我无食，安得而至焉？"市南子曰："少君之费，寡君之欲，虽无粮而乃足，君其涉于江而浮于海，望之而不见其崖，愈往而不知其所穷，送君者皆自崖而反，君自此远矣。"③此其谓道，殆即达于青春之大道。

青年循蹈乎此，本其理性，加以努力，进前而勿顾后，背黑暗而向光明，为世界进文明，为人类造幸福。以青春之我，创建青春之家庭，青春之国家，青春之民族，青春之人类，青春之地球，青春之宇宙，资以乐其无涯之生。

（选自《李大钊诗文选集》，李大钊著，人民文学出版社1981年版，原文有删改）

《青春万岁》序诗

王 蒙

所有的日子，所有的日子都来吧，
让我编织你们，用青春的金线，

---

① 孟孙：指蒙森（Theodor Mommsen，1817—1903）德国历史学家。 ② 评骘：骘读音zhì，评定。锡札：罗马执政官恺撒。 ③ "市南宜僚见鲁侯"：出自《庄子·外篇·山木》，此处引用旨在阐述"青春之道"的"道"是什么。

和幸福的璎珞，编织你们。

有那小船上的歌笑，月下校园的欢舞，
细雨蒙蒙里踏青，初雪的早晨行军，
还有热烈的争论，跃动的、温暖的心……

是转眼过去了的日子，也是充满遐想的日子，
纷纷的心愿迷离，像春天的雨，
我们有时间，有力量，有燃烧的信念，
我们渴望生活，渴望在天上飞。

是单纯的日子，也是多变的日子，
浩大的世界，样样叫我们好惊奇，
从来都兴高采烈，从来不淡漠，
眼泪，欢笑，深思，全是第一次。

所有的日子都去吧，都去吧，
在生活中我快乐地向前，
多沉重的担子，我不会发软，
多严峻的战斗，我不会丢脸；
有一天，擦完了枪，擦完了机器，擦完了汗，
我想念你们，招呼你们，
并且怀着骄傲，注视你们。

（选自《王蒙自选集·小说卷》，王蒙著，天地出版社2017年版，有改动）

作者简介

1.4 李大钊

　　李大钊（1889—1927），字守常，河北乐亭人，是中国共产主义运动的先驱，伟大的马克思主义者，杰出的无产阶级革命家，中国共产党的主要创始人之一。

　　李大钊自幼父母双亡，由祖父教养成人。他于1913年赴日留学，就读于东京早稻田大学，并开始接触社会主义思想和马克思主义学说。日本提出旨在灭亡中国的"二十一条"后，他积极参加留日学生总会的爱国斗争，

起草《警告全国父老书》，呼吁全国人民团结一致，保卫锦绣河山。1916年回国后，他任北京大学图书馆主任并参加《新青年》编辑部工作。他积极投身新文化运动，宣传民主、科学，抨击封建礼教与旧道德。俄国十月革命的胜利令他备受鼓舞，他发表了《庶民的胜利》《布尔什维主义的胜利》等文章和演说，从一个爱国的民主主义者转变为马克思主义者。他大力宣传马克思主义，为中国共产党创建准备了思想条件。他是中国共产党的主要创始人之一。党成立后，他代表党中央指导北方工作，开展工人运动，建立党的组织。1927年4月，他被捕入狱。他在狱中备受酷刑，但坚贞不屈。4月28日，他英勇就义，时年38岁。

王蒙，1934年生于北京，中国当代作家、学者，曾担任文化部部长、中国作家协会名誉主席。他著有长篇小说《青春万岁》《活动变人形》等，中短篇小说《组织部来了个年轻人》《坚硬的稀粥》《布礼》等，评论随笔《〈红楼梦〉启示录》《漫话小说创作》《你好，新疆》等。此外，他还写了数量众多的诗歌、散文。

王蒙一生创作颇丰，仅小说就有近百部。他的作品反映了中国人民在前进道路上的坎坷历程，被翻译成二十多种语言在各国发行，曾获意大利蒙德罗文学奖、日本创价学会和平与文化奖等。2019年9月17日，国家主席习近平签署主席令，授予王蒙"人民艺术家"国家荣誉称号。

1.5 王蒙

作品解读

1.6 李大钊
《青春》鉴赏

《青春》是李大钊1916年春写下的一篇文章，并于当年9月发表于陈独秀主编的《新青年》第二卷第一号。近代以来，中华民族遭受西方列强入侵，历经衰败，几近危亡，可谓饱尝困苦与磨难。辛亥革命推翻了两千多年的封建帝制，实现了政治领域国家体制的大变革；新文化运动在思想领域也掀起了一场彻底的反封建主义革命，促进了民主、科学及马克思主义在中国的传播。李大钊是新文化运动的先行者，他意识到创建一个充满青春活力的中华民族的迫切性。27岁的李大钊正值"青春"年纪，他由四季之春想到了人生之春、政治之春，渴望中国能够摆脱腐朽衰颓的局面而重新焕发青春的朝气，只有这样，中华民族才能获得真正的解放和发展，于是提笔写下了《青春》一文。文中将爱国与救国高度统一，指出中国正处于黑暗与黎明之交，鼓励青年为建设蓬勃朝气的国家而奋斗。他希望将青春的精神和气息融入家庭、国家乃至民族，写下了"以青春之我，创建青春之家庭，青春之国家，青春之民族，青春之人类，青春之地球，青春之宇宙，资以乐其无涯之生"的经典语录，振聋发聩。这篇文章唤醒了无数青年，也激励了他们为青春中国而奋斗！

1.7 王蒙《青春万岁》序诗鉴赏

　　《青春万岁》是王蒙的处女作，创作这部小说时，他年仅19岁。小说描写的是20世纪50年代初期一群高三学生的学习和生活。文中塑造了杨蔷云、李春、郑波等青年形象，抒发了他们的情感、苦闷和向往，也赞美了他们不断探索的精神、昂扬向上的斗志和如歌似诗般的青春热情。在写作手法上，《青春万岁》虽是小说，却大量运用抒情笔法，许多章节和段落体现出诗歌和散文的特点。《青春万岁》序诗是对青春的赞美，对青春生活的描绘。诗歌开篇发出热情的呼唤，表达了青年们对未来生活的热爱和期待。第二小节描写了"小船上的歌笑""月下校园的欢舞""细雨蒙蒙里踏青""初雪的早晨行军"四幅青春场景，是美好的回忆，充满浪漫诗情，展现了青年学生富有朝气、激情和活力的一面。三四小节抒发了青年们面对毕业和未知的生活所表现出来的不留恋过往、不畏惧将来的情感，他们有时间，有力量，有燃烧的信念，他们会哭，会笑，会深思，有丰富的情感和思想。第五节与第一小节形成呼应，第一小节对未来发出呼唤，第五小节对过去进行告别。作者代表青年们对未来的生活进行了展望并发出誓言，在祖国建设的各个岗位上贡献力量，无论多沉重的担子、多严峻的战斗，都要勇往直前，不给青春丢脸，充分展现了那个时代的青年特有的精神面貌——满怀献身祖国、建设祖国的自觉与责任、豪情与壮志。本首诗歌在朗诵时应充满热情欢快、兴奋激昂、向往憧憬的情绪。

思考与练习

　　1. 李大钊在《青春》中引用了庄子寓言"市南宜僚见鲁侯"的故事，你是否能理解市南子所说"道"的含义？这与李大钊所说"青春之大道"有何相通之处？

　　2. 王蒙在《青春万岁》序诗中用热情洋溢的笔触书写了20世纪50年代初期年轻人的青春生活，具有鲜明的时代特点。请通过聊天、欣赏老照片等途径了解家中长辈的青春，并以此为主题自拟题目写作。

3. 有感情地朗诵两篇课文,体会不同历史时期年轻人的青春风采。

4. 课后阅读李大钊《青春》全文和王蒙长篇小说《青春万岁》。

拓 展 阅 读

打造青春之我与青春中华:读李大钊《青春》

张　剑

　　五四是一个高度重视个性的时代。在外国思潮的启迪下,中国人开始重新发现自我、肯定自我甚至是崇拜自我,原先一直隐藏在集体、"大我"之下的自我开始突围,由此也形成了五四青春飞扬、酣畅淋漓的特质。然而,在五四多元、驳杂的文化语境中,对自我与"个性"的理解存在很大的偏差。以郭沫若等人为代表的创造社强调个人与自我的反叛与自由,那舍弃旧皮囊在烈火中涅槃的凤凰,那打倒一切、反叛一切的"天狗",就是他们心目中自我的理想型。即使在《新青年》内部,对个性与自我的理解也不尽相同。胡适认为"社会最大的罪恶莫过于摧折个人的个性,不使他自由发展""个人须要充分发达自己的才性;须要充分发展自己的个性"。

　　与胡适等人的"个人本位"不同,李大钊代表了《新青年》对这一问题的另外一种理解方式,那就是强调个人与国家、社会的统一。在李大钊有限的人生中,始终保持着对民族、国家问题的热切关注。写作《青春》前一年即1915年1月,日本驻华公使向总统袁世凯递交了包括5项共21条内容的处理山东及其他问题的意见书,即"二十一条",要求中国政府承认日本接收德国在山东享有的一切权益等无理要求,严重损害中国主权,引起中国人民的极大愤慨。彼时尚在日本留学的李大钊就积极参加了留学生反对"二十一条"的运动,并写下了极富感染力的《警告全国父老书》:"噩耗既布,义电交驰。军士变色,学子愤慨,商人喧噪,农夫激怒。凡有血气,莫不痛心,忠义之民,愿为国死。留日学子,羁身异域,回望神州,仰天悲愤。既然到了国亡人死之际,已无投鼠忌器之顾虑,应有破釜沉舟之决心。万一横逆之来,迫我于绝境,则当率我四万万忠义勇健之同胞,出其丹心碧血,染吾黄帝以降列祖列宗光荣历史之末页。"1916年,在同一时期为《晨钟报》创刊号写的发刊词中,李大钊再次提到年轻人的社会使命:"吾人须知吾之国家若民族,所以扬其光华于二十稘之世界者,不在陈腐中华之不死,而在新荣中华之再生;青年所以贡其精诚于吾之国家若民族者,不在白发中华之保存,而在青春中华之创造。《晨钟》所以效命于胎孕青春中华之青年之前者,不在惜恋斸斸就木之中华,而在欢迎呱呱坠地之中华。是故中华自身无所谓运命也,而以青年之运命为运命;《晨钟》自身无所谓使命也,而以青年之使命为使命。青年不死,即中华不亡,《晨钟》之声,即青年之舌,国家不可一日无青年,青年不可一日无觉醒,青春中华之克创造与否,当于青年之觉醒与否卜之,青年之克觉醒与否,当于《晨钟》之壮快与否卜之矣。"字里行间均充溢着对青年的殷切期待。

《青春》一文写作与发表时,五四运动并未发生。几年之后,被视为中国现代史开端的五四运动爆发。正是在五四运动中,一大批年轻人罢课罢工、游行示威,走上了历史的前台,吹响了中华民族反帝反封建的号角。梁启超、陈独秀、李大钊联袂对青年的赞美与期盼,终于随着历史的进展成为现实。五四运动以青年为先导,为先锋,固然与青年本身就血气方刚、容易群情激奋有关,也与晚清以来有识之士的舆论引导有关。"导师"的殷殷期待与"青年"的奋发有为,成为中国近现代史上的一道亮丽风景。因此,也可以将《青春》视为青年人觉醒、青春之中华崛起的伟大预言,其历史意义由此彰显。

多年之后,著名作家王蒙在重读《青春》时依然感慨不已:"重读李大钊之《青春》,为我国早期共产主义志士追求之弘远,感情之炽烈,境界之崇高,学问、思想、直到词汇之丰富而拍案叫绝,而热泪盈眶。"那种为民族国家献身的热忱,感动着一代代的读者。不论在什么时代,青年都是国家的希望与未来,都应该是朝气蓬勃的、意气风发的。正如王蒙所希冀的:"一百多年过去了,中国已经不是那个风雨如晦、摇摇欲坠的中国了,同样我们也期待着当初少年精神、青春精神的回归、重现与发展、完美。"

(选自《五四那些经典》,张宝明等著,万卷出版公司2019年版,原文有删改)

士兵突击（节选）

兰晓龙

第二十一集

成才端坐，甚至比在场的每一位高阶军官更像军人——他已经只好捞这点印象分了。

成才所面临的评估与那几个都不同，接近于穷追猛打。

袁朗：……在与所有人失去联系后，你判定行动失败，因此撤出战区？

成才：是的。

袁朗：判定依据是什么？

成才：作战部队减员过半视为丧失战斗力，E组减员达四分之三。

袁朗：这是常规战争中常规部队的逻辑。昨天的态势是常规战争吗？我们是常规部队吗？你意识到放弃行动的后果吗？我们的一切训练是不是都预示我们将在高压甚至绝境下作战？

成才：我害怕了，我承认，可这只是第一次，以后不会。

袁朗：我们都能理解。其实我们也用了一切手段来让你们害怕。

成才把这误认为一线生机，他是从不放弃机会的人。

成才：我错了。觉悟不够，以后一定加强学习。军人是要有随时舍生赴死的觉悟。这次我失败了，但下次我不会做得比别人差，我有这个自信。

袁朗看着他，眼神越来越显得遗憾。

袁朗：成才，让你们把演习当成真实，需要比演习本身花费更多的精力，为什么要这么做？

成才：为了……看我们的真实表现。

袁朗：错了。成才，你总把什么都当成你的对立，总想征服一切。费了很大力气，只是想你们在没有战争的时候就经历第一场战争。在战争中伤亡最重的总是新兵，因为没有心理经历，没有适应时间。我们制造这样的心理经历，可这样的机会只有一次，下次就不灵了。成才，我是说，这样的经历在你的人生中也只有一次，可你放弃了。

成才：（显得很不安）对不起，我……很遗憾。

袁朗：我也很遗憾。成才，我们肯定你的能力，但无法接受你为我们的成员。我不怀疑，真正的战争中，你会奋勇杀敌，仅凭杀伤数目就能成战斗英雄——可是，那真不是这支部队需要的,甚至不是现代战争需要的。

成才咬着嘴唇,端坐,脸色发白,他在坚忍,也在崩溃。

成才:为什么? 理由? 理由! 就是这么一次! 只是这一次!

袁朗:理由——你太见外。别人或者团队,很难在你心里占到一席之地。你很活跃也很有能力,但你很封闭,你只是关在自己的世界里想自己的,做自己的。成才,我们这些人不是为了对抗,你的战友甚至你的敌人,需要你去理解,融洽和经历。

成才:凭什么这么说我? 我是什么人你又怎么知道!

袁朗:小小地测试一下吧,成才,给我们解释一下七连最重要的六个字。

成才在愤怒中愕然,在这一年的疯长中,七连对他来说已经是个太远的话题。

成才:七连? ……

袁朗:你军龄才三年,不至于连待过两年的老部队都忘了吧?

成才:钢七连! 怎么会忘? 没忘! ……六个字?

袁朗(苦笑):这道题我收回。我一直在想,你怎么会违背这六个字,是我们让你不安,还是你太过患得患失。现在我知道了,你在那里生活了两年,那地方为之自豪的根本,可那六个字根本没进过你的心里——不放弃,不抛弃。

成才脑子发炸,眼前黑了一下。

就在几分钟前,就在门外,许三多伸过来的手。

许三多:成才别泄气。不放弃,不抛弃。

成才根本没理那句话,也没理那只手,没理他唯一的机会。

眼前仍在发黑,脑子还在发炸,把他炸回了现实的世界。

袁朗已经站在他身前,看着,同情,但是遗憾。

袁朗:你经历的每个地方、每个人、每件事都要你付出时间和生命,可你从来不付出感情。你冷冰冰地把它们扔掉,那你的努力是为了什么呢? 为一个结果虚耗人生? 成才,你该想的不是成为特种兵,是善待自己,做好普通一兵。

成才:我不知道! ……我不知道你是指这六个字!

袁朗:你知道,可心里没有。七连是你过路的地方,如果有更好的去处,这里也是你过路的地方——我们不敢和这样的战友一起上战场。

成才:我不服! 不信! 我的分是最高的! 表现也最好! 一个月前你就说了,欢迎成为老A的一员! 还有这臂章! 我早就是老A了,怎么说走就让走?

他看来已经失去控制,袁朗压低了身子,他说的话不想让铁路他们听到。

袁朗:记得27吗? (成才茫然)拓永刚。

成才:……记得。

在那个夜色与晨光交织的黎明,愤怒的拓永刚正在对着袁朗叫嚷。

拓永刚:我找你! 找的就是你!

成才站在他旁边,面无表情地看着。

袁朗：我给了他一次机会。

拓永刚：不收回。就是你，如果你能用我这支枪射击，一分钟内打出你们的所谓合格成绩。我弃权。

成才仍然淡漠地看着。

袁朗：你知道我能做到的，你和我较量过。我希望你阻止他。

但是成才淡漠地站在靶坑里，旁边正在发生的事情与他没有关系。

袁朗看着拓永刚，也看着成才，眼里深深的遗憾。

袁朗：但是你什么也没有做，他跟你没有关系。你们是同寝，一起经历那样的艰难，但你认为他和你没有关系。他是你的竞争对手，你想到你少去了一个竞争者，却没想失去了一位战友。

成才淡漠地站着，想着自己的心事。

成才从伍六一身边跑开。

成才离开沙漠中的五班。

成才扔下一个烟头，从孬兵许三多身前走开。

成才离开正在患难中的七连。

现实中的成才呆坐着。

袁朗：我很失望。我想，这样优秀的一名士兵，为什么不能把我们当作他的战友——从那时候我已经对你失望。

成才呆坐着，袁朗的声音在画外，很轻，但对他如同雷电。

袁朗：你们是团队的核心、精神、唯一的财富。其他都是虚的，我无法只看你们的表现，只能看人。成才，你知道我觉得你唯一可取的一点是什么吗？

成才：（木然地）不是我的射击。

袁朗：是你在放弃之前叫了你朋友的名字。我终于发现还有一个人是你在意的，可这不是说你就学会了珍惜。回去吧，成才，对自己和别人都仁慈一点，好好做人。

那是逐客，成才僵硬地站了起来，从这里走出去他就没了希望，但就算在这里戳到明天依然没有希望。

（选自《士兵突击》，兰晓龙编剧，北京人民文学出版社2010年版，有改动）

作者简介

兰晓龙，1973年出生于湖南邵阳，毕业于中央戏剧学院，是中国杰出的军旅题材剧作家。1997年，他毕业后进入原北京军区战友话剧团，成为一名职业编剧。

1.8 兰晓龙

为了创作优秀的作品，他深入部队磨炼，体验军人生活，创作了话剧《爱尔纳·突击》，并获得老舍文学奖、曹禺戏剧文学奖。2006年，他以剧本《爱尔纳·突击》和小说《士兵》为基础，创作了电视剧本《士兵突击》，该剧一经播出就获得热烈的社会反响和很高的收视率，他也凭借该剧获得白玉兰最佳编剧奖、金星优秀编剧奖以及飞天优秀编剧奖。《士兵突击》与他的另外两部军旅题材作品《我的团长我的团》和《生死线》被称为"战争三部曲"。此外，他还有优秀作品《零号特工》《好家伙》等。2021年，他的电影编剧作品《长津湖》和长篇小说《冬与狮》，讲述的是"七连"前传——在朝鲜战争长津湖战役作战的故事，再现了中国志愿军抗美援朝的真实情景，感动亿万观众。

 作品解读

《士兵突击》讲述了两个士兵的成长故事。这两个士兵，一个是许三多，一个是成才。

许三多是一个普通到有点笨的士兵，但他凭借着坚定执着的信念和"笨鸟先飞"的精神，克服了自身局限，演绎出一个个传奇的军旅故事，最终成为优秀的"兵王"。而成才则是一个聪明到"鬼精"的士兵，做每件事都有强烈的目的性和功利心。看似成才更应该"吃得开"，但他却屡屡因为自己的"精明"遭遇挫败：钢七连改编时他自以为聪明地"另择高枝"，选择将钢七连"抛弃"，结果被安排到"差兵收容所"——草原五班；他个人军事素养很好，在选拔特种兵时考了第一名，在老A里也是各项技能考试的成绩优异者，但是由于自私、功利、缺乏团队意识，在关键考核中又一次因为他的"放弃"与"抛弃"，而被退回了原部队。

本文所选的就是老A考核结束后进行评估时袁朗与他的一段对话。对话的核心就是袁朗对成才的一次彻底剖析。袁朗是爱才的，因此，他的话里既有对成才人格的深刻分析，也充满惋惜、遗憾和失望。而成才也从一开始的心存侥幸、自我辩护转到后来渐渐有所领悟。这段对话对于成才来说有着非同一般的意义。如果没有这次触及灵魂的谈话，成才可能永远不会成长为一个真正的好兵。成才回到原先的草原五班，似乎是重回原点，但他顶住了打击和压力，不断检讨、反省自己，把原来少有人来的哨站建成所有部队都喜欢到这里补充给养的中转站，也重新赢得了战友们的认可和获得参加特种兵选拔的机会。

如果说许三多是从正面诠释了"不放弃、不抛弃"的内涵，那么成才就是从反面对这句话做了另一种表达。成才从入伍到最后重返老A的这段历程，也是一个"不抛弃，不放弃"的历程。"不抛弃，不放弃"，其实就是自己与自己较量。有的人往往尚未努力就在假定的失败面前被自己臆想的难度吓倒、打败，从而选择了放弃和逃避。而许三多和成才用自己的成长历程告诉我们，只有坚定信念，不断战胜自己，才能像蝴蝶破茧一样，实现对自我局限的突破。

思考与练习

1. 阅读《士兵突击》长篇小说或观看电视剧，并对比评价成才与许三多。
2. "不抛弃，不放弃"是钢七连的精神，结合成才与许三多的成长经历谈谈你对这一精神的理解。

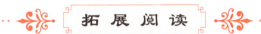

拓 展 阅 读

《长津湖》——冰雪中的中国红

章　颖

72年前，中国人民志愿军雄赳赳气昂昂跨过鸭绿江，这支钢少气多的部队，在冰天雪地中打败了所谓"联合国军"的飞机坦克，锻造了无数传奇。关于这些传奇，作为一名中国人，我们可能永远无法停止讲述的冲动。电影《长津湖》《长津湖之水门桥》《狙击手》就是这种讲述冲动最具象的展现，引人凝神注视这段高扬理想、充满激情的历史。

2021年9月25日，电影《长津湖》全国首映。时长接近3小时的战争史诗巨制影片，以气势恢宏的笔调全景式呈现了对于抗美援朝胜利具有奠基意义的长津湖战役，受到广泛好评，并形成现象级的传播，刷新了中国影史30多项纪录，票房高达57.75亿元，成为中国影史票房冠军。2022年春节档，《长津湖之水门桥》《狙击手》接踵公映，

继续奏响气壮山河的英雄赞歌，给予抗美援朝精神丰富、立体、生动的阐释，为我们赓续爱国情、强国志、报国行提供了强大的精神动力。

抗美援朝精神是祖国和人民的利益高于一切、为了祖国和民族的尊严而奋不顾身的爱国主义精神。电影《长津湖》《长津湖之水门桥》中，家国形象和爱国主义精神无处不在。这种精神最初只是朴素的爱家爱国之情。伍万里参军的理由是：政府给家里分了田地，美国想要拿走，不愿意。有一首歌唱得好，"家是最小国，国是千万家"。个人捍卫自家土地的决心，叠加升华成为国家捍卫主权的坚强意志。捍卫祖国，就是在捍卫每个人的小家，捍卫每个人的权利。朴素的爱家爱国之情凝聚，形成了强大的战斗精神。在去往朝鲜的列车打开的车厢门外，巍峨的群山和万里长城扑入喧哗驿动的第七连战士眼帘，战士们瞬间陷入了集体的静穆，那是被祖国大好河山的壮美震撼了，爱国主义情感在静穆中激荡，化成了他们在战场上奋勇向前的原初动力。这种动力驱使着这些或年轻或年长的战士在战场上驰骋，并最终升华成为祖国和民族的尊严而奋不顾身的爱国主义精神。"祖国和人民的利益高于一切"从来不是一句空话，它关系着祖国的每一寸土地，关系着生活在这片土地上的每一个鲜活的人。

抗美援朝精神是英勇顽强、舍生忘死的革命英雄主义精神。《长津湖》中，段奕宏饰演的谈子为被称为"打不死的英雄"。他带着"巴祖卡"爬上山坡对准俯冲而下的敌机，把自己暴露在敌机的视野中，凭借英勇无畏的精神、强大的应变能力、行云流水的熟练操作，一发击中机翼，创造了传奇。谈子为这个人物的原型，在抗美援朝战争中真实存在，但英雄绝不仅仅只有这一个，七连的名录本上，那些牺牲的名字，都应该被铭记，谈子为只是其中的一个代表。影片中，谈子为是伍千里的兄弟，是伍万里的人生导师和偶像，是千千万万敢于斗争、善于斗争、英勇顽强、舍生忘死的志愿军英雄的代表。他曾对伍万里说："没有冻不死的英雄，更没有打不死的英雄，只有军人的荣耀！"在《长津湖之水门桥》中，谈子为在炸桥任务中被爆炸崩出来的石子击穿小腹，等战士拿回情报，坚持部署完战术后光荣牺牲。是的，英雄也是肉体凡胎，是不朽的革命英雄主义精神贯注其中，铸就了坚不可摧的意志和战无不胜的信心，铸就了军人的荣耀。

抗美援朝精神是不畏艰难困苦、始终保持高昂士气的革命乐观主义精神。抗美援朝战争的艰苦，在《长津湖》里是通过鲜明的对比展现的。一穷二白、装备落后的英雄尖刀连七连对阵美军大名鼎鼎的"北极熊团"，敌人有着绝对的制空权，我们的志愿军却连像样的炮都没有，主要靠从敌人的手中抢夺；敌人在感恩节大鱼大肉、战场上还喝着热咖啡，我们的志愿军战士仅有的食粮却是冻得能崩掉牙的土豆，并且就连这样的食物也不能充足供应。据战后统计，九兵团在长津湖战役中冻伤28 954人，冻死4 000余人，加之极寒天气下武器装备常常难以使用，弹药补给也跟不上，战斗力受到极大影响。就是在这样的条件下，志愿军还是怀着必胜的信念，不畏艰苦，勇敢向前，最终全歼"北极熊团"。什么支撑了他们？正是革命乐观主义精神。影片中，伍千里在战斗间隙规划着战后的生活，雷公也总是愉快地回应着他的规划。即使在残酷的环境中，这些"最可爱的人"也没有放弃希望。所谓"钢少气多"，这"气"正是革命乐观主义的精神气。七连战友之间的兄弟情、对国家对人民的信心、对未来的憧憬和希望凝成了这个英雄连队坚如磐石的战斗精神。这种精神，就是水门桥之战后，飘扬在战地上的那抹中国红，是国旗的颜色，也是希望的亮色。

抗美援朝精神是为完成祖国和人民赋予的使命、慷慨奉献自己一切的革命忠诚精神。《长津湖》中最震撼人心的一幕，也是抗美援朝战争中最震撼人心的一幕，是一排排志愿军战士俯卧在零下40摄氏度的阵地上，被冻成了冰雕，却仍手握钢枪、手榴弹，保持着整齐的战斗队形和战斗姿态……他们身上这不辱使命的坚定信念、献身祖国的赤胆忠心，无不是民族风骨、民族力量、民族血性在战争中的结晶，无不是中华民族的革命忠诚精神在抗美援朝战争中的锤炼和升华！为完成祖国和人民赋予的使命，他们慷慨奉献了自己的一切，包括宝贵的生命。战士们如此，领袖们又何尝不是？毛主席亲自把儿子送上朝鲜战场，让他隐姓埋名。直至牺牲，战友们都不知道毛岸英的真实身份。儿子牺牲的消息传来，毛主席也只是一个忍受白发人送黑发人痛楚的普通父亲。七连的指导员梅生说："我们打这一仗，是为了我们的下一代不打仗。"是先辈们的牺牲和革命忠诚精神换来了我们今天的和平。和平，来之不易。

抗美援朝精神是为了人类和平与正义事业而奋斗的国际主义精神。影片中表现了1950年国家领导人对于"要不要出兵朝鲜"的深思熟虑。毛主席雪夜焦灼徘徊，是因为决定不易。当时新中国刚刚成立，一穷二白，百废待兴，国内有人对派兵出国与以美国为首的多国部队作战也不理解。但是，从地缘政治的视角看，朝鲜与中国山水相连，唇亡齿寒，美国兵临城下，我国国家安全必受威胁。美军仁川登陆后，战火更是烧至鸭绿江边。"打得一拳开，免得百拳来"。以"中国人民志愿军"名义出兵，既为援助朝鲜，也是保家卫国。抗美援朝战争是为了人类和平而奋斗的正义之战，是中国共产党和人民军队为了捍卫祖国和兄弟国家的主权亮出的铮铮铁骨，是为了捍卫来之不易的和平而反抗强权的民族风骨。战争结局是和平正义的国际主义精神的胜利。

（选自《思想政治工作研究》2022年第5期）

大学的观念

卡尔·雅斯贝尔斯

大学也是一所学校,但它是一种特殊类型的学校。不应将大学仅仅视为传授学问的场所,更重要的是,在大学里,学生可以在教授的指导下参与科学研究,并由此获得终身受用的学科思维方式。学生在大学里应该学会对自己负责,批判性地追随他的教授。他应该享有学习的自由。教授的职责则是通过学科传授真理。他拥有教学的自由。

大学的理念存续于每一位学生和教授的实践,相较而言,大学的机构形式则是次要的,如果大学的生命消解了,仅凭机构形式无法将其挽救。大学的生命在于人与人之间的关系,在于教授传递给学生合乎其自身境遇的思想以唤醒他们的自我意识。大学生总是潜心寻觅这种理念,他们做好了接受它的准备,但当他们无法从教授那里得到任何有益的启示时,便会无所适从。然后,他们必须自己去寻找理念的光亮。

学生是未来的学者和研究者。即使是在以操作性而非理论性手段展示真理的地方——操作性手段在创造力方面并不亚于科学和学术性成果——他也能将思考贯彻于整个过程,如果这样的话,在哲学和理性方面,他终其一生都不会迷失方向。

学生根本上拥有学习的自由。他不再是高中生,而是成熟的、高等学府中的一员。如果要培养具有科学精神和独立人格的人才,就要让年轻人敢于冒险。当然,他们也有懒惰、散漫并因此脱离学术职业的自由。

假如为助教和学生设定条条框框,那么精神生活、创造和研究便会走向终结。在这种环境中成长的人,必然在思维方式上模棱两可,缺乏批判力,也不会在每一种境况中都坚持寻求真理。自由是大学赖以生存的空气。应该让全国公民而不仅仅是特定阶层的人拥有这项权利。同时,也不要以一些考察特殊技能的考试淘汰了真正具有创造精神的人。

一系列与课程学习同步的考试使资质平平的学生获益。具有独立思考精神的学生则更倾向于在长时间的自由学习之后再进行考试。所有学生都独立自主,他们的理想才有可能实现。他们不需要导师,因为他们对自己有把握。他们聆听各种学说、观点、调查、事实和建议,为的是检验自己,并从自身的立场出发做出决断。若想找一位领导者,就不该进入大学的世界。真正的大学生是积极主动的,他们清楚自己的问题所在。他们能够清醒地工作,并且明白工作的意义。他们在交流中成长。他们不是资质平凡的人,不是大众,而是无数个冒险想成为自己的个体。这种冒险真实而富有想象力。这是一种精神上的升华,每个人都能感到自己受到召唤而成为最伟大的人。

大学生涯以一次考试收尾。这次考试的性质极其重要,其目的是使学生通过行使自己的自由来对自己进行一次选拔。如果经过严格挑选的大学生,在整个学习期间仍然要走一条学校规定的安稳之路,那么,大学就不成其为大学了。与此相反,大学的本质恰恰要求每个人在整个求学过程中尽可能地自我实现,哪怕是冒着最后可能学无所成的风险。因此,我们面临的最重大也是根本上难以解决的问题是,如何在大学里造就一种有利于生成这种独立性的学术和制度气候。

精神贵族与社会贵族迥然有别。每一个有天赋的人都应该寻求学习的机会。

精神贵族拥有自己的自由,无论是在达官贵人还是在工人中间,在富裕人家还是在贫民窟里,我们都能找到他们的身影。但无论在哪里,他们都是极少数人。进入大学学习的年轻人应是全国民众中的精神贵族。精神贵族与精神附庸者的区别在于:前者日夜思考,为之形销体瘦;后者则要求工作与自由时间界限分明。前者敢于冒险,善于倾听内心轻微的声音,并在它的指引下前行;后者则需要他人的引导,要他人为自己制订学习计划。前者有正视失败的勇气,后者则希望努力就能保证成功。

(选自《什么是教育》,卡尔·雅斯贝尔斯著,童可依译,
生活·读书·新知三联书店2021年版,原文有删减)

作者简介

卡尔·雅斯贝尔斯(1883—1969),德国哲学家、心理学家及教育学家,是现代存在主义的主要代表人物之一。他出生于奥登堡,少年时期就对哲学问题产生兴趣。大学期间,他遵从父命学习法律,后转而学习医学。在经历了第一次世界大战后,面对战争给社会带来的严重破坏和给人们心灵造成的巨大创伤,他认为只有哲学才能解决人生和社会问题,于是开始思考哲学。1919

1.9　雅斯贝尔斯

年,他出版了第一本重要著作《世界观的心理学》。1922年,他成为海德堡大学的哲学教授,开始真正地哲学研究,著有《哲学》《时代的精神状况》《尼采》《大哲学家》等众多著作。

在《历史的起源与目标》一书中，他提出"轴心时代"的观点，认为人类在公元前800年至公元前200年间，出现了几个文明中心，并诞生出伟大的精神导师与思想家，包括古希腊的苏格拉底、古印度的佛陀、中国的孔子以及犹太人耶稣。

第二次世界大战期间，他因妻子的犹太人身份而受到迫害，失去哲学教授工作，作品被禁止出版，但他始终对妻子不离不弃。第二次世界大战后他任瑞士巴塞尔大学的哲学教授，积极参与德国大学体系的重建过程，转而思考教育，著有《什么是教育》《大学教育中的自由》《大学之理念》等。

　作品解读

本文选自雅斯贝尔斯的《什么是教育》一书。这本书汇聚了雅斯贝尔斯散见于多部著作中的有关教育的论述。书中讨论了三个问题：什么是现代教育；教育的本质；现代的学校教育，特别是大学教育应如何进行。

雅斯贝尔斯在对大学教育进行思考之后写作了本篇文章，文中论述了大学生活的两大主体——教师与学生应具备的素质和所应承担的责任与义务，以及大学的本质与大学的理想。

文章的第一句话"大学也是一所学校，但它是一种特殊类型的学校"说明了大学的本质。教育与接受教育是大学的第一职能。大学生不仅要在大学学习知识，更要"从教师的教诲中学习研究事物的态度，培养影响其一生的科学思维方式""并带着批判精神从事学习"。

接下来，作者又分别从几个方面做了阐述。首先是关于自由。雅斯贝尔斯非常强调大学自主和学术自由，认为自由是大学之生命的首要原则，其中包括大学生的自由和大学教师的自由。对于大学生来说，他们必须具有自我负责的观念，并带着批判的精神从事学习；对于大学教师来说，他们的责任是传播科学真理，因此，他们必须有教学和研究的自由。雅斯贝尔斯所强调的这种自由，是一种建立在规则之上的自由，是一种可以选择的自由，即大学生可以选择去学什么，大学教师可以选择去教什么的自由，而不是一种去不去做的自由。

其次是关于精神贵族。他认为，精神贵族是从各阶层中产生的，其本质特征是品德高尚、个体精神的永不衰竭和才华横溢，因此，精神贵族只能是少数人。同时，大学的教育观念应当指向这些人，应该让大学生朝着"精神贵族"这一方向发展。

最后是关于考试。他认为，通过一连串考试，一步一步地抵达目的地，这种方式对不能独立思考的芸芸众生来说是十分有利的,而对有创造精神的人来说,考试则意味着自由学习的结束。大学生必须懂得该去学什么、做什么,应该为自己定下人生的目标,然后去为之拼搏努力,创造出属于自己的人生。

 思考与练习

1. 雅斯贝尔斯说:"大学的生命在于人与人之间的关系,在于教授传递给学生合乎其自身境遇的思想以唤醒他们的自我意识。"他还有一句名言:"教育的本质意味着:一棵树摇动另一棵树,一朵云推动另一朵云,一个灵魂唤醒另一个灵魂。"请以学习小组为单位,就此发表你的感想。

2. 你理想中的大学应该具备什么样的精神特点?你认为怎样才能成为一名合格的大学生呢?

 拓 展 阅 读

如何度过有意义的大学生涯

俞敏洪

大学生开始了大学生活之后,要往前走的话,不需要太关注过去,不需要关注现在所在的大学是好还是坏,不需要关注家庭出身是农民还是工人,不需要关注长相是好看还是难看,甚至不需要关注未来你到底能够到国外去读书还是留在国内读书,因为所有这一切都是外在的东西。外在的东西尽管在一定阶段对我们来说是很重要的,但是从长远的一辈子来说,是不重要的。

以大学为例,进了北大或者清华这样的大学固然好,但并不是每一个走进北大的学生就必然成功。我看到很多北大的学生进了北大就不学习了;很多北大的学生,由于学习压力非常大,心理很有问题;也有一些北大的学生,在大学毕业以后无所事事。当然,我想清华等这样的学校也有这样的情况。但是我也看到很多二本、三本院校的学生,他们在经过了自己全力以赴的努力以后,考上了北大、清华的研究生或者进入了世界名牌大学。

我认识的一个朋友,中专毕业以后,经过了一段时间的工作,发现中专学历远远不够。他的家庭条件比较差。在当时那个年代——大概30年以前,中专一般都是师范学院,而师范学院是不需要交任何费用的,所以他只能选择中专。工作以后,他发现这是远远不够的,就开始努力自学,考上了大专。考上大专以后,他觉得大专学历还是不够。

现在一般来说,要本科毕业才能考研究生,但那时只要大专毕业就可以考研究生。

大专毕业之后,他下定决心要考研究生,而且要考就考最好的学校,所以最后目标锁定在北大。他辞掉了工作,在北大外面租了一间房子,努力自学了三年,最后终于考上了北京大学政治系的研究生。从北大毕业以后,他成了公务员,进入了北京非常好的一家中央单位工作。

在中央单位工作的时候,他觉得一杯开水、一张报纸的日子不是自己想要奋斗的目标,所以业余时间就来新东方学托福、学GRE,目标是要到世界名牌大学读书。他在新东方学了差不多两年,考过了这两门考试,最后通过努力进入了哈佛大学肯尼迪政治学院。

毕业以后,他在国外工作了一段时间,刚好遇到中国政府到国外招聘毕业后想回到中国工作的学生的机会。回来以后,他很快进入了中国厅局级管理干部的行列。由于他的志向,由于他的努力,由于他中西方文化结合的背景,他很快成了中国比较重要的管理干部之一。

有无数中专生以中专生结束了自己的一辈子,但是我们也可以看到,由一个中专生到哈佛大学毕业生这一路的奋斗历程。我们常常说,名牌大学的学生好像有一些条件更加过硬,但并不是每一个名牌大学的学生都能成功。

所以,一个人的成功跟他所上的学校没有必然的联系,而跟他内心的冲动、渴望有关系。一个人可以过贫困、孤独的生活,但不能过内心没有火焰、没有渴望和向往的生活。

这些渴望和向往,不是指每天渴望吃一顿饭、喝两瓶啤酒,每天交几个女朋友或者男朋友,尽管可以有这些渴望,但是我们应该有更大的渴望,那就是渴望自己能变得伟大,渴望自己能变得成功,渴望自己能变得有影响力,渴望自己能养活自己、养活家庭,渴望自己为这个社会做贡献。这种渴望是我们走向未来的强大动力。

一个人就像一株植物,如果内心没有渴望长大的种子,他就永远长不大。这是我在中央电视台说过的著名比喻。如果你内心只有草的种子,你就是草;如果你内心有树的种子,你必然会长成树。

在人的心里,树的种子和草的种子是可以变换的,不像自然界,让松树的种子变成杨树是不可能的,让草的种子变成松树也是不可能的。但是,人是可以改变的,人的改变往往是一瞬间的事情。只要内心想要把自己变得崇高、变得伟大,就能改变。所以,首先我们都要做到一点,那就是内心有一颗渴望自己成长的种子。人的成长有两种:一种叫自然成长,另一种叫心灵成长。所有人都可以自然地成长。

你可以预料自己大概能活多少岁,甚至可以预料自己的长相会变成什么样。但是,你能预料你30岁能获得什么成就吗?你能预料你40岁获得什么成就吗?你能预料你80岁获得什么成就吗?你预料不到。人只有这一点没法预料,你永远没法预料自己的潜力。但是,你的潜力在什么地方?在你的心里。我从来没有预料到今天我所做的一切事情是我能够做出来的。今天我能做出一点事情来,是因为我对生命有一种内在的渴望和向往。

　　我的家在长江边上，从小坐在长江边看着太阳从东方升起，从西方落下，看着船来船往，我就产生了一种渴望。这种渴望，后来我总结了一句话，叫穿越地平线走向未来的渴望，就是走向远方。

　　人一定要有一个向往。正是这样的向往，使我最后能够走进北大。

　　一个梦想可以催生一片生命。我已经充分意识到，现在走遍中国是不够的，必须走遍世界。因为这个世界上有太多的精彩等待你去探索，有太多的地方等待你去寻找。

　　我有一句话送给所有年轻人：不要用你的现在去判断你的未来，因为你的未来不可判断，你要去努力。

（选自《愿你的青春不负梦想》，俞敏洪著，湖南文艺出版社2021年版，原文有删减）

计　划

应用写作

学习目标 >>>

掌握计划的写作要素和写作格式,能够根据需求写作行文规范的计划,养成做事有计划、有条理的好习惯。

知识链接 >>>

《礼记·中庸》道:"凡事预则立,不预则废。言前定则不跲,事前定则不困,行前定则不疚,道前定则不穷。" 由此可见,计划非常重要,关系到事情的成败。人们在日常的学习生活中需要计划,在工作中更是离不开计划。

一、计划的概念

计划是社会团体、企事业单位或个人对未来一定时期的工作、事项、活动等做出预先打算和安排,确定目标、任务,并制定出实现这个目标的具体步骤、方法和措施的一种事务文书。

二、计划的分类

根据不同标准,计划可以分为不同种类。

(1)按内容分,计划可分为工作计划、学习计划、科研计划、生产计划、销售计划等。

(2)按范围分,计划可分为国家计划、地区计划、单位计划、部门计划、个人计划等。

(3)按性质分,计划可分为综合计划、专题计划、单项计划。

(4)按形式分,计划可分为条文式计划、表格式计划、综合式计划。

计划是统称,还有许多别称,如规划、纲要、方案、安排、要点、意见、设想、打算,这些别称是由于计划的目标远近、时间跨度长短、内容详略等方面的不同而产生的。

（1）规划。规划是一种时间跨度长（三年以上）、范围广、内容概括性较强的计划。它是全局性、纲领性、战略性的部署，主要用于为未来定规模、定方向、定远景。

（2）纲要。纲要与规划相同，也是时间跨度大、范围广、内容概括性较强，但它比规划更为简略，概括性、原则性更强。规划可以由本单位、本部门制订，而纲要一般是由较高级别的部门制订。

（3）方案。方案一般是短期内就某项任务、课题的具体实施，从目的、要求、方式、方法等方面做出具体安排。

（4）安排。安排是计划中最具体的一种。时间跨度小，多指专项工作，要求目标明确，任务单一，内容具体，措施周到，专业性、可操作性很强。

（5）要点。要点是计划中概括性较强的一种。对一定时期内的工作进行安排。它布置主要任务，交代政策，提出原则性要求，提醒注意事项，偏重于原则性的指导。

（6）意见。意见多是上级机关向下级机关布置一定时期或一项重要任务时采用的文种。它布置任务，交代政策，提出要求，制定措施。内容可以是概括性的，也可以是具体的。它偏重于原则性、政策性的指导。

（7）设想、打算。设想、打算属于非正式、粗线条的计划，设想的时间较长，范围较大，富于创新性；打算的范围不大，时间较短，富有方向性。

三、计划的特点

（一）预见性

计划是为做好未来的工作，完成今后的任务而制订的，它要凭借超前的意识预见到工作的发展趋势，以便做出正确的决策。制订计划既要看得远，又要想得实，尽可能对各种情况做出正确预想，使计划顺利实施。

（二）可行性

计划指导、规定着计划实施主体的行动，使得目标得以实现。计划必须具有可执行性，否则计划就成了一纸空文，毫无意义。计划目标的制定、实现目标所采取的措施以及对时间的安排都综合考虑了各种内外因素，体现了制订者的前瞻性。有时，在执行过程中，计划也可以根据客观实际情况的变化做适当的调整和修订。

（三）时限性

计划是有时限性的，只在一个特定的时间范围内有效。无论制订它还是执行它，都是如此，离开了时间范围，计划就失去了它本来的作用和意义。

四、计划的基本内容

（一）指导思想

这是制订计划的依据和目的。依据，是指党和国家的路线、方针和政策或上级有关指示，以及本部门、本单位的实际情况。目的，是指为什么要制订某一方面的计划。

（二）基本情况

计划一般是在总结前期工作经验教训的基础上设计的新的工作方案。制订计划时需要对前期计划的执行情况进行概括说明，指出成绩、经验或问题和不足，从而根据下阶段的特点，找出当前执行计划的有利条件和不利因素，以确保新的计划建立在坚实可行的基础上。

（三）目标

这里是指任务和要求。它是计划的主体，明确回答"做什么"的问题。目标应建立在调查研究的基础上，经预测论证，然后确定。计划中的目标要分解到各具体部门，使之成为各部门的具体任务，包括对工作数量、质量、效率、经济效益、社会效益等方面的要求。

（四）步骤和措施

它要求回答"怎么做"的问题，即实现目标的过程与做法，也包括指挥机构的建立、制度的形成、责任部门的分工协作、时间安排等。它要尽可能具体、详尽，便于检查，以确保计划在执行过程中环环相扣，衔接自如。

五、计划的写作格式

计划既可采用条文式计划，也可采用表格式计划。

（一）条文式计划的写作格式

条文式计划后面可附统计表，表格式计划往往也有相应的文字说明。

条文式计划的结构通常由标题、正文和落款三部分组成。

1. 标题

常见的有以下几种形式。

（1）完整式标题。由制订计划的机关或单位名称、计划的时限、计划的内容（事由）和文种四要素组成。

（2）省略式标题。即省略完整式标题中的单位名称或时限。

（3）文章式标题。概括计划的内容或要达到的目标。

2. 正文

这是计划的主要部分，一般包括前言、主体和结尾三部分。

（1）前言。前言是整个计划的导语，这一部分，一般不设小标题，篇幅也简短。其写作方式常见的有以下几种。

① 分析式。简要分析本单位的基本情况，说明制订计划的基础和背景。

② 说明式。概括说明制订计划的依据、目的等。

③ 目的式。交代制订计划的目的。

（2）主体。主体是计划的主要部分。它包括目标和任务、步骤和措施、时间安排三部分。

① 目标和任务。这主要包括两个方面：一是总的任务和指标，即在一定时间内要完成的工作，要达到的指标，要求具体写出任务的数量、质量、程度、时间期限等。二是

具体任务,即计划完成哪些任务,要做哪些具体工作。要求内容具体做多少、什么时候完成、由什么部门负责执行等都力求明确。内容简单的计划也可把总的任务和具体任务合并起来写。

② 步骤和措施。主要写怎样做;采取哪些步骤;如何加强薄弱环节,利用有利条件,调动一切积极因素,以期最有效地完成计划。

③ 时间安排。这部分内容也可以穿插在措施、办法中。

（3）结尾。结尾主要用来提出执行计划的要求和注意事项。一般用一个段落,篇幅不宜过长。也可以写完主体内容就结束全文。计划结尾常见的形式有展望前景式、发出号召式和补充说明式。可以补充说明正文中不宜说明的内容,如在执行计划时应该注意的问题等。

3. 落款

落款写出制订计划的单位名称和写作日期。如标题中已写明单位名称,落款则不用署名;如标题中未写明单位名称,落款则必须署名。

（二）表格式计划

表格式计划是一种以表格和数字为主、辅之以少量文字表述的计划形式。这种表述方式便于对照和检查,具有清晰、明白、直观的特点。一般适用于专业性、业务性和与数字的关联性比较强的工作计划。表格式计划的主要难点在于对表格格式的设计,只要设计好了表格,按要求填写数据即可。不易用表格表达的内容,如计划的指导思想、依据、工作措施、要求等,应使用简要文字在表格前面或后面加以说明。

六、计划写作注意事项

（1）切实可行的原则。要从实际情况出发制定目标、任务、标准,既不要因循守旧,也不要盲目冒进。即使是做规划和设想,也应当保证做到目标明确、措施可行。

（2）目标制定要具体且有一定的挑战性。计划的目标要具体,切忌笼统模糊,目标的制订水平要略高于一般情况。目标过低,不能调动计划行动主体的积极性;过高则难以实现,易挫伤计划行动主体的积极性;略高于一般情况的水平才有利于激发计划行动主体的积极进取精神。

（3）突出重点的原则。要分清轻重缓急,突出重点,不能眉毛胡子一把抓。

（4）防患于未然的原则。要预先想到实行中可能发生的偏差、可能出现的问题,有必要的防范措施或补充办法。

1.10 计划例文

能力训练 >>>

进入大学意味着开启了人生的新篇章,你有什么短期或长期的奋斗目标吗? 打算在多长时间内实现呢? 如何去实现目标呢? 请运用所学"计划"知识,制订规范的学习计划或生活计划。要注意,其目标、步骤、措施方法要切实可行。

总　结

掌握总结的写作要素和写作格式,能够根据学习生活或岗位工作的需要写作规范的总结。

许多企业单位都很重视工作总结,年终时会要求员工写作年度总结。善于总结的单位和个人能够少走弯路,有效提升工作效率。毛主席曾介绍自己成功的"法宝",说道:"我是靠总结经验吃饭的。以前我们人民解放军打仗,在每个战役后,总来一次总结经验,发扬优点,克服缺点,然后轻装上阵,乘胜前进,从胜利走向胜利,终于建立了中华人民共和国。"高明的棋手下完棋后第一项工作就是复盘,通过复盘检查自己哪一步走得好,哪一步走得不对,战略战术运用得是否适用,不会复盘的棋手不会成为高手。你会总结吗?

一、总结的概念

总结是党政机关、企事业单位、社会团体及个人对前一阶段工作进行回顾、反思和分析研究,找出成绩与问题、经验与教训,用来指导今后工作的一种应用文体。

二、总结的分类

（1）按范围分,可分为行业总结、地区总结、单位总结、班级总结、个人总结等。

（2）按内容分,可分为工作总结、教学总结、学习总结、科研总结、思想总结、项目总结等。

（3）按时间分,可分为月份总结、季度总结、年度总结等。

（4）按性质分,可分为全面总结、专题总结等。

三、总结的特点

（一）真实性

总结要用事实说话,从本单位（或本人）自身的实践活动中选取材料,并从这些材料中提炼观点,得出结论。不得移花接木、张冠李戴,也不允许任意虚构、主观臆造。

（二）理论性

总结工作不是记流水账，不能停留在事实的表层做一般性的陈述，而是要以辩证唯物主义和历史唯物主义为指针，认真地评论得失，对大量的事实材料进行科学分析，就事论理，揭示出客观事物的规律性的结论。

（三）目的性

总结的根本目的就在于指导今后的实践，肯定成绩是为了增强信心，总结经验是为了以此作为后事之师，找出教训是为了避免重蹈覆辙。

四、总结的写作格式

（一）标题

总结的标题常见以下几种形式。

1. 四项式标题

四项式标题即由单位机关名称、时间、事由、文种组成标题。如《××市人事局2022年补充国家机关工作人员考试工作总结》。这四项可根据需要进行省略。

2. 文章式标题

常用于专题总结，可写单行标题，也可写双行标题，如《雄关漫道真如铁，而今迈步从头越——××公司建设发展20年回顾》。

（二）正文

1. 开头

总结的开头要简明扼要，紧扣中心，有吸引力。开头常采用以下几种方式。

（1）概述式。概括介绍基本情况，交代工作的背景、时间、地点、条件等。

（2）结论式。先明确提出总结出的结论，使人了解经验教训的核心，然后引出下文。

（3）提示式。对工作的主要内容做提示性、概括性的介绍，它不概括经验，只提示总结的工作内容和范围。

（4）提问式。先以设问提出问题，点明总结的重点，引起人们的关注。

（5）对比式。开头对有关情况进行比较，以说明成绩，表明优势，引出下文。

总结也可综合运用几种方式开头，以增强表达效果。

2. 主体

总结的主体主要包括以下三方面的内容。

（1）做法、成绩与经验、体会。这是总结的主要内容。要写明做了哪些工作，采取了怎样的措施、方法和步骤，有什么效果，取得了哪些成绩，取得成绩的主观原因是什么；哪些做法是成功的、行之有效的，有什么经验和体会。在这些内容中，做法和成绩是基础材料，经验、体会是总结的重点，在全文中占有主导地位。这部分内容一般比较丰富，写作中要处理好主次详略的关系。

（2）问题与教训。要写出工作中存在的问题与不足以及它们给工作带来的影响、造成的损失；分析出现问题、失误的主客观原因以及由此得出的教训。不同的总结对这部分内容的轻重处置不同，比如着重反映问题的总结就要把这部分作为重点。

（3）今后的设想和努力方向。这是在总结经验教训的基础上，针对工作的实际问题提出改进措施；或者说明今后的打算、工作发展趋势，展望工作前景，提出新的目标。也有的总结把这一部分就列入结尾部分。

（三）落款（结尾）

文章右下方落款，要署上单位名称和成文时间，如果题目中有单位名称，落款时可省略。

五、总结写作注意事项

（1）实事求是，切忌虚假。这是写好总结的基础。要如实反映工作中的成绩和问题、经验和教训，不能片面，更不能前后矛盾，不能只报喜不报忧，也不能脱离实际随心所欲地拔高观点。

（2）突出重点，避免平淡。总结内容要根据工作实际、写作目的等有所侧重，不能不分主次、不分详略，平均用笔，也不能堆砌材料、记流水账。

1.11　总结例文

（3）注重分析，避免肤浅。写总结不能够简单罗列已完成的工作事项，须对成绩和问题进行原因分析，提炼出经验和教训，这样才能对今后的工作具有指导意义。

1.12　总结视频

能力训练 >>>

运用所学"总结"的知识，写作规范的学习或活动总结，注意不要简单罗列所完成事项，要进行原因分析，提炼出经验和教训。

第二单元

阅读经典　浸润心灵

　　阅读，不能增加生命的长度，但一定可以拓展生命的宽度，积累生命的厚度。阅读经典，能浸润心灵。在心浮气躁的网络时代，你有多久没有静下心来阅读一本纸质书了呢？

　　阅读儒家经典《论语》，领略先贤哲思，品鉴圣人智慧，传承中华美德；阅读古典瑰宝《红楼梦》，走进钟灵毓秀的世界，在封建大家族的兴衰中洞见人生百态，最终与自己的内心相逢；阅读文学大家鲁迅的《伤逝》，经历一场始于爱情、陷于生活的悲剧，知晓"人必生活着，爱才有所附丽"的真谛；阅读英国著名小说家毛姆的《月亮和六便士》，理解主人公思特里克兰德的人生追求，在满地都是六便士的世俗生活中，也能像他一样抬头欣赏月亮，追求梦想。

　　苏轼说："腹有诗书气自华。"好读书，读好书，还要会读书。掌握阅读方法，养成做读书笔记的习惯，能够使我们在阅读中汲取到更多的精神养分。开始读书吧，选择经典，和同学们一起进行每日阅读打卡，并在读完一本书后举办读书沙龙，分享书中的经典片段，交流阅读心得。

2.1　第二单元导语

《论语》论孝

有子曰①："其为人也孝弟②，而好犯上者，鲜矣③；不好犯上，而好作乱者，未之有也。君子务本，本立而道生。孝弟也者，其为仁之本与④！"（《学而》）

子曰："弟子入则孝⑤，出则弟，谨而信，泛爱众而亲仁。行有余力，则以学文。"（《学而》）

子夏曰⑥："贤贤易色⑦；事父母，能竭其力；事君，能致其身⑧；与朋友交，言而有信。虽曰未学，吾必谓之学矣。"（《学而》）

孟懿子问孝⑨。子曰："无违。"樊迟御⑩，子告之曰："孟孙问孝于我⑪，我对曰，无违。"樊迟曰："何谓也?"子曰："生，事之以礼；死，葬之以礼，祭之以礼。"（《为政》）

孟武伯问孝⑫。子曰："父母唯其疾之忧⑬。"（《为政》）

子游问孝⑭。子曰："今之孝者，是谓能养。至于犬马，皆能有养⑮。不敬，何以别乎?"（《为政》）

子夏问孝。子曰："色难⑯。有事，弟子服其劳；有酒食，先生馔⑰，曾是以为孝乎⑱?"（《为政》）

子曰："事父母几谏⑲，见志不从，又敬不违，劳而不怨⑳。"（《里仁》）

子曰："父母在，不远游，游必有方。"（《里仁》）

子曰："父母之年，不可不知也㉑。一则以喜，一则以惧。"（《里仁》）

（选自《论语》，陈晓芬译注，中华书局2016年版）

---

① 有子：孔子的学生。姓有，名若。　② 弟：同"悌(tì)"，敬顺兄长。　③ 鲜(xiǎn)：少。　④ 与：同"欤(yú)"，语气词。　⑤ 弟子：指年少者。　⑥ 子夏：孔子学生。姓卜，名商，字子夏。　⑦ 贤贤：尊崇贤者。易：改变。色：女色。这里指好色之心。或说"贤贤易色"专指对妻子应重品德而轻姿色。　⑧ 致：奉献。　⑨ 孟懿子：鲁国大夫，姓仲孙，名何忌，谥号懿。　⑩ 樊迟：孔子学生。名须，字子迟。御：驾车。　⑪ 孟孙：即孟懿子。　⑫ 孟武伯：孟懿子之子，名彘(zhì)，谥号武。　⑬ 其：指子女。全句意谓父母不用担忧子女的为人行事，只担忧其患病。此句或解为要懂得父母唯恐子女患病，以此为忧。或说："其"指父母，意谓子女当担忧父母的疾病。今从第一说。　⑭ 子游：孔子学生。姓言，名偃，字子游。　⑮ "至于"两句：此句有二说，一说犬马也得到人的饲养。另一说犬能守御，马能代劳，即犬马也能养人。今从前说。　⑯ 色：容色。这里指子女侍奉父母时的和颜悦色。　⑰ 先生：年长者。这里指父母。馔(zhuàn)：吃喝。　⑱ 曾(zēng)：乃，表示疑问。　⑲ 几：隐微。这里是委婉的意思。　⑳ 劳：忧愁。　㉑ 知：记住。

作者简介

孔子（前551—前479），名丘，字仲尼，春秋时期鲁国陬邑（今山东曲阜）人，儒家学派创始人，儒学教育理论的奠基人，我国古代伟大的思想家、政治家、教育家。孔子在古代被尊奉为"天纵之圣""天之木铎"，是当时社会上最博学者之一，被后世统治者尊为至圣先师、万世表。其儒家思想对中国和世界都有深远影响，孔子亦被列为"世界十大文化名人"之首。晚年曾修订六经（《诗》《书》《礼》《易》《乐》《春秋》）等古代文献。

孔子的思想核心是"仁"，政治上提倡"仁者爱人""克己复礼"，教育上主张"有教无类""因材施教"。孔子创办私学，在中国创立起的第一座"杏坛"，打破了中国商周时期教育被贵族垄断和霸占的格局，这是他一生最为重大的事情，是中国文明史上一个划时代的伟大创举，同时也体现了孔子的仁学思想。孔子有弟子三千，其中贤人七十二，曾带领部分弟子周游列国十三年。孔子去世后，其弟子及再传弟子把孔子及其弟子的言行语录和思想记录下来，整理编成《论语》，该书被奉为儒家经典。

作品解读

《论语》是一部语录体散文集，共二十篇，由孔子弟子及再传弟子记录编纂而成，是儒家的经典著作之一，与《大学》《中庸》《孟子》合称为"四书"。《论语》集中体现了孔子的政治主张、伦理思想、道德观念、教育原则等，其思想内涵丰富，影响深远。北宋赵普曾有"半部《论语》治天下"之说。

百善孝为先，孝是中华民族的传统美德，也是《论语》中的一个重要主题。孔子仁学思想的实现是以"孝（悌）"为基础的。有子曰："其为人也孝弟，而好犯上者，鲜矣；不好犯上，而好作乱者，未之有也。君子务本，本立而道生。孝弟也者，其为仁之本与！""孝（悌）"是人之为人的根本，是行仁的出发点。一个人如果在家能孝敬父母、敬爱兄长，在国就能遵从礼制、效忠国君。在宗法政治体制中，"君令臣恭"和"父慈子孝"在精神上是相通的。孔子将家庭的伦理观念运用到国家治理的政治范畴，通过氏族族权来巩固国家政权，即所谓"修身、齐家、治国平天下"，这正是儒家政治思想的独特之处。

《论语》中，孔子关于"孝（悌）"的言论很多，内容也比较广泛，涉及孝养、孝敬、孝顺（无违）、追孝以及服丧、祭祖等许多方面。在选文中，子游问孝，子曰"今之孝者，是谓能养。至于犬马，皆能有养。不敬，何以别乎？"可见，孔子认为"孝"不单是物质方面的奉养，还是精神层面的孝敬。孔子关于"敬"的观点包含以下方面。一是孝敬父母必须竭尽全力，真心真意，"事父母，能竭其力"。二是对父母保持和颜悦色，子曰："色难。有事，弟子服其劳；有酒食，先生馔，曾是以为孝乎？"三是委婉劝谏，父母如不听从，就要顺从他们的心意，不争辩，不违逆，"事父母几谏，见志不从，又敬不违，劳而不怨。"四是不要让父母为自己担忧，"父母在，不远游，游必有方。"五是谨记父母之年，"父母之年，不可不知也。一则以喜，一则以惧。"

思考与练习

1. 当父母身强体健时，子女的"孝"更多地体现在体谅父母、尊重父母和爱护自己上；当父母年老体衰时，子女的"孝"则应该是对父母多一份关心、多一些忍让和多一些付出，不要留下"子欲养而亲不待"的遗憾。作为大学生，你认为应如何对父母尽孝呢？

2. 孔子认为要孝顺父母，但不主张愚孝，"事父母几谏，见志不从，又敬不违，劳而不怨。"对此谈谈你的看法。

3. 有一篇在网上转载很广的文章《当我们老的时候》，是年老的父母对儿女的"乞求"，读来让人动容。请同学们查找阅读，谈谈感受。

拓 展 阅 读

关于《论语》全书的结构

研读《论语》，自然是为了理解孔子，学习孔子学说。然而，作为孔子的"语录"，《论语》中的只言片语往往具有很多歧解，实际情况往往是：人们研究《论语》与孔子，常常将其中的一句话进行分析解读，而没有注意从全书的结构出发，没有综合其他相关记载，于是便人云亦云、莫衷一是，甚至与本义大相径庭、南辕北辙。那么，怎样才能做到全面理解孔子思想？我认为，首先不应该仅仅停留在《论语》中的一条又一条的"语录"上，应当整体观照《论语》全书。

要正确解读《论语》，必须揭开《论语》的"秘密"，从而把握本书的整体结构，理解《论语》要表现的真正的孔子。其实，《论语》的"秘密"不在别处，恰恰就在人们最熟悉、人人都知道的《论语》开篇的那一章：

> 学而时习之，不亦说乎？有朋自远方来，不亦乐乎？人不知而不愠，不亦君子乎？

理解这一章的关键在于第一句。按照我们的理解，在《论语》首章，孔子表达的是这样的思想：

> 假如我的学说被时代或社会接受，那不就太令人高兴了吗？退一步说，假如时代没有接受，可是有很多赞同我的思想的人从远处而来，不也很快乐吗？再退一步说，社会没接受，人们也不理解我的思想主张，我也不怨愤恼怒，不也是有道德修养的君子吗？

关于这一章的理解，传统的说法影响太大了，虽然已经有学者研究并且指出其更确切的含义，却没有引起人们的注意。

在那样的时代，孔子是苦闷的，他多么希望有人理解自己，与自己一同谈学论道，但真正理解孔子的人毕竟太少了，连他的弟子有时也未必真的了解他。直到他去世，人们仍然不能够理解他，仍然没有当政者能够任用孔子，没有人能够为他提供施展政治抱负的舞台。

作为孔子的孙子，子思应当比我们更了解孔子。在《孔丛子》中，有关于子思与孔子对话的记录。孔子对孙子寄予了希望，开始时他认为孙子小小的年纪怎么能够理解呢？但子思从孔子的叹息中知道孔子担心"子孙不修"，羡慕"尧、舜之道"，这令孔子感到欣慰，高兴地说："吾无忧矣。"《论语》出于子思，他一定会精心编辑，哪里会随意堆砌有关材料？

经过选择、编排，《论语》中的孔子言论缺少了具体语境，而且其中的语录比较简略，增加了人们认识的难度。后人考定《论语》有"窜乱"，有"续附"，各篇"各不相谋"，不出于一人之手，现在看来，都缺乏有力证据。

孔子的坚毅支撑着他的信念，他的信念使他变得更加坚毅。孔子当然希望学说用世，他为追求政治理想而矢志不渝。但孔子所处非"时"。儒家强调"穷则独善其身，达则兼济天下"，《郭店楚墓竹简》中有一篇《穷达以时》，《论语》首章中的"时"也是此意。孔子曾说："夫遇不遇者，时也。"他认为："君子博学深谋而不遇时者众矣。"孔子到处碰壁，是时势使然，但孔子是坚强的，他有强烈的治世情怀，并"知其不可而为之"，甚至显得有些"愚顽不化"，尽管世人不了解自己，但他仍然坚信自己的学说，坚守自己的政治主张，这也体现了孔子对自己人生际遇的思考。

这样，当我们回看《论语》时，发现它其实有内在的严密逻辑。《论语》首篇围绕做人这一个中心问题展开，以下各篇分别谈为政以德、守礼明礼、择仁处仁等，层层剥离，依次展开。《论语》首篇十分重要，宋代有学者说："今读《论语》，且熟读《学而》一篇。若明得一篇，其余自然易晓。"这的确是通读《论语》掌握其真谛的中肯之言。是的，我们现在不能正确理解其中的"善言嘉语",正是因为将本来是一个整体的《论语》读散了!

《论语》注重做人、修身,这正是曾子门派的特征,这一特征或许就是孔安国所谓的"切事"。子思学于曾子,从上博竹书《从政》等篇看,子思不仅谈论心性问题,也十分关注为人、为政等社会的现实,他谈论心性也是他深刻思考社会人生的表现。正因如此,子思纂辑《论语》,才首重做人。梁人皇侃《论语义疏》说:"此篇论君子、孝悌、仁人、忠信、道国之法、主友之规,闻政在乎行德,由礼贵于用和,无求安饱以好学,能自切磋而乐道,皆人行之大者,故为诸篇之先。"这既符合乃祖孔子原意,又与其师曾子保持一致,还与子思自己的思想通贯。

在孔子的思想体系中,"仁""礼""中庸""道""义""和"等都是重要组成部分。然而,孔子思想的核心是什么,学术界还有不同认识。其实,孔子的思想虽然有一个不断发展的过程,但也的确有一个始终不离的中心,这就是孔子对现实社会秩序的关切。由此,他的学说始终是围绕"修己以安人"而展开,或者说,孔子的不同言论,都是他这一学说体系中的不同部分。

我们曾说,如果说孔子是一位思想家,那么他首先是一位政治思想家。没有当时"天下无道""礼坏乐崩"的历史事实,就不会产生孔子的伟大思想。孔子思想产生的早期,他所关注最多的是"礼",即周礼。孔子步入社会之初,声名日隆,从学的弟子众多,原因都在于他对周代礼乐的精深造诣。这一时期,孔子谈论最多的也是周礼,他所念念不忘的,是怎样以周代礼乐重整社会。随着时间的推移,孔子对社会的认识逐渐深化。他到处推行自己"礼"的政治主张,企图用自己的学说改造社会,但事与愿违,处处碰壁。他不得不进一步思考"礼"之不行的深层原因,于是,他开始越来越多地提到"仁",思考"仁"与"礼"之间的关系。这一时期,孔子"仁"的学说得到了充分的拓展和完善。进入"知命"之年以后,孔子的人生境界逐渐提升,以至于最后达到了"从心所欲,不逾矩"的佳境。他晚而喜《易》,并作《易传》,对自己的哲学思想进行了具体的阐发,他"中庸"的方法论观点也臻于成熟。如果把孔子的一生进行这样整体的分析,或许会有助于对孔子思想核心问题的理解,也会更有利于读懂《论语》,进而把握孔子思想的精髓。

(选自《论语诠解》,杨朝明主编,山东友谊出版社2013年版,原文有删减)

滴翠亭杨妃①戏彩蝶

——《红楼梦》第二十七回(节选)

曹雪芹

　　至次日乃是四月二十六日,原来这日未时交芒种节。尚古风俗:凡交芒种节的这日,都要设摆各色礼物,祭饯花神,言芒种一过,便是夏日了,众花皆卸,花神退位,须要饯行。然闺中更兴这件风俗,所以大观园中之人都早起来了。那些女孩子们,或用花瓣柳枝编成轿马的,或用绫锦纱罗叠成干旄旌幢的,都用彩线系了。每一棵树上,每一枝花上,都系了这些事物。满园里绣带飘飘,花枝招展,更兼这些人打扮得桃羞杏让,燕妒莺惭,一时也道不尽。

　　且说宝钗、迎春、探春、惜春、李纨、凤姐等并大姐、香菱与众丫鬟们在园内玩耍,独不见林黛玉。迎春因说道:"林妹妹怎么不见? 好个懒丫头! 这会子还睡觉不成?"宝钗道:"你们等着,我去闹了他②来。"说着便丢下了众人,一直往潇湘馆来。正走着,只见文官等十二个女孩子也来了,上来问了好,说了一回闲话。宝钗回身指道:"他们都在那里呢,你们找他去罢。我叫林姑娘去就来。"说着便逶迤往潇湘馆来。忽然抬头见宝玉进去了,宝钗便站住低头想了想:宝玉和林黛玉是从小儿一处长大,他兄妹间多有不避嫌疑之处,嘲笑喜怒无常,况且林黛玉素习猜忌,好弄小性儿的。此刻自己也跟了进去,一则宝玉不便,二则黛玉嫌疑。罢了,倒是回来的③妙。想毕抽身回来。

　　刚要寻别的姐妹去,忽见前面一双玉色蝴蝶,大如团扇,一上一下迎风翩跹,十分有趣。宝钗意欲扑了来玩耍,遂向袖中取出扇子来,向草地来扑。只见那一双蝴蝶忽起忽落,来来往往,穿花度柳,将欲过河去了。倒引的宝钗蹑手蹑脚的,一直跟到池中滴翠亭上,香汗淋漓,娇喘细细。宝钗也无心扑了,刚欲回来,只听滴翠亭里边喊喊喳喳有人说话。原来这亭子四面俱是游廊曲桥,盖造在池中水上,四面雕镂槅子糊着纸。

　　宝钗在亭外听见说话,便煞住脚往里细听,只听说道:"你瞧瞧这手帕子,果然是你丢的那块,你就拿着,要不是,就还芸二爷去。"又有一人说话:"可不是我那块! 拿来给我罢。"又听道:"你拿什么谢我呢? 难道白寻了来不成。"又答道:"我既许了谢你,自然不哄你。"又听说道:"我寻了来给你,自然谢我,但只是拣的人,你就不拿什么谢他?"又回道:"你别胡说。他是个爷们家,拣了我的东西,自然该还的。我拿什么谢他

---

　　① 杨妃:即唐玄宗妃,古代著名美人,此喻薛宝钗。　② 他:在中国传统语言文字中,"他"字兼称男性、女性及事物,到了五四新文化运动时期,伴随女性主义思潮传入中国,刘半农提出创造地使用"她"来指代女性。　③ 的:在此文中,兼指"的""地""得"。

呢？"又听说道："你不谢他，我怎么回他呢？况且他再三再四的和我说了，若没谢的，不许我给你呢。"半晌，又听答道："也罢，拿我这个给他，算谢他的罢。——你要告诉别人呢？须说个誓来。"又听说道："我要告诉一个人，就长一个疗，日后不得好死！"又听说道："嗳呀！咱们只顾说话，看有人来悄悄在外头听见。不如把这槅子都推开了，便是有人见咱们在这里，他们只当我们说玩话呢。若走到跟前，咱们也看的见，就别说了。"

宝钗在外面听见这话，心中吃惊，想道："怪道从古至今那些奸淫狗盗的人，心机都不错。这一开了，见我在这里，他们岂不臊了。况才说话的语音，大似宝玉房里的红儿的言语。他素昔眼空心大，是个头等刁钻古怪东西。今儿我听了他的短儿，一时人急造反，狗急跳墙，不但生事，而且我还没趣。如今便赶着躲了，料也躲不及，少不得要使个金蝉脱壳的法子。"犹未想完，只听"咯吱"一声，宝钗便故意放重了脚步，笑着叫道："颦儿，我看你往那①里藏！"一面说，一面故意往前赶。那亭内的小红、坠儿刚一推窗，只听宝钗如此说着往前赶，两个人都吓怔了。宝钗反向他二人笑道："你们把林姑娘藏在那里了？"坠儿道："何曾见林姑娘了。"宝钗道："我才在河那边看着林姑娘在这里蹲着弄水儿的。我要悄悄的吓他一跳，还没有走到跟前，他倒看见我了，朝东一绕就不见了。别是藏在这里头了。"一面说一面故意进去寻了一寻，抽身就走，口内说道："一定是又钻在山子洞里去了。遇见蛇，咬一口也罢了。"一面说一面走，心中又好笑：这件事算遮过去了，不知他二人是怎样。

谁知小红听了宝钗的话，便信以为真，让宝钗去远，便拉坠儿道："了不得了！林姑娘蹲在这里，一定听了话去了！"坠儿听说，也半日不言语。小红又道："这可怎么样呢？"坠儿道："便是听了，管谁筋疼，各人干各人的就完了。"小红道："若是宝姑娘听见，还倒罢了。林姑娘嘴里又爱刻薄人，心里又细，他一听见了，倘或走露②了风声，怎么样呢？"二人正说着，只见文官、香菱、司棋、侍书等上亭子来了。二人只得掩住这话，且和他们玩笑。

只见凤姐站在山坡上招手叫，小红连忙弃了众人，跑至凤姐跟前，堆着笑问："奶奶使唤，作什么事？"凤姐打量了一打量，见他生的干净俏丽，说话知趣，因笑道："我的丫头今儿没跟进我来。我这会子想起一件事来，要使唤个人出去，不知你能干不能干，说的齐全不齐全？"小红笑道："奶奶有什么话，只管吩咐我说去。若说的不齐全，误了奶奶的事，凭奶奶责罚就是了。"凤姐笑道："你是那位小姐房里的？我使你出去，他回来找你，我好替你说的。"小红道："我是宝二爷房里的。"凤姐听了笑道："嗳哟！你原来是宝玉房里的，怪道呢。也罢了，等他问，我替你说。你到我们家，告诉你平姐姐：外头屋里桌子上汝窑盘子架儿底下放着一卷银子，那是一百六十两，给绣匠的工价，等张材家的来，要当面称给他瞧了，再给他拿去。再里头床头间有一个小荷包拿了来。"

小红听说，撤身去了，回来只见凤姐不在这山坡子上了。因见司棋从山洞里出来，

---

① 那：哪。文中同此用法不一一标注。　② 露：漏。

站着系裙子，便赶上来问道："姐姐，可知道二奶奶往那里去了？"司棋道："没理论（不知道）。"小红听了，抽身又往四下里一看，只见那边探春、宝钗在池边看鱼。小红上来陪笑问道："姑娘们可知道二奶奶那去了？"探春道："往你大奶奶院里找去。"小红听了，才往稻香村来，顶头只见晴雯、绮霰、碧痕、紫绡、麝月、待书、入画、莺儿等一群人来了。晴雯一见了小红，便说道："你只是疯罢！院子里花儿也不浇，雀儿也不喂，茶炉子也不弄，就在外头逛。"小红道："昨儿二爷说了，今儿不用浇花，过一日浇一回罢。我喂雀儿的时候，姐姐还睡觉呢。"碧痕道："茶炉子呢？"小红道："今儿不该我烧①的班儿，有茶没茶别问我。"绮霰道："你听听他的嘴！你们别说了，让他逛去罢。"小红道："你们再问问我逛了没有。二奶奶使唤我说话取东西的。"说着将荷包举给他们看，方没言语了，大家分路走开。晴雯冷笑道："怪道呢！原来爬上高枝儿去了，把我们不放在眼里。不知说了一句话半句话，名儿姓儿知道了不曾呢，就把他兴的这样！这一遭半遭儿的算不得什么，过了后儿还得听呵！有本事从今儿出了这园子，长长远远的在高枝儿上才算得。"一面说着去了。

这里小红听说，不便分证，只得忍着气来找凤姐。到了李氏房中，果见凤姐在这里和李氏说话儿呢。小红上来回道："平姐姐说，奶奶刚出来了，他就把银子收了起来，才将张材家的来取，当面称了给他拿去了。"说着将荷包递了上去，又道："平姐姐教②我回奶奶：才旺儿进来讨奶奶的示下，好往那家子去。平姐姐就把那话按着奶奶的主意打发他去了。"凤姐笑道："他怎么按我的主意打发去了？"小红道："平姐姐说：我们奶奶问这里奶奶好。原是我们二爷不在家，虽然迟了两天，只管请奶奶放心。等五奶奶好些，我们奶奶还会了五奶奶来瞧奶奶呢。五奶奶前儿打发了人来说，舅奶奶带了信来了，问奶奶好，还要和这里的姑奶奶寻两丸延年神验万全丹。若有了，奶奶打发人来，只管送在我们奶奶这里。明儿有人去，就顺路给那边舅奶奶带去的。"

话未说完，李氏道："嗳哟哟！这些话我就不懂了。什么'奶奶''爷爷'的一大堆。"凤姐笑道："怨不得你不懂，这是四五门子的话呢。"说着又向小红笑道："好孩子，难为你说的齐全。别像他们扭扭捏捏蚊子似的。嫂子你不知道，如今除了我随手使的几个丫头老婆之外，我就怕和他们说话。他们必定把一句话拉长了作两三截儿，咬文嚼字，拿着腔儿，哼哼唧唧的，急的我冒火，他们那里知道！先时我们平儿也是这么着，我就问着他：难道必定装蚊子哼哼就是美人了？说了几遭才好些儿了。"李宫裁笑道："都像你破落户才好。"凤姐又道："这一个丫头就好。方才两遭，说话虽不多，听那口声就简断。"说着又向小红笑道："你明儿服侍我去罢。我认你作③女儿，我一调理你就出息了。"

小红听了，扑哧一笑。凤姐道："你怎么笑？你说我年轻，比你能大几岁，就作你的妈了？你还作春梦呢！你打听打听，这些人头比你大的多的，赶着我叫妈，我还不理。今儿抬举了你呢！"小红笑道："我不是笑这个，我笑奶奶认错了辈数了。我妈是奶奶的

---

① 烧（lóng）：即烧火，生火。　② 教：叫。　③ 作：做。文中同此用法不一一标注。

女儿，这会子又认我作女儿。"凤姐道："谁是你妈？"李宫裁笑道："你原来不认得他？他是林之孝之女。"凤姐听了十分诧异，说道："哦！原来是他的丫头。"又笑道："林之孝两口子都是锥子扎不出一声儿来的。我成日家说，他们倒是配就了的一对夫妻，一个天聋，一个地哑。那里承望养出这么个伶俐丫头来！你十几岁了？"小红道："十七岁了。"又问名字，小红道："原叫红玉的，因为重了宝二爷，如今只叫红儿了。"

凤姐听说将眉一皱，把头一回，说道："讨人嫌的很！得了玉的便宜似的，你也玉，我也玉。"因说道："既这么着，我还和他妈说，'赖大家的如今事多，也不知这府里谁是谁，你替我好好的挑两个丫头我使'，他一般答应着。他饶不挑，倒把这女孩子送了别处去。难道跟我必定不好？"李氏笑道："你可是又多心了。他进来在先，你说话在后，怎么怨的他妈！"凤姐道："既这么着，明儿我和宝玉说，叫他再要人去，叫这丫头跟我去。可不知本人愿意不愿意？"小红笑道："愿意不愿意，我们也不敢说。只是跟着奶奶，我们也学些眉眼高低，出入上下大小的事也得见识见识。"刚说着，只见王夫人的丫头来请，凤姐便辞了李宫裁去了。小红回怡红院去，不在话下。

（选自《红楼梦》，曹雪芹、高鹗著，商务印书馆2016年版）

作者简介

曹雪芹（约1715或1721—1764）清代著名小说家。名霑，字梦阮，号雪芹，又号芹圃、芹溪。祖籍辽阳，生于江宁（今南京），先世原是汉族，后为满洲正白旗"包衣"人。曾祖母孙氏曾任康熙帝玄烨的保姆。祖父曹寅曾任康熙的伴读和御前侍卫，后任江宁织造，兼任两淮巡盐监察御史，极受康熙宠信。曹雪芹早年在江宁织造府亲历了一段锦衣玉食的生活，后因家庭衰败随家人迁回北京老宅。其后又移居北京西郊，靠卖字画和朋友救济为生，曹家从此一蹶不振，日渐衰弱，曹雪芹因此饱尝人生辛酸。

经历了生活中的重大转折，曹雪芹深感世态炎凉，对封建社会有了更清醒、更深刻的认识。他蔑视权贵，远离官场，过着一贫如洗的艰难日子。曹雪芹爱好广泛，对金石、诗书、绘画、园林、中医、工艺、饮食等均有所研究。他以坚韧不拔的毅力，历经多年艰辛，终于创作出极具思想性、艺术性的伟大作品——《红楼梦》。

作品解读

　　《红楼梦》又名《石头记》《金玉缘》，是中国古典四大名著之首，也是一部举世公认的中国古典小说巅峰之作，被称作中国封建社会的百科全书，其内容包含文学、艺术、民俗、建筑、饮食、社会、人际、心理、历史、政治等各方面的知识，是传统文化的集大成者。小说以贾、史、王、薛四大家族的兴衰为背景，以贾府的家庭琐事、闺阁闲情为脉络，以贾宝玉、林黛玉、薛宝钗的爱情婚姻故事为主线，刻画了以贾宝玉和金陵十二钗为中心的"正邪两赋有情人"的人性美和悲剧美。通过家族悲剧、爱情悲剧及主人公的人生悲剧，揭示出封建末世的社会百态。品读《红楼梦》可以感受其言辞与情意之婉转精妙，并体会这部灵魂史诗的荡气回肠。

　　本文节选自《红楼梦》第二十七回前半部分，讲述了两件事情，涉及两个主要人物——薛宝钗和林红玉。

　　第一件事情是薛宝钗偷听丫鬟密谈而机智脱身。

　　时值芒种节，又称女儿节，大观园里众小姐丫鬟都在园内玩耍，独不见林黛玉。薛宝钗便说去叫林黛玉。路上远远看见贾宝玉去了潇湘馆，一番思虑后便去了别处。忽见一双大蝴蝶十分有趣，追赶捕捉，来到了滴翠亭，偷听到丫鬟林红玉和坠儿的私密谈话。为了不被发现，采取了"金蝉脱壳"之计，假装在找躲藏在这里的林黛玉，而自己刚刚到，使得两个丫鬟误以为林黛玉听了她们的谈话。文中细致地描写了薛宝钗扑蝶的过程，极具诗情画意，成为《红楼梦》中经典场面之一。薛宝钗体形丰腴，由"香汗淋漓，娇喘细细"的神态描写可见，她因此被人比作"杨妃"。

　　薛宝钗平时稳重大方，在扑蝶时才显出鲜有的少女的天真烂漫和活泼可爱。而更能彰显薛宝钗人物性格特点的还在于两段心理描写。首先，薛宝钗看到贾宝玉去了潇湘馆有一段心理活动："宝玉和林黛玉是从小儿一处长大……罢了，倒是回来的妙。"可见薛宝钗处事谨慎和考虑问题细致周密，这和薛宝钗一贯沉稳、中和的性格相契合。接下来，薛宝钗偷听了两个丫鬟的谈话之后也有一段心理活动："怪道从古至今那些奸淫狗盗的人，心机都不错……料也躲不及，少不得要使个金蝉脱壳的法子。"再一次体现薛宝钗的精明及明哲保身的处事原则。当林红玉推窗时，薛宝钗在躲藏不及，一点准备都没有的情况下演了一出找林黛玉的戏，充分体现了她的果断机敏，而语言、表情、动作描写又可见表演自然，使得两个丫鬟信以为真。然而，这样精湛的演技也使部分读者对薛宝钗产生不好的印象。

　　第二件事情是，林红玉传话而被王熙凤赏识。

　　林红玉，为避贾宝玉名讳改为"小红"。她是怡红院的低等粗使丫鬟，连进贾宝玉房间的资格都没有。但她和一般丫鬟又不同，不甘于这样的低等命运，时时在寻找机会向上攀升。她趁着其他丫鬟不在为贾宝玉端茶，却受到晴雯、绮霰等高等丫鬟的打压排挤和冷嘲热讽。本文中的事件是林红玉的一大转机。王熙凤一时有急事，找不到合适的人选,随手招呼园子里的丫鬟。只有林红玉眼尖,并且行动力超强,弃了众人很快地跑过去,把王熙凤交代的事情办得很漂亮。她语言简练、逻辑缜密,得到了王熙凤的另眼相看,最终成为王熙凤身边的贴身"助理",成功实现了人生的"逆袭"。此外,她对自己的人生大事也有着清醒的认识,借着一方手帕与贾芸暗通情愫,为自己求得合适的婚姻。在贾府被抄家,小姐、丫鬟都遭遇悲惨命运之际,林红玉更是摆脱了贾府、摆脱了丫鬟的身份。林红玉之所以能够成为人生的赢家,与她的勇敢、有主见及个人说话办事能力强密切相关。

思考与练习

1. 红楼梦里写到了许多传统节日,例如春节、元宵节、端午节、中秋节。除了这些传统节日,作者还写了一个特殊的节日——芒种节。查阅资料,结合《红楼梦》中的描写了解古代芒种节的习俗。

2. 薛宝钗偷听了两个丫鬟的私密谈话,怕被发现而自导自演了一出找林黛玉的戏,使林红玉误以为是林黛玉听到了她们的谈话。对此,有人认为薛宝钗工于心计,是有意栽赃陷害林黛玉;也有人认为薛宝钗是情急之下随机选了林黛玉,没有栽赃陷害之意。你是如何看待的呢?仔细阅读原文,联系现实,在班内组织开展一场辩论赛。

3. 林红玉本是怡红院的低等粗使丫鬟,级别低到贾宝玉的房间都不能进入,但是她通过不懈努力,最终却成为贾府大总管王熙凤的贴身"助理",成功实现人生的"逆袭"。结合阅读,分析林红玉凭借什么而实现人生"逆袭"的。这对你有什么样的启示?

力攀高枝夸小红

周思源

小红引起读者注意是从二十四回宝玉连自己怡红院的丫头都不认识开始的,因为这实在是太有点令人费解了:宝玉这么尊重女儿[1]的人,怎么会连自己的丫头都不认识呢?

当时宝玉要喝茶,袭人、麝月等几个大丫头都有事不在,别的小丫头都玩去了。宝

---

[1] 女儿:女性。

玉叫了两三遍，才有两三个婆子进来，宝玉最讨厌这些家伙，就让她们走开了。于是宝玉只好自己倒茶。这时小红出现了。曹雪芹通过宝玉的眼睛写小红：穿着几件半新不旧的衣裳，一头浓浓黑发，细长身材，十分俏丽干净。宝玉就问，你也是我这屋里的人么？小红说是。宝玉说，既是这屋里的，我怎么不认得？小红说："认不得的也多，岂止我一个。从来我又不递茶递水，拿东拿西，眼见的事一点儿不作①，那里认得呢？"看来宝玉不认识自己的丫头还不止小红一个呢，这就更让人莫名其妙了。

这里有三个原因：

一是宝玉的丫头实在太多，里里外外，各司其职，以至于多得他都认不过来。三十六回写到宝玉有袭人、晴雯等8个大丫头，佳蕙等8个小丫头，光是丫头就有16个。加上乳母、原来的4个婆子和新添的2个婆子，女仆多达23人。宝玉的男仆也有十几人，男女仆人总数不下40人。这就难怪宝玉认不过来了。

二是贾府对每个仆人做什么，不做什么；那②里能进去，那里不能进去，有严格规定。比如，有的就只能在二门外，不能进二门内的院子。男仆一律不能进大观园。大观园中有些女仆非经主子"传"或大丫头允许，不能进院子；有些本院的小丫头不能随便进主子正房。小红做的是宝玉看不见的粗活，诸如浇花、生火烧茶水、喂雀之类，是不能随便进宝玉屋子的粗使丫头。她"眼见的事一点儿不作"，宝玉自然不认识了。

三是二十四回小红给宝玉倒茶的事发生在二十三回宝玉迁入大观园之初，小红是属于刚添的四个丫头中的一个，刚入伍的新兵，"大首长"贾宝玉不认识她，也就不足为奇了。

小红不甘心于现在这种低微的地位。脂批者认为是"争名夺利"，在封建社会这是很受鄙视的。但是用现代眼光重审，小红属于那种希望实现自我价值、表现自己的才干以改善自己命运者。这种多少具有一些竞争意识和要强性格的人必然要和周围的人发生矛盾。封建社会的基本特点是等级森严，主子如此，丫头也不例外。二十五回和二十七回写到小红的工作：一早起来去打扫怡红院房子地面，提洗脸水，然后在院子里浇花，喂雀儿，生火烧茶。宝玉不叫，她是不能随便进屋子的。这是她和袭人、晴雯等人的最大区别。表面上似乎只是分工不同，实际上存在着严格的等级差别，关系到身份、待遇和脸面。所以秋纹、碧痕见她居然进了宝玉屋子，给宝玉倒茶，就骂她："没脸的下流东西……你也拿镜子照照，配递茶递水不配！"

但小红有超凡的能力。小红最出彩的地方是二十七回在园子里临时受凤姐指派去告诉平儿一件事，这件事本身就比较复杂。小红回来向凤姐汇报，那段大约200字的话，我把它叫作"说奶奶"。这是一段话中话，真是精彩绝伦，其难度远远超过相声中的绕口令。大家不妨回去再读读。我是把那段话中所有的"奶奶"都按不同身份和话语主体分成1、2、3、4、5，标上号码，才弄明白的。此事充分表现出小红非凡的记忆力、分辨力和表达能力，而这种能力反映了小红条理清晰的思维能力。这段比绕口令还绕的话，连李纨听了都如堕五里雾中，惊叹莫名，连"十个会说话的男人也说

① 作：做。文中同此用法不一一标注。　② 那：哪。文中同此用法不一一标注。

47

她不过"的凤姐都格外满意,可见小红确实能力超群。由于"说奶奶"充分表现出小红的过人才干,王熙凤立即将这个难得的人才从怡红院挖了过来,当即决定认她做干女儿,将她收入麾下,准备像当初培养平儿那样"调理"小红,使自己多一个得力助手,也使她有"出息"。

最后我们回到小红的名字上来。小红原名红玉,这个名字很值得注意。我们只要想想,《红楼梦》几百个人物中,有几个叫"玉"的,都是什么人,为什么为了避宝玉和黛玉的名讳,把"玉"去掉了,却留下了"红"!或者说,一开始就把"红"给了她。这样我们就能够体会曹雪芹对小红这个女孩是多么看重和喜爱了,曹雪芹显然是把小红作为重情义、有抱负、有能力但是由于处于"末世"不能发挥才干的下层少女的典型来歌颂的。

(选自《周思源看红楼》,周思源著,中华书局2005年版,原文有删改)

伤　　逝

——涓生的手记（节选）

鲁　迅

如果我能够，我要写下我的悔恨和悲哀，为子君，为自己。

会馆里的被遗忘在偏僻里的破屋是这样地①寂静和空虚。时光过得真快，我爱子君，仗着她逃出这寂静和空虚，已经满一年了。事情又这么不凑巧，我重来时，偏偏空着的又只有这一间屋。依然是这样的破窗，这样的窗外的半枯的槐树和老紫藤，这样的窗前的方桌，这样的败壁，这样的靠壁的板床。深夜中独自躺在床上，就如我未曾和子君同居以前一般，过去一年中的时光全被消灭，全未有过，我并没有曾经从这破屋子搬出，在吉兆胡同创立了满怀希望的小小的家庭。

不但如此。在一年之前，这寂静和空虚是并不这样的，常常含着期待；期待子君的到来。在久待的焦躁中，一听到皮鞋的高底尖触着砖路的清响，是怎样地使我骤然生动起来呵！于是就看见带着笑涡②的苍白的圆脸，苍白的瘦的臂膊，布的有条纹的衫子，玄色的裙。她又带了窗外的半枯的槐树的新叶来，使我看见，还有挂在铁似的老干上的一房一房的紫白的藤花。

然而现在呢，只有寂静和空虚依旧，子君却决不再来了，而且永远，永远地！……

子君不在我这破屋里时，我什么也看不见。在百无聊赖中，随手抓过一本书来，科学也好，文学也好，横竖什么都一样；看下去，看下去，忽而自己觉得，已经翻了十多页了，但是毫不记得书上所说的事。只是耳朵却分外地灵，仿佛听到大门外一切往来的履声，从中便有子君的，而且橐橐地逐渐临近，——但是，往往又逐渐渺茫，终于消失在别的步声的杂沓中了。我憎恶那不像子君鞋声的穿布底鞋的长班③的儿子，我憎恶那太像子君鞋声的常常穿着新皮鞋的邻院的搽雪花膏的小东西！

莫非她翻了车么？莫非她被电车撞伤了么？……

我便要取了帽子去看她，然而她的胞叔就曾经当面骂过我。

蓦然，她的鞋声近来了，一步响于一步，迎出去时，却已经走过紫藤棚下，脸上带着微笑的酒窝。她在她叔子的家里大约并未受气；我的心宁帖了，默默地相视片时之后，破屋里便渐渐充满了我的语声，谈家庭专制，谈打破旧习惯，谈男女平等，谈伊孛生，谈泰戈尔，谈雪莱……。她总是微笑点头，两眼里弥漫着稚气的好奇的光泽。壁上就钉着

---

① 地：的。文中同此用法不一一标注。　② 笑涡：酒窝。　③ 长班：旧时官员的随身仆人，也用来称呼一般的"听差"。

一张铜板的雪莱半身像，是从杂志上裁下来的，是他的最美的一张像。当我指给她看时，她却只草草一看，便低了头，似乎不好意思了。这些地方，子君就大概还未脱尽旧思想的束缚，——我后来也想，倒不如换一张雪莱淹死在海里的记念①像或是伊孛生的罢；但也终于没有换，现在是连这一张也不知那里去了。

"我是我自己的，他们谁也没有干涉我的权利！"

这是我们交际了半年，又谈起她在这里的胞叔和在家的父亲时，她默想了一会之后，分明地，坚决地，沉静地说了出来的话。其时是我已经说尽了我的意见，我的身世，我的缺点，很少隐瞒；她也完全了解的②了。这几句话很震动了我的灵魂，此后许多天还在耳中发响，而且说不出的狂喜，知道中国女性，并不如厌世家所说那样的无法可施，在不远的将来，便要看见辉煌的曙色的。

送她出门，照例是相离十多步远；照例是那鲇鱼须的老东西的脸又紧帖③在脏的窗玻璃上了，连鼻尖都挤成一个小平面；到外院，照例又是明晃晃的玻璃窗里的那小东西的脸，加厚的雪花膏。她目不邪视④地骄傲地走了，没有看见；我骄傲地回来。

"我是我自己的，他们谁也没有干涉我的权利！"这彻底的思想就在她的脑里，比我还透澈⑤，坚强得多。半瓶雪花膏和鼻尖的小平面，于她能算什么东西呢？

我已经记不清那时怎样地将我的纯真热烈的爱表示给她。岂但现在，那时的事后便已模胡⑥，夜间回想，早只剩了一些断片了；同居以后一两月，便连这些断片也化作无可追踪的梦影。我只记得那时以前的十几天，曾经很仔细地研究过表示的态度，排列过措辞的先后，以及倘或遭了拒绝以后的情形。可是临时似乎都无用，在慌张中，身不由己地竟用了在电影上见过的方法了。后来一想到，就使我很愧恧，但在记忆上却偏只有这一点永远留遗，至今还如暗室的孤灯一般，照见我含泪握着她的手，一条腿跪了下去……。

不但我自己的，便是子君的言语举动，我那时就没有看得分明；仅知道她已经允许我了。但也还仿佛记得她脸色变成青白，后来又渐渐转作绯红，——没有见过，也没有再见的绯红；孩子似的眼里射出悲喜，但是夹着惊疑的光，虽然力避我的视线，张皇地似乎要破窗飞去。然而我知道她已经允许我了，没有知道她怎样说或是没有说。

她却是什么都记得：我的言辞，竟至于读熟了的一般，能够滔滔背诵；我的举动，就如有一张我所看不见的影片挂在眼下，叙述得如生，很细微，自然连那使我不愿再想的浅薄的电影的一闪。夜阑人静，是相对温习的时候了，我常是被质问，被考验，并且被命复述当时的言语，然而常须由她补足，由她纠正，像一个丁等的学生。

这温习后来也渐渐稀疏起来。但我只要看见她两眼注视空中，出神似的凝想着，于是神色越加柔和，笑窝也深下去，便知道她又在自修旧课了，只是我很怕她看到我那可笑的电影的一闪。但我又知道，她一定要看见，而且也非看不可的。

---

① 记念：纪念。　② 的：得。文中同此用法不一一标注。　③ 帖：贴。　④ 目不邪视：目不斜视。　⑤ 透澈：透彻。　⑥ 模胡：模糊。

然而她并不觉得可笑。即使我自己以为可笑，甚而至于可鄙的，她也毫不以为可笑。这事我知道得很清楚，因为她爱我，是这样地热烈，这样地纯真。

去年的暮春是最为幸福，也是最为忙碌的时光。我的心平静下去了，但又有别一部分和身体一同忙碌起来。我们这时才在路上同行，也到过几回公园，最多的是寻住所。我觉得在路上时时遇到探索、讥笑、猥亵和轻蔑的眼光，一不小心，便使我的全身有些瑟缩，只得即刻提起我的骄傲和反抗来支持。她却是大无畏的，对于这些全不关心，只是镇静地缓缓前行，坦然如入无人之境。

寻住所实在不是容易事，大半是被托辞拒绝，小半是我们以为不相宜。起先我们选择得很苛酷，——也非苛酷，因为看去大抵不像是我们的安身之所；后来，便只要他们能相容了。看了二十多处，这才得到可以暂且敷衍的处所，是吉兆胡同一所小屋里的两间南屋；主人是一个小官，然而倒是明白人，自住着正屋和厢房。他只有夫人和一个不到周岁的女孩子，雇一个乡下的女工，只要孩子不啼哭，是极其安闲幽静的。

我们的家具很简单，但已经用去了我的筹来的款子的大半；子君还卖掉了她唯一的金戒指和耳环。我拦阻她，还是定要卖，我也就不再坚持下去了；我知道不给她加入一点股分^①去，她是住不舒服的。

和她的叔子，她早经闹开，至于使他气愤到不再认她做侄女；我也陆续和几个自以为忠告，其实是替我胆怯，或者竟是嫉妒的朋友绝了交。然而这倒很清静。每日办公散后，虽然已近黄昏，车夫又一定走得这样慢，但究竟还有二人相对的时候。我们先是沉默^②的相视，接着是放怀而亲密的交谈，后来又是沉默。大家低头沉思着，却并未想着什么事。我也渐渐清醒地读遍了她的身体，她的灵魂，不过三星期，我似乎于她已经更加了解，揭去许多先前以为了解而现在看来却是隔膜，即所谓真的隔膜了。

子君也逐日活泼起来。但她并不爱花，我在庙会时买来的两盆小草花，四天不浇，枯死在壁角了，我又没有照顾一切的闲暇。然而她爱动物，也许是从官太太那里传染的罢，不一月，我们的眷属便骤然加得很多，四只小油鸡，在小院子里和房主人的十多只在一同走。但她们却认识鸡的相貌，各知道那一只是自家的。还有一只花白的叭儿狗，从庙会买来，记得似乎原有名字，子君却给它另起了一个，叫作阿随。我就叫它阿随，但我不喜欢这名字。

这是真的，爱情必须时时更新，生长，创造。我和子君说起这，她也领会地点点头。

唉唉，那是怎样的宁静而幸福的夜呵！

安宁和幸福是要凝固的，永久是这样的安宁和幸福。我们在会馆里时，还偶有议论的冲突和意思的误会，自从到吉兆胡同以来，连这一点也没有了；我们只在灯下对坐的怀旧谭中，回味那时冲突以后的和解的重生一般的乐趣。

子君竟胖了起来，脸色也红活了；可惜的是忙。管了家务便连谈天的工夫也没有，何况读书和散步。我们常说，我们总还得雇一个女工。

---

① 股分：股份。　② 的：地。文中同此用法不一一标注。

这就使我也一样地不快活，傍晚回来，常见她包藏着不快活的颜色，尤其使我不乐的是她要装作勉强的笑容。幸而探听出来了，也还是和那小官太太的暗斗，导火线便是两家的小油鸡。但又何必硬不告诉我呢？人总该有一个独立的家庭。这样的处所，是不能居住的。

　　我的路也铸定了，每星期中的六天，是由家到局，又由局到家。在局里便坐在办公桌前钞^①，钞，钞些公文和信件；在家里是和她相对或帮她生白炉子，煮饭，蒸馒头。我学会了煮饭，就在这时候。

　　但我的食品却比在会馆里时好得多了。做菜虽不是子君的特长，然而她于此却倾注着全力；对于她的日夜的操心，使我也不能不一同操心，来算作分甘共苦。况且她又这样地终日汗流满面，短发都粘在脑额上；两只手又只是这样地粗糙起来。

　　况且还要饲阿随，饲油鸡，……都是非她不可的工作。

　　我曾经忠告她：我不吃，倒也罢了；却万不可这样地操劳。她只看了我一眼，不开口，神色却似乎有点凄然；我也只好不开口。然而她还是这样地操劳。

　　我所豫期^②的打击果然到来。双十节的前一晚，我呆坐着，她在洗碗。听到打门声，我去开门时，是局里的信差，交给我一张油印的纸条。我就有些料到了，到灯下去一看，果然，印着的就是：

　　　　　奉
　　局长谕史涓生着毋庸到局办事
　　　　　　　秘书处启　十月九号

　　这在会馆里时，我就早已料到了；那雪花膏便是局长的儿子的赌友，一定要去添些谣言，设法报告的。到现在才发生效验，已经要算是很晚的了。其实这在我不能算是一个打击，因为我早就决定，可以给别人去钞写，或者教读，或者虽然费力，也还可以译点书，况且《自由之友》的总编辑便是见过几次的熟人，两月前还通过信。但我的心却跳跃着。那么一个无畏的子君也变了色，尤其使我痛心；她近来似乎也较为怯弱了。

　　"那算什么。哼，我们干新的。我们……"她说。

　　她的话没有说完；不知怎地，那声音在我听去却只是浮浮的；灯光也觉得格外黯淡。人们真是可笑的动物，一点极微末的小事情，便会受着很深的影响。我们先是默默地相视，逐渐商量起来，终于决定将现有的钱竭力节省，一面登"小广告"去寻求钞写和教读，一面写信给《自由之友》的总编辑，说明我目下的遭遇，请他收用我的译本，给我帮一点艰辛时候的忙。

　　"说做，就做罢！来开一条新的路！"

---

　　① 钞：抄。　② 豫期：预期。

我立刻转身向了书案，推开盛香油的瓶子和醋碟，子君便送过那黯淡的灯来。我先拟广告；其次是选定可译的书，迁移以来未曾翻阅过，每本的头上都满漫着灰尘了；最后才写信。

我很费踌躇，不知道怎样措辞好，当停笔凝思的时候，转眼去一瞥她的脸，在昏暗的灯光下，又很见得凄然。我真不料这样微细的小事情，竟会给坚决的、无畏的子君以这么显著的变化。她近来实在变得很怯弱了，但也并不是今夜才开始的。我的心因此更缭乱，忽然有安宁的生活的影像——会馆里的破屋的寂静，在眼前一闪，刚刚想定睛凝视，却又看见了昏暗的灯光。

许久之后，信也写成了，是一封颇长的信；很觉得疲劳，仿佛近来自己也较为怯弱了。于是我们决定，广告和发信，就在明日一同实行。大家不约而同地伸直了腰肢，在无言中，似乎又都感到彼此的坚忍崛强①的精神，还看见从新②萌芽起来的将来的希望。

外来的打击其实倒是振作了我们的新精神。局里的生活，原如鸟贩子手里的禽鸟一般，仅有一点小米维系残生，决③不会肥胖；日子一久，只落得麻痹了翅子，即使放出笼外，早已不能奋飞。现在总算脱出这牢笼了，我从此要在新的开阔的天空中翱翔，趁我还未忘却了我的翅子的扇动。

小广告是一时自然不会发生效力的；但译书也不是容易事，先前看过，以为已经懂得的，一动手，却疑难百出了，进行得很慢。然而我决计努力地做，一本半新的字典，不到半月，边上便有了一大片乌黑的指痕，这就证明着我的工作的切实。《自由之友》的总编辑曾经说过，他的刊物是决不会埋没好稿子的。

可惜的是我没有一间静室，子君又没有先前那么幽静，善于体帖④了，屋子里总是散乱着碗碟，弥漫着煤烟，使人不能安心做事，但是这自然还只能怨我自己无力置一间书斋。然而又加以阿随，加以油鸡们。加以油鸡们又大起来了，更容易成为两家争吵的引线。

加以每日的"川流不息"的吃饭；子君的功业，仿佛就完全建立在这吃饭中。吃了筹钱，筹来吃饭，还要喂阿随，饲油鸡；她似乎将先前所知道的全都忘掉了，也不想到我的构思就常常为了这催促吃饭而打断。即使在坐中给看一点怒色，她总是不改变，仍然毫无感触似的大嚼起来。

使她明白了我的工作不能受规定的吃饭的束缚，就费去五星期。她明白之后，大约很不高兴罢，可是没有说。我的工作果然从此较为迅速地进行，不久就共译了五万言，只要润色一回，便可以和做好的两篇小品，一同寄给《自由之友》去。只是吃饭却依然给我苦恼。菜冷，是无妨的，然而竟不够；有时连饭也不够，虽然我因为终日坐在家里用脑，饭量已经比先前要减少得多。这是先去喂了阿随了，有时还并那近来连自己也轻易不吃的羊肉。她说，阿随实在瘦得太可怜，房东太太还因此嗤笑我们了，她受不住这样的奚落。

于是吃我残饭的便只有油鸡们。这是我积久才看出来的，但同时也如赫胥黎的论

① 崛强：倔强。　② 从新：重新。　③ 决：绝。　④ 体帖：体贴。

定"人类在宇宙间的位置"一般，自觉了我在这里的位置：不过是叭儿狗和油鸡之间。

后来，经多次的抗争和催逼，油鸡们也逐渐成为肴馔，我们和阿随都享用了十多日的鲜肥；可是其实都很瘦，因为它们早已每日只能得到几粒高粱了。从此便清静得多。只有子君很颓唐，似乎常觉得凄苦和无聊，至于不大愿意开口。我想，人是多么容易改变呵！

但是阿随也将留不住了。我们已经不能再希望从什么地方会有来信，子君也早没有一点食物可以引它打拱或直立起来。冬季又逼近得这么快，火炉就要成为很大的问题；它的食量，在我们其实早是一个极易觉得的很重的负担。于是连它也留不住了。

倘使插了草标①到庙市去出卖，也许能得几文钱罢，然而我们都不能，也不愿这样做。终于是用包袱蒙着头，由我带到西郊去放掉了，还要追上来，便推在一个并不很深的土坑里。

我一回寓，觉得又清静得多多了；但子君的凄惨的神色，却使我很吃惊。那是没有见过的神色，自然是为阿随。但又何至于此呢？我还没有说起推在土坑里的事。

到夜间，在她的凄惨的神色中，加上冰冷的分子了。

"奇怪。——子君，你怎么今天这样儿了？"我忍不住问。

"什么？"她连看也不看我。

"你的脸色……。"

"没有什么，——什么也没有。"

我终于从她言动②上看出，她大概已经认定我是一个忍心的人。其实，我一个人，是容易生活的，虽然因为骄傲，向来不与世交来往，迁居以后，也疏远了所有旧识的人，然而只要能远走高飞，生路还宽广得很。现在忍受着这生活压迫的苦痛，大半倒是为她，便是放掉阿随，也何尝不如此。但子君的识见却似乎只是浅薄起来，竟至于连这一点也想不到了。

我拣了一个机会，将这些道理暗示她；她领会似的点头。然而看她后来的情形，她是没有懂，或者是并不相信的。

天气的冷和神情的冷，逼迫我不能在家庭中安身。但是，往那里去呢？大道上，公园里，虽然没有冰冷的神情，冷风究竟也刺得人皮肤欲裂。我终于在通俗图书馆里觅得了我的天堂。

那里无须买票；阅书室里又装着两个铁火炉。纵使不过是烧着不死不活的煤的火炉，但单是看见装着它，精神上也就总觉得有些温暖。书却无可看；旧的陈腐，新的是几乎没有的。

好在我到那里去也并非为看书。另外时常还有几个人，多则十余人，都是单薄衣裳，正如我，各人看各人的书，作为取暖的口实。这于我尤为合式。道路上容易遇见熟人，得到轻蔑的一瞥，但此地却决无那样的横祸，因为他们是永远围在别的铁炉旁，或者靠在自家的白炉边的。

---

① 草标：旧时在被卖的人身上或物品上插置的草秆，作为出卖的标志。　② 言动：言行。

那里虽然没有书给我看，却还有安闲容得我想。待到孤身枯坐，回忆从前，这才觉得大半年来，只为了爱，——盲目的爱，——而将别的人生的要义全盘疏忽了。第一，便是生活。人必生活着，爱才有所附丽。世界上并非没有为了奋斗者而开的活路；我也还未忘却翅子的扇动，虽然比先前已经颓唐得多……。

屋子和读者渐渐消失了，我看见怒涛中的渔夫，战壕中的兵士，摩托车^①中的贵人，洋场上的投机家，深山密林中的豪杰，讲台上的教授，昏夜的运动者和深夜的偷儿……。子君，——不在近旁。她的勇气都失掉了，只为着阿随悲愤，为着做饭出神；然而奇怪的是倒也并不怎样瘦损……。

冷了起来，火炉里的不死不活的几片硬煤，也终于烧尽了，已是闭馆的时候。又须回到吉兆胡同，领略冰冷的颜色去了。近来也间或遇到温暖的神情，但这却反而增加我的苦痛。记得有一夜，子君的眼里忽而又发出久已不见的稚气的光来，笑着和我谈到还在会馆时候的情形，时时又很带些恐怖的神色。我知道我近来的超过她的冷漠，已经引起她的忧疑来，只得也勉力谈笑，想给她一点慰藉。然而我的笑貌一上脸，我的话一出口，却即刻变为空虚，这空虚又即刻发生反响，回向我的耳目里，给我一个难堪的恶毒的冷嘲。

子君似乎也觉得的，从此便失掉了她往常的麻木似的镇静，虽然竭力掩饰，总还是时时露出忧疑的神色来，但对我却温和得多了。

我要明告她，但我还没有敢，当决心要说的时候，看见她孩子一般的眼色，就使我只得暂且改作勉强的欢容。但是这又即刻来冷嘲我，并使我失却那冷漠的镇静。

（选自《呐喊 彷徨 故事新编》，鲁迅著，人民文学出版社2013年版，原文有删减）

作者简介

鲁迅（1881—1936），原名周樟寿，1898年改名为周树人，笔名鲁迅，字豫山，后改为豫才，浙江绍兴人。鲁迅出身于封建家庭，青年时代受进化论、尼采超人哲学和托尔斯泰博爱思想的影响。鲁迅原在仙台医学院学医，后从事文艺工作，希望用以改变国民精神。辛亥革命后，鲁迅曾任南京临时政府和北京政府教育部部员、佥事等职，同时在北京大学、女子师范大学等

① 摩托车：当时对小汽车的称呼。

校授课。1918年5月，他首次用"鲁迅"的笔名，发表中国现代文学史上第一篇白话小说《狂人日记》，奠定了新文学运动的基石，该小说后与《药》《故乡》等小说名篇一同收入小说集《呐喊》。五四运动前后，他参加《新青年》杂志工作，成为五四新文化运动的主将，被毛泽东主席评价为伟大的无产阶级文学家、思想家、评论家，是中国现代小说、白话小说和近代文学的奠基人之一。

鲁迅的主要作品有小说集《呐喊》《彷徨》《故事新编》，散文集《朝花夕拾》，散文诗集《野草》，杂文集《坟》《热风》《华盖集》《华盖集续编》《而已集》《三闲集》《二心集》《南腔北调集》《伪自由书》《且介亭杂文》等。

作品解读

《伤逝》是现代文学家鲁迅在1925年创作的一部短篇小说，是他唯一一部以爱情与婚姻为主题的小说，反映了五四时期知识分子的命运，曾收入小说集《彷徨》。

小说以主人公涓生哀婉悲愤的内心独白的方式，讲述了他和子君冲破封建势力的重重阻碍，追求婚姻自主，建立起了一个温馨的家庭，但不久爱情归于失败，最终以一"伤"一"逝"结局。

女主人公子君爱得勇敢而决绝，冲破封建的壁垒，宁肯断绝与家庭的来往，也要勇敢地追求爱情，大胆地跟涓生同居，为了生活卖掉自己的首饰，无畏地迎接别人异样的眼光。而涓生却是怯懦的，他身上有着当时的知识分子身上所具有的一切弱点，空谈、畏葸，在高谈阔论中使得子君爱上了他，真的生活在一起时，却没有多少实际生活的能力。尤其是在失业之后陷入困局时，把责任推到子君身上。同居后的子君为了生活劳碌、烦恼，渐渐变得不再可爱，而涓生也悲哀地发现曾经纯真热烈的爱已经无可挽回地逝去。于是，他坦然地跟子君说明，而子君这才发现自己以为的爱情不过是一场梦。于是，子君决然离开，结束了自己的生命，这时候涓生才追悔莫及。

小说通过涓生、子君始以争取个性解放、婚姻自主终却落个悲剧结局的描写，反映了个人和社会的冲突：离开整个社会的解放，个性的解放和婚姻自主是无法实现的。小说语言优美凝练，富有诗的情韵；开头、结尾部分有些语句的故意重复，不仅在结构上起着贯通前后的作用，而且有物是人非之感，加强了抒情气氛，有助于主题的表达；有些句子写得委婉含蓄，寓意深刻，发人深思，深化了主题。

鲁迅的《伤逝》，不同于20世纪20年代流行的歌颂恋爱至上的作品，也不同于传统名著中以死殉情的悲剧。鲁迅用小说的形式，把妇女婚姻和青年知识分子的问题跟整个社会制度和经济制度的变革联系起来，以启示广大青年摆脱个性解放和个人奋斗的

2.2 鲁迅《伤逝》

束缚,探索新的道路。

思考与练习

1. 子君是五四时期新时代女性的代表,为了爱情敢于冲破封建思想的束缚,与家庭决裂,但是结局却是悲哀的。请结合作品评价子君,并谈谈你对女性爱情、婚姻的看法。

2. 从创作《伤逝》至今,近一个世纪过去了,你认为"个性解放"这样的话题在今天还有没有意义?

3. 请在认真阅读作品的基础上,分析导致涓生和子君爱情悲剧的主要原因。

拓展阅读

读《伤逝》: 在意那些被忽略的缝隙

温儒敏

鲁迅的《伤逝》写于1925年,是一篇抒情意味很浓的小说,情节很简单。涓生和子君相爱,勇敢地冲破世俗的偏见,我行我素就同居了。但他们的结合为社会所不容,生活也碰到很大的困难。后来涓生的感情发生变化,终于向子君明白说出他已经不爱她了。子君无所依持,在绝望中默默死去。涓生在悔恨中挣扎,希望能觅得新路,但前途渺茫。类似的以青年男女恋爱为题材的小说,在"五四"时期和1920年代非常流行。但和流行写法大相径庭的是,鲁迅并不讴歌自由恋爱,而是为"五四"式的爱情唱起了挽歌。这篇小说情节比较简单,但涵义复杂,历来有各种不同的解释。我们可以从中看到现代小说的某些特点,包括结构、叙事角度等方面的特点,并领略鲁迅小说的艺术风采。

应当怎样来读《伤逝》呢? 比较常见的读法,是偏重作品思想内涵的发掘。许多研究者就认为,《伤逝》写的是"五四"一代青年的精神追求及其困境:一方面,揭露了当时黑暗的专制的社会如何迫害着子君涓生们;另方面,又表现了子君涓生们的脱离实际以及心灵的软弱、空虚。过去比较公认的观点是:《伤逝》对"五四"思想解放潮流有反思。"五四"时期提倡"易卜生主义",也就是个性解放。但鲁迅考虑更实际一些,认为个性解放终究不能离开现实,所以《伤逝》中才有这句警策之语:"人必生活着,爱才有所附丽。"评论家进一步的解读便是:鲁迅在借《伤逝》来思考"娜拉出走之后会怎样",子君涓生故事的意义是在诠释中国式"娜拉"的命运。

以上这种读法的确能看到作品的社会意义,但不一定能结合小说艺术特征对作品的独创性做出更细腻的剖析。这些年来,对于《伤逝》的解读又有许多新的角度与方法，细读是其中一种。所谓细读，一般是在对文本的认真阅读分析过程中，细致体察作品的象征世界，寻找作品情感或思维展开的理路，往往质疑既定的评论，还特别在意那些容易被忽略的缝隙与矛盾。我们可以尝试一下看看这种阅读方式是否更有利于打开思路，深化对作品的了解。

我们就从小说的第一句话开始。这句话是主人公涓生"手记"的开头，也就是他的表白吧："如果我能够，我要写下我的悔恨和悲哀，为子君，为自己。"一般第一遍阅读，对这句话可能不太在意，如果读完全篇回头琢磨，就可能有疑问：写下悔恨与悲哀为什么要以"如果我能够"作为前提呢？难道会有什么原因"不能够"吗？这时，细读就发现"缝隙"了：涓生是否真的完全写下了他的悔恨与悲哀，还要打个问号。

当涓生听说子君已经死去时，是痛苦与悔恨的，但悔恨的不是抛弃了子君，结果导致子君的死，而是不该"将真实说给子君"，恨自己"没有负着虚伪的重担的勇气"。从作品描写的事实看，同居之后不过两三个星期，涓生"渐渐清醒地读遍了她的身体，她的灵魂"，感觉就悄悄改变，有"所谓真的隔膜了"。小说中大部分篇幅其实就是涓生回忆他对子君感觉的"变化"，也是感情的淡化。如同他自己所慨叹的："人是多么容易改变呵！"小说情节的发展表明，涓生其实已经不爱子君了，即使他不向子君明确表白，悲剧也要发生的，"只争着一个迟早之间"。但涓生始终没有从自己感情变化这个"根"上责怪过自己，而对他的潜意识做些分析，我们看到他是厌倦子君的，所以他的悔恨是有限的、不能完全说出缘由的。小说开头那句话其实早就打了埋伏，暗示了整个悲剧的发展。

如果进一步细读，可以发现悲剧的原因很复杂，起码比前面那种从社会外部原因的解释要复杂得多。这对年轻情侣同居之后，因为失业，经济困难，这确实是促使他们感情破裂的外在因素，所谓"贫贱夫妻百事哀"嘛！但我们是否也可以这样反驳说，真正的爱情不会因为生活拮据而夭折。那么很显然，悲剧起于涓生的情感之变。问题是，导致涓生厌倦子君的原因到底是什么？是同居之后"川流不息"的琐碎生活逐渐淹没了爱的激情？是子君从浪漫走向平庸？是这对年轻人尚未做好真正建立家庭的准备？是男人常见的毛病？好像都有一点关系。所以小说是很真实的。再用细读分析涓生这个人物，发现他的厌倦尽管可以找到各种解释，但骨子里还是自私，而且从他的表白看，其悔恨"不能够"彻底，也是因为他终究未能直面这种深藏的私心。只要认真分析，我们不难体味到作品对涓生有一种道德层面的谴责。非常有意思的是，这种谴责不是由作家直接表露，而是通过作品所精心经营的叙事结构来达致，读者从自己的阅读中可以很自然去体会和接纳。

这篇小说的细读，让我们领略到现代小说在结构、叙事和语言等诸多方面的特色。像鲁迅《伤逝》这样的内涵丰厚的优秀小说，往往给读者留有许多想象和思考的空间，阅读时只要认真把握其艺术构思的特色，放开思路，总会有自己的发现，有审美的愉悦。

（选自《为精神界之战士者安在：现代文学研究自选集》，温儒敏著，人民文学出版社2021年版，原文有删减）

月亮和六便士（节选）

毛　姆

　　在回伦敦的旅途上，关于思特里克兰德我又想了很多。我试着把要告诉他妻子的事理出一个头绪来。事情办得并不妙，我想象得出，她不会对我感到满意的，我对自己也不满意。思特里克兰德叫我迷惑不解。我不明白他行事的动机。当我问他，他最初为什么想起要学绘画的时候，他没能给我说清楚，也许他根本就不愿意告诉我。我一点儿也搞不清楚。我企图这样解释这件事：在他的迟钝的心灵中逐渐产生了一种朦胧模糊的反叛意识。但是，一件不容置疑的事实却驳斥了上述解释：他对自己过去那种单调的生活从来没有流露出什么厌烦不耐啊。如果他只是无法忍受无聊的生活而决心当一个画家，以图挣脱烦闷的枷锁，这是可以理解的，也是极其平常的事；但是问题在于，我觉得他绝对不是一个平常的人。最后，也许我有些罗曼蒂克，我想象出一个解释来，尽管这个解释有些牵强，却是唯一能使我感到满意的。那就是：我怀疑是否在他的灵魂中深深埋藏着某种创作的欲望，这种欲望尽管为他的生活环境掩盖着，却一直在毫不留情地膨胀壮大，正像肿瘤在有机组织中不断长大一样，直到最后完全把他控制住，逼得他必须采取行动，毫无反抗能力。杜鹃把蛋下到别的鸟巢里，当雏鸟孵出以后，就把它的异母兄弟们挤出巢外，最后还要把庇护它的巢窝毁掉。

　　但是奇怪的是，这种创作欲竟会抓住了一个头脑有些迟钝的证券经纪人，可能导致他的毁灭，使那些依靠他生活的人陷入不幸。但是如果同上帝的玄旨妙义有时竟也把人们抓住这一点比起来，倒也不足为奇。这些人有钱有势，可是上帝却极其警觉地对他们紧追不舍，直到最后把他们完全征服，这时他们就抛弃掉世俗的欢乐、女人的爱情，甘心到寺院中过着凄苦冷清的生活。皈依能以不同的形态出现，也可以通过不同的途径实现。有一些人通过激变，有如愤怒的激流把石块一下子冲击成齑粉；另一些人则由于日积月累，好像不断的水滴，迟早要把石块磨穿。思特里克兰德有着盲信者的直截了当和使徒的狂热不羁。

　　但是以我讲求实际的眼睛看来，使他着了迷的这种热情是否能产生出有价值的作品来，还有待时间证明。等我问起他在伦敦学画时夜校的同学对他的绘画如何评价的时候，他笑了笑说：

　　"他们觉得我是在闹着玩。"

　　"你到了这里以后，开始进哪个绘画学校了么？"

　　"进了。今天早晨那个笨蛋还到我住的地方来过——我是说那个老师，你知道；他看了我的画以后,只是把眉毛一挑,连话也没说就走了。"

思特里克兰德咯咯地笑起来。他似乎一点也没有灰心丧气。别人的意见对他是毫无影响的。

在我同他打交道的时候,正是这一点使我狼狈不堪。有人也说他不在乎别人对他的看法,但这多半是自欺欺人。一般说来,他们能够自行其是是因为相信别人都看不出来他们的怪异的想法;最甚者也是因为有几个近邻知交表示支持,才敢违背大多数人的意见行事。如果一个人违反传统实际上是他这一阶层人的常规,那他在世人面前做出违反传统的事倒也不困难。相反地,他还会为此洋洋自得。他既可以标榜自己的勇气又不致冒什么风险。但是我总觉得事事要邀获别人批准,或许是文明人类最根深蒂固的一种天性。一个标新立异的女人一旦冒犯了礼规,招致了唇枪舌剑的物议,再没有谁会像她那样飞快地跑去寻找尊严体面的庇护了。那些告诉我他们毫不在乎别人对他们的看法的人,我是绝不相信的。这只不过是一种无知的虚张声势。他们的意思是:他们相信别人根本不会发现自己的微疵小瑕,因此更不怕别人对这些小过失加以谴责了。

但是这里却有一个真正不计较别人如何看待他的人,因而传统礼规对他一点也奈何不得。他像是一个身上涂了油的角力者,你根本抓不住他。这就给了他一种自由,叫你感到火冒三丈。我还记得我对他说:

"你听我说,如果每个人都照你这样,地球就运转不下去了。"

"你说这样的话实在是太蠢了。并不是每个人都要像我这样的。绝大多数人对于他们做的那些平平常常的事是心满意足的。"

我想挖苦他一句。

"有一句格言你显然并不相信:凡人立身行事,务使每一行为堪为万人楷模。"

"我从来没听说过,但这是胡说八道。"

"你不知道,这是康德说的。"

"随便是谁说的,反正是胡说八道。"

对于这样一个人,想要诉诸他的良心也是毫无效果的。这就像不借助镜子而想看到自己的反影一样。我把良心看作一个人心灵中的卫兵,社会为要存在下去制订出的一套礼规全靠它来监督执行。良心是我们每人心头的岗哨,它在那里值勤站岗,监视着我们别做出违法的事情来。它是安插在自我的中心堡垒中的暗探。因为人们过于看重别人对他的意见,过于害怕舆论对他的指责,结果自己把敌人引进大门里来;于是它就在那里监视着,高度警觉地卫护着它主人的利益,一个人只要有半分离开大溜儿的想法,就马上受到它严厉苛责。它逼迫着每一个人把社会利益置于个人之上。它是把个人拘系于整体的一条牢固的链条。人们说服自己,相信某种利益大于个人利益,甘心为它效劳,结果沦为这个主子的奴隶。他把他高举到荣誉的宝座上。最后,正如同宫廷里的弄臣赞颂皇帝按在他肩头的御杖一样,他也为自己有着敏感的良心而异常骄傲。到了这一地步,对那些不肯受良心约束的人,他就会觉得怎样责骂也不过分,因为他已经是社会的一名成员,他知道得很清楚,绝对没有力量造自己的反了。当我看到思特里克兰德对他的行为肯定会引起的斥责真的无动于衷的时候,我就像见到一个奇异的怪物一样,吓得毛骨悚然,赶快缩了回去。

那天晚上在我向他告别的时候,他最后对我说的话是:

"告诉阿美,到这儿来找我是没有用的。反正我要搬家了,她是不会找到我的。"

"我的看法是,她摆脱开你未尝不是件好事,"我说。

"亲爱的朋友,我就希望你能够叫她看清这一点。可惜女人都是没有脑子的。"

(选自《月亮和六便士》,毛姆著,傅惟慈译,上海译文出版社2018年版,原文有改动)

作者简介

毛姆(1874—1965),英国小说家、剧作家,生于律师家庭,父母早亡,由伯父接回英国抚养。毛姆上学时,由于身材矮小,说话口吃,经常受到大孩子的欺凌,幼年的经历对他的文学创作产生了深刻的影响,其作品常以冷静、客观乃至挑剔的态度审视人生,基调超然,带讽刺和怜悯意味。毛姆一生著有二十部长篇小说、一百五十多篇短篇小说、三十一部戏剧、两部文学评论集、三部游记、四部散文集和两部回忆录,其著名的作品有戏剧《圈子》《周而复始》《比我们高贵的人们》,长篇小说《人生的枷锁》《月亮和六便士》《面纱》《刀锋》,短篇小说集《叶之震颤》《卡苏里那树》《阿金》等。

2.3 毛姆生平

作品解读

《月亮和六便士》是英国著名小说家毛姆创作的长篇小说,成书于1919年。书名中的"六便士"是指英国当时价值很低的银币,它代表着残酷的现实和世俗的物质;而"月亮"则高高在上,象征着理想和自由,是诗和远方。前者俯拾即是,后者却遥不可及,它们代表了我们人生中两种完全不同的追求和状态。

作品以法国后印象派画家保罗·高更的生平为素材,描述了一个原本平凡的伦敦证券经纪人——思特里克兰德,在不惑之年,为了内心隐秘的绘画梦想,抛妻弃子,奔赴巴黎学画画。在异国他乡,他穷困潦倒、郁郁不得志,创作的作品无人欣赏。在经历种种遭遇后，他厌倦了人类文明世界，来到南太平洋的塔希提岛，和当地女子结婚生子。在那个如伊甸园般的世界，他创作出了一系列不朽之作。但是不久，他便得了绝症，之后，耗尽力气在所居住的木屋地板与墙壁上画下了一幅骇世巨作。临死之前，他做了一个惊人的决定：让妻子在他死后一把火烧掉这最后一幅作品。

本文节选情节为"我"离开巴黎前和思特里克兰德的一次深入谈话。"我"受思特里克兰德的妻子之托前往巴黎寻找思特里克兰德，希望能够将他带回家庭。此时，思特里克兰德的妻子及"我"都对他出走的原因没有正确的认识，甚至怀疑他另有新欢。"我"寻找到思特里克兰德时大为吃惊，他住在廉价、环境脏乱的小旅馆里，孤身一人，如流浪汉一般过着糟糕的生活，这与之前舒适的家形成极大反差，但无论"我"如何劝说都不能改变他抛弃家庭学画的决定。

四十岁之前的思特里克兰德，有一个富裕和美满的家庭：妻子漂亮，两个孩子健康快乐。按理说，他应该满足于这种人世的快乐才对，尽管这种生活未免庸俗和平静。但就是这么一个在外人看来拥有很好的事业和家庭的人，突然有一天抛弃美满的家庭，放弃优渥舒适的生活，去寻找心中的"月亮"。他对原有家庭冷漠无情，对艺术如痴如醉。他逃离文明世界，遁迹荒岛追寻自我。至此，作家毛姆刻画了一个挣脱现实桎梏、遵循内心声音、听从艺术感召的底层画家形象。理想与现实的矛盾，艺术与生活的冲突，社会与自我的摩擦，感情与理智的反差，在思特里克兰德的身上体现得淋漓尽致。

毛姆借思特里克兰德表达了他对生命的追问，对人生观的探寻和对精神的反思。小说中，思特里克兰德在生命即将结束时，完成了一幅巨作。他知道这将是一幅震惊世界的作品，却让妻子在他死后把它焚烧殆尽。毛姆将这样的情节安排得精妙而高明，他间接地替思特里克兰德完成了"我们要到哪里去"的终极回答："当人类的精神追求超越了肉体、物质，那么它就是为了自身而存在，其所依附的所有物质性的东西，包括旷世杰作，都显得那么微不足道、可有可无。"

思考与练习

1. 阅读选文，仔细体会有关思特里克兰德评论的段落，你能理解思特里克兰德放弃家庭选择画画的决定吗？又是否赞同他的做法？和同学们交流讨论。

2. "追逐梦想就是追逐自己的厄运，在满地都是六便士的街上，他抬起头看到了月光"，在《月亮和六便士》中有很多这样的经典名句。请同学们阅读《月亮和六便士》后，说说自己喜欢的语句有哪些？

3. 毛姆有许多关于阅读的论述，他提出的"阅读是一座随身携带的避难所"被广为引用，请到图书馆借阅这类书，了解毛姆介绍了哪些阅读方法，并以此指导自己阅读并爱上阅读。

拓 展 阅 读

"天下第一好事,还是读书"

季羡林

古今中外赞美读书的名人和文章,多得不可胜数。张元济先生有一句简单朴素的话:"天下第一好事,还是读书。""天下"而又"第一",可见他对读书重要性的认识。

为什么读书是一件"好事"呢?

也许有人认为,这问题提得幼稚而又突兀。这就等于问"为什么人要吃饭"一样,因为没有人反对吃饭,也没有人说读书不是一件好事。

但是,我却认为,凡事都必须问一个"为什么",事出都有因,不应当马马虎虎,等闲视之。现在就谈一谈我个人的认识,谈一谈读书为什么是一件好事。

凡是事情古老的,我们常常总说"自从盘古开天地"。我现在还要从盘古开天地以前谈起,从人类脱离了兽界进入人界开始谈。人成了人以后,就开始积累人的智慧,这种智慧如滚雪球,越滚越大,也就是越积越多。禽兽似乎没有发现有这种本领,一只蠢猪一万年以前是这样蠢,到了今天仍然是这样蠢,没有增加什么智慧。人则不然,不但能随时增加智慧,而且根据我的观察,增加的速度越来越快,有如物体从高空下坠一般。到了今天,达到了知识爆炸的水平。最近一段时间以来,克隆使全世界的人都大吃一惊。有的人竟忧心忡忡,不知这种技术发展"伊于胡底"。语出《诗经·小雅·小旻》:"我视谋犹,伊于胡底?"意为:到什么地步为止,形容结局不堪设想。信耶稣教的人担心将来一旦克隆出来了人,他们的上帝将向何处躲藏。

人类千百年以来保存智慧的手段不出两端:一是实物,比如长城;二是书籍,以后者为主。在发明文字以前,保存智慧靠记忆;文字发明了以后,则使用书籍。把脑海里记忆的东西搬出来,搬到纸上,就形成了书籍,书籍是贮存人类代代相传的智慧的宝库。后一代的人必须读书,才能继承和发扬前人的智慧。人类之所以能够进步,永远不停地向前迈进,靠的就是能读书又能写书的本领。我常常想,人类向前发展,有如接力赛跑,第一代人跑第一棒,第二代人接过棒来,跑第二棒,以至第三棒、第四棒,永远跑下去,永无穷尽,这样智慧的传承也永无穷尽。这样的传承靠的主要就是书,书是事关人类智慧传承的大事,这样一来,读书不是"天下第一好事"又是什么呢?

但是,话又说了回来,中国历代都有"读书无用论"的说法,读书的知识分子,古代通称之为"秀才",常常成为取笑的对象,比如说什么"秀才造反,三年不成",是取笑秀才的无能。这话不无道理。在古代——请注意,我说的是"在古代",今天已经完全不同了——造反而成功者几乎都是不识字的痞子流氓,中国历史上两个马上皇帝,开国英主,刘邦和朱元璋,都属此类。诗人只有慨叹"刘项原来不读书"。"秀才"

最多也只有成为这批地痞流氓的"帮忙"或者"帮闲",帮不上的,就只好慨叹"儒冠多误身"了。

但是,话还要再说回来,中国悠久的、优秀的传统文化的传承者,是这批地痞流氓,还是秀才?答案皎如天日。这批"读书无用论"的现身"说法"者的"高祖""太祖"之类,除了镇压人民剥削人民,只给后代留下了什么陵之类,供今天搞旅游的人赚钱而已。他们对我们国家竟无贡献可言。总而言之,"天下第一好事,还是读书"。

1997年4月8日

(选自《读书·治学·写作》,季羡林著,浙江人民出版社2016年版,原文有改动)

应用写作

阅读方法与读书笔记

学习目标 >>>

了解阅读方法和读书笔记的形式,掌握读书笔记的类型和写作要求,能够根据需求选择合适的读书笔记形式,写好读书笔记,提高阅读的效率,提升个人文学素养和写作能力。

知识链接 >>>

古语云:"读万卷书,行万里路;读书破万卷,下笔如有神;书读百遍,其义自见。"诗人歌德也曾说过:"读一本好书,就是和许多高尚的人谈话。"读书不仅可以使自己获取知识,还可以提升个人修养。善于读书的人,总是书笔不离身,随时记录下书中的精华和自己的感想,使阅读达到事半功倍的效果。

一、阅读方法

(一)阅读方法的概念
阅读方法是理解读物内容,从中接受信息所采用的手段或途径。

(二)阅读方法的分类

1. 精读

朱熹在《读书之要》中说:"大抵观书,先须熟读,使其言皆若出于吾之口;继以精思,使其言皆若出于吾之心,然后可以有得尔。"这里"熟读""精思",即精读的意思。也就是说,读书时要细读多思,反复琢磨,务求明白透彻,了然于心,以便吸取精华。对于本专业的书籍及名篇佳作可以采取这种读书方法。

2. 通读

通读即对书报杂志从头到尾进行阅读,通览一遍,意在读懂、读通,掌握整体文意,达到"鸟瞰全景"的效果。比较重要的书、报、杂志可采取这种读书方法。

3. 跳读

把书中无关紧要的内容放在一边,抓住书的筋骨、脉络去阅读,重点掌握各段落或篇章的观点。有时读书遇到疑问，反复思考不得其解时，也可选用这种读书方法，向后继续读。

4. 速读

这是一种快速读书的方法，即陶渊明提倡的"好读书，不求甚解"。阅读时一目十行，对文章迅速浏览一遍，只了解大意即可。这种读书方法可以加快阅读速度，增加阅读量，阅读同类的书籍或参考书等可以采用这种读书方法。

5. 略读

阅读时略观大意，只抓住评论的关键性语句，了解主要观点、主要事实或典型事例。这一部分内容常常在文章的开头或结尾，所以重点看标题、导语或结尾，就可大致了解，达到阅读目的。

6. 选读

根据自己在学习或写作上的某种需要，有选择性地阅读书籍中的有关篇章，以达到事半功倍的效果。

7. 写读

古人云："不动笔墨不读书。"读书与做摘录、记心得、写文章结合起来，不仅能积累大量的材料，而且能有效地提高写作水平，增强阅读能力，将知识转化为技能和技巧。

二、读书笔记

（一）读书笔记的概念

读书笔记又称随笔、札记。读书笔记是指在阅读的过程中，或是对书中的名言警句、新颖材料进行摘录抄写，或是对书的内容要点进行归纳，或是写下自己的心得体会而做的笔记。

（二）读书笔记的分类

1. 摘要式读书笔记

摘要式读书笔记，是在读书时把与自己的学习、工作、研究的问题有关的语句、段落等按原文准确无误地抄录下来。摘录原文后要注明出处，包括题目、作者、出版单位、出版日期和页码等，便于引用和核实。摘录要有选择，以是否有用作为摘录的标准。

摘录式读书笔记又可分为以下两种。

（1）索引读书笔记。索引读书笔记是只记录文章的题目、出处的笔记，如书刊篇目名、编著者、出版年月日、藏书处。如果是书，要记册、章、节；如果是期刊，要记期号；如果是报纸，要记年月日和版面，以备日后查找方便。例如：《为精神界之战士者安在：现代文学研究自选集》，温儒敏著，人民文学出版社，2021年；《思想政治工作研究》，2022年第5期。

（2）抄录原文读书笔记。抄录原文读书笔记就是照抄书刊文献中与自己的学习、研究有关的精彩语句、段落等，以此作为日后应用的原始材料。摘抄原文要写上分类题目，在引文后面注明出处。

2. 评注式读书笔记

评注式读书笔记不单是摘录,而且要把自己对读物内容的主要观点、材料的看法写出来,其中也包括笔记作者的感情的表达。评注式读书笔记有时要对摘录要点做概括说明。

评注式读书笔记有下列几种。

（1）书头批注。书头批注是一种最简易的读书笔记做法,就是在读书的时候,把书中重要的地方和自己体会最深的地方,用笔在字句旁边的空白处标上符号,或者在空白处加批注,或者以折页、夹纸条等方式做记号。这种笔记方法不但有助于加深对书中的内容的理解,也为日后查找提供了方便。

2.4 书头批注式读书笔记示例

（2）提纲。提纲是用纲要的形式把一本书或一篇文章的论点、论据提纲挈领地叙述出来。提纲可按原文的章节、段落层次把主要的内容扼要地写出来。提纲可以采用原文的语句和自己的语言相结合的方式来写。

（3）提要。提要和提纲不同。提纲是逐段写出来的要点,提要是综合全文写出要点。一种提要是,完全用自己的语言扼要地写出读物的内容。提要除客观叙述读物内容外,还带有评述的性质。另一种提要,是对一篇文章或一本书的内容做简要的说明。

（4）评注。这是指读完作品后对它的得失加以评论,或对疑难之点加以注释。

（5）补充原文。这是指在读完原书或文章之后,在感到不满意的地方进行补充。需要注意的是,补充原文不是随意地加以补充,而是要围绕中心思想加以引申或发挥。

2.5 评注式读书笔记例文

3. 心得式读书笔记

心得式读书笔记是在读书之后写出自己的认识、感想、体会和得到的启发与收获的一种笔记。它有如下几种。

（1）札记。札记是读书时把摘记的要点和心得结合起来写成的。札记的形式是灵活多样、可长可短的。

（2）心得。心得笔记也叫读后感。读书后把自己的体会、感想、收获写出来,可以写读书时的心得体会,也可以写对原文的某些论点的发挥或提出批评、商榷的意见。写这种笔记,一般是以自己的语言为主,也可适当地引用原文。

（3）综合读书笔记。综合读书笔记是指读了几本或几篇论述同一问题的书或文章后,抓住中心评论它们的观点、见解,提出自己看法的笔记。

上述三种类型的读书笔记,不论采用哪一种类型,目的都是为学习、工作、科学研究和写作服务。做笔记,开始可采用摘要式;读书多了,有了比较,产生了看法,就可以写评注式;至于心得式是更进一步的了,它可以锻炼人思维的条理性、逻辑性和分析综合能力。

（三）读书笔记的载体

读书笔记可采用的载体也是多种多样的。常用的载体主要有以下几种。

（1）笔记本。成册笔记本可用来抄原文、写提纲、记心得、写综述。这种读书笔记便于保存,但不便分类,整理时可按类单独成册。

（2）活页本。一般用来记各种各样的笔记。这种载体能节约纸张,便于分类和日后查阅。

（3）卡片。卡片便于分类,可按目排列,便于灵活调动又节省纸张,但篇幅小,因此内容不宜过长。

（4）剪报。把有用的资料剪下来,长文章可贴在笔记本或活页本上,短小材料可贴在卡片上。剪报材料可加评注,也可分类张贴,要注明出处,以便使用。

（5）全文复印。重要的读书材料,为保持完整性,可全文复印,按编目分类留用。

（6）网络图书馆。"互联网+"时代,要求信息随时随地可获取。因此,可以通过建立个人网络图书馆的形式,将读到的优秀作品集中保存并对外开放。

（四）写作要求

（1）抓住重点。读书笔记应经过分析、思考,在消化、理解的基础上记,要抓住重点,切忌胡乱抄书。

（2）忠实原文。作为积累资料的一种重要方法,读书笔记必须准确无误地反映原文的主旨与内容,不能疏漏重要的观点,不能违背原文意图。

（3）标明出处。为日后查找方便,读书笔记(尤其是摘录式读书笔记)一定要标明出处。

（4）持之以恒。写读书笔记贵在坚持,只有勤于积累,广闻博采,才能有所收获。

能力训练 >>>

走进图书馆,根据老师、同学们的推荐或自己的兴趣,选择经典书目,运用所学的阅读方法和相关知识进行阅读,并在阅读时写作读书笔记。

第三单元

吟诵诗词　传承文化

古典诗词是中国文化艺术珍宝，以其高度凝练的文字诉说着中华民族的历史情怀。你知道古人是怎么读诗的吗？让我们学习古人的读书方式，吟诵诗词，体会汉语声韵美，重新感受古典诗词的魅力，与经典同行，传承中华优秀传统文化。

追溯诗歌的源头，走进中国第一部诗歌总集《诗经》，在"我有旨酒，以燕乐嘉宾之心"的乐歌中感受"君使臣以礼"的谦逊风度及宴会欢快祥和的氛围。不读《楚辞》怎能了解中国文学的浪漫基因？屈原以丰富的想象和华丽的语言营造了绚丽的意境，更彰显了他高洁的人格魅力，让我们在"后皇嘉树，橘徕服兮"的颂歌中感受他的爱国情怀。唐诗是中国古典诗歌的高峰，出神入化，同时异彩纷呈。它孕育了豪放飘逸的"诗仙"李白，吟一句"青天有月来几时？我今停杯一问之"；也孕育了沉郁顿挫的"诗圣"杜甫，叹一声"丛菊两开他日泪，孤舟一系故园心"。宋词是唯美的，依调填词，既可以随苏轼豪放旷达"一蓑烟雨任平生"，也可以随李清照婉约清新"莫道不消魂，帘卷西风，人比黄花瘦"。继唐诗宋词后蔚为一代文学之盛的元曲也有着曲折煽情、雅俗共赏的独特魅力，元代文人的凄苦处境使他们在元曲里发出"东篱醉了""读书人一声长叹"的无奈和愤慨之声。

古典诗词，用最富有节奏感和音乐美的形式抒发情感，反复吟诵才是学习的有效方式。掌握吟诵的规则，在汉语高低长短、抑扬顿挫的声音变化中品味古典诗词的魅力。本单元实训为吟诵展演，请同学们勇于开口吟诵，配以悠悠古乐，身着汉服，展现自己的风采吧！

3.1 第三单元导语

先秦诗歌二首

鹿　鸣

《诗经》

3.2《诗经·小雅·鹿鸣》吟诵

　　呦呦①鹿鸣,食野之苹。我有嘉宾,鼓瑟吹笙。吹笙鼓簧,承筐是将②。人之好我,示我周行③。

　　呦呦鹿鸣,食野之蒿。我有嘉宾,德音孔昭④。视民不恌⑤,君子是则是效⑥。我有旨酒⑦,嘉宾式燕以敖⑧。

　　呦呦鹿鸣,食野之芩。我有嘉宾,鼓瑟鼓琴。鼓瑟鼓琴,和乐且湛⑨。我有旨酒,以燕乐嘉宾之心。

(选自《诗经》,王秀梅译注,中华书局2016年版)

---

① 呦呦(yōu):鹿鸣叫的声音。　② 承:双手捧着。将:送。　③ 示:告诉。周行:大路。此处指处事应遵循的正确道理。　④ 德音:符合道理的话。孔:很。昭:明。　⑤ 视:同"示"。不恌(tiāo):不轻薄。　⑥ 则:法则,榜样。效:仿效。　⑦ 旨酒:甜美的酒。　⑧ 燕:安。敖:舒畅快乐。　⑨ 湛(dān):通"媅",非常快乐。

橘 颂

屈 原

后皇嘉树①，橘徕服兮②。受命不迁③，生南国兮④。深固难徙，更壹志兮。绿叶素荣⑤，纷其可喜兮⑥。曾枝剡棘⑦，圆果抟兮⑧。青黄杂糅⑨，文章烂兮⑩。精色内白⑪，类可任兮⑫。纷缊宜修⑬，姱而不丑兮⑭。

嗟尔幼志⑮，有以异兮。独立不迁，岂不可喜兮？深固难徙，廓其无求兮⑯。苏世独立，横而不流兮⑰。闭心自慎⑱，不终失过兮⑲。秉德无私，参天地兮⑳。愿岁并谢㉑，与长友兮。淑离不淫㉒，梗其有理兮。年岁虽少，可师长兮。行比伯夷㉓，置以为像兮㉔。

3.3屈原《橘颂》吟诵

（选自《楚辞》，林家骊译注，中华书局2016年版）

---

① 后：后土。后土是古人对土地的尊称，大地在古人心目中地位极为崇高，具有神性、神格。 ② 徕（lái）：通"来"。服：习惯，适应。 ③ 迁：迁移，迁徙。橘是南方特有的植物，所以说"不迁"。 ④ 南国：泛释之为南方之义。在屈原的时代南方即楚国之地。 ⑤ 素：白。荣：花。 ⑥ 纷：这里形容橘树花叶茂盛的样子。 ⑦ 曾：层层叠叠。剡（yǎn）：尖，锐利。棘：刺。 ⑧ 抟（tuán）：圆。 ⑨ 青黄：橘的果实未成熟时外皮呈青色，成熟时则呈黄色。杂糅：各种不同的东西混杂在一起，这里指青、黄两色交织、混杂。 ⑩ 文章：文采，错综华美的色彩或花纹。文，同"纹"。章，文采。烂：色彩鲜明灿烂。 ⑪ 精色：指橘的果实外表皮色明亮。内白：指橘的果实内部瓤肉色泽洁白。 ⑫ 类可任兮：如同肩负重任的君子。当依洪兴祖、朱熹等校语作"类任道兮"。类，似，好像。任，承担，担任，肩负。 ⑬ 纷缊（yūn）：纷繁茂盛，是针对橘树枝、叶、花、果各个方面而言的。宜修：修饰得宜，恰到好处。 ⑭ 姱（kuā）：美好。 ⑮ 嗟（jiē）：表示感叹语气的虚词。 ⑯ 廓：广大，空阔。这里指橘树的心境、品格阔大。引申为超脱旷达的意思。 ⑰ 横：充满。不流：不随波逐流、媚俗从众、与世沉浮。 ⑱ 闭心：将心灵关闭，如此则能排除外界诱惑与干扰，保持自身内心世界的纯净。 ⑲ 不终失过：当作"终不失过"，即始终不犯错误。 ⑳ 参：三。这里指与天地相配，合而成三。 ㉑ 谢：离去，这里指岁月流逝。 ㉒ 淑离：鲜明美好的样子。 ㉓ 伯夷：商代末年孤竹国国君的长子，因与弟叔齐互相谦让王位而双双去国弃位，来到周国。后谏阻周武王伐纣，武王不纳其言，遂双双逃隐于首阳山，耻食周粟而饿死在山里。 ㉔ 置：建立，树立。像：法式，榜样。

作品简介

《诗经》是我国第一部诗歌总集，收录自西周初年至春秋中叶大约500年间的诗歌305篇。原称《诗》或者《诗三百》，西汉时被尊为儒家经典，始称《诗经》，并沿用至今。全书分为"风""雅""颂"三部分，都是可以配乐演唱的。"风"有15国风，共160篇，是各诸侯国的土风民谣，多为民歌。"雅"分大雅和小雅，共105篇，是周王朝直接统治地区的乐歌，多为贵族、士大夫所作，少数为民歌。"颂"分周颂、鲁颂、商颂，共40篇，是西周及诸侯鲁国、宋国统治者祭祀宗庙天地的乐歌。《诗经》从各个方面广泛地反映了当时社会的政治、经济、文化、风俗习惯等，其中数量最多、最富色彩、最有价值的是爱情诗。《诗经》善用赋、比、兴的表现手法，句式以四言为主，常用重章叠句，语言质朴优美，韵律自然和谐，写景抒情都富有艺术感染力，对后世文学有深远的影响。

作者简介

屈原（约前340—前278），芈姓，屈氏，名平，字原，出生于楚国丹阳秭归（今湖北宜昌），战国时期楚国诗人、政治家。屈原出身贵族，学识渊博，名于治乱，长于辞令，曾任左徒、三闾大夫等职。屈原主张对外联齐抗秦，对内举贤授能，修明法度，以振兴楚国。因遭贵族排挤诽谤，他被先后流放，楚国郢都被秦军攻破后，自投于汨罗江，以身殉国。屈原是中国历史上一位伟大的爱国诗人，是中国浪漫主义文学的奠基人。作为我国最早从事个人创作的伟大诗人，他创造出一种新诗体——楚辞（骚体），被誉为"楚辞之祖"，并写下《离骚》《天问》《九歌》《九章》《招魂》等不朽诗作，这些诗作强烈地反映了他进步的政治理想、九死不悔的抗争精神和热爱祖国的真挚情感。其作品运用了大量的神话传说，想象丰富，文辞华丽，开创了积极浪漫主义的先河。楚国有名的辞赋家宋玉、唐勒、景差都受到屈原的影响。《诗经》和《楚辞》，并称为"风骚"，是后世诗歌发展的两大源头。

作品解读

　　《小雅·鹿鸣》是《诗经》"四始"诗之一,是古人在宴会上所唱的歌。据朱熹《诗集传》的说法,此诗原是君王宴请群臣时所唱的,后来逐渐推广到民间,在乡人的宴会上也可唱。东汉末年曹操作《短歌行》,还引用了此诗首章前四句,表达了渴求贤才的愿望,说明千余年后此诗还有一定的影响。

　　此诗主题,历来有争论,大致有美诗和刺诗两种意见。

　　诗歌共三章,每章八句,开头皆以鹿鸣起兴。自始至终,此诗洋溢着欢快的气氛,体现了殿堂上嘉宾琴瑟歌咏以及宾主之间互敬互融的情形。在空旷的原野上,一群麋鹿悠闲地吃着草,不时发出呦呦的鸣声,此起彼应,十分和谐悦耳。诗以此起兴,营造了一个热烈而又和谐的氛围。君臣之间限于一定的礼数,等级森严,形成思想上的隔阂。宴会有利于沟通感情,使君王能够听到群臣的心里话。而以鹿鸣起兴,则一开始便奠定了和谐愉悦的基调,渲染了融洽祥和的宴会氛围。

　　诗的首章写热烈欢快的音乐声中有人"承筐是将",献上竹筐所盛的礼物。献礼的人,在乡间宴会上是主人自己,在朝廷宴会上则为宰夫。酒宴上献礼馈赠的古风,即使到了今天,在大宾馆的宴会上仍可见到。然后主人又向嘉宾致辞:"人之好我,示我周行。"也就是"承蒙诸位光临,请多指教。"一类的客气话。主人若是君王的话,那这两句的意思则是表示愿意听取群臣的忠告。诗的第二章,则由主人(主要是君王)进一步表示祝辞,祝酒之际君主要求臣下做一个清正廉明的好官,以矫正轻薄的民风。由此看来,这样的宴会不只为乐,也带有一定的政治色彩。诗的第三章大部分与首章重复,唯最后几句将欢乐气氛推向高潮。末句"燕乐嘉宾之心",将诗的主题深化。也就是说,这次宴会,不是一般的吃吃喝喝,满足口腹的需要,而是为了让参与宴会的群臣心悦诚服,自觉为君王的统治服务。

　　《九章·橘颂》一般被认为是屈原早期的作品,学者认为它是诗人任外交官出使齐国时所作。在他遭谗被疏、赋闲郢都期间,即以南国的橘树作为砥砺志节的榜样,深情地写下了这首诗。这是一首托物言志的咏物诗,表面上歌颂橘树,实际是诗人对自己理想和人格的表白。全诗可分两部分,前十六句为第一部分,缘情咏物,重在描述橘树俊逸动人的外在美,以描写为主;后半部分缘物抒情,转入对橘树内在精神的热情讴歌,以抒情为主。两部分各有侧重,而又互相勾连,融为一体。诗人以四言的形式,用拟人的手法塑造了橘树的美好形象,从各个侧面描绘和赞颂橘树,借以表达自己追求美好品质和理想的坚定意志。

　　第一部分重在描述橘树俊逸动人的外在美。

　　开笔"后皇嘉树,橘徕服兮"等三句就不同凡响:一树坚挺的绿橘,突然升立在广袤的天地之间,它深深扎根于"南国"之土,任凭什么力量也无法使之迁徙。那凌空而立的意气,"受命不迁"的坚毅神采,顿令读者升起无限敬意。橘树是可敬的,同时又俊美可亲。

诗人接着以精工的笔致,勾勒它充满生机的纷披"绿叶",晕染它雪花般蓬勃开放的"素荣";它的层层枝叶间虽也长有"剡棘",但那只是为了防范外来的侵害;它所贡献给世人的,却有"精色内白",光彩照人的无数"圆果"。屈原笔下的南国之橘,正是如此"纷缊宜修",如此堪托大任。本节虽以描绘为主,但从字里行间,人们却可强烈地感受到诗人对祖国"嘉树"的自豪、赞美之情。

此诗第二部分,即从对橘树外在美的描绘,转入对它内在精神的热情讴歌。屈原在《离骚》中,曾以"羌无实而容长"(外表好看,却无美好的内质),表达过对"兰""椒"(喻指执掌朝政的谗佞之臣)等辈"委其美而从俗"的鄙弃。橘树却不是如此,它年岁虽少,却已抱定了"独立不迁"的坚定志向;它长成以后,更是"横而不流""淑离不淫",表现出梗然坚挺的高风亮节;纵然面临百花"并谢"的岁暮,它也依然郁郁葱葱,决不肯向凛寒屈服。

诗中的"愿岁并谢,与长友兮"一句,乃沟通"物我"的神来之笔:它在颂橘中突然揽入诗人自己,并表达愿与橘树长相为友,共同面对严峻的岁月之意,这便顿使傲霜斗雪的橘树形象,与遭谗被废、不改操守的屈原自己叠印在了一起。而后思接千载,以"行比伯夷,置以为像兮"收结,全诗境界一下子就得到了升华——在两位古今志士的遥相辉映中,前文所赞美的橘树精神,便全都流转、汇聚,成了身处逆境、不改操守的伟大志士精神之象征,深深地印在历史天幕上。

本诗借物抒志,以物写人,既沟通物我,又融汇古今,由此造出了清人林云铭所赞扬的"看来两段中句句是颂橘,句句不是颂橘,但见(屈)原与橘分不得是一是二,彼此互映,有镜花水月之妙"(《楚辞灯》)的奇特境界。从此以后,南国之橘便蕴含了志士仁人"独立不迁"、热爱祖国的丰富文化内涵,而永远为人们所歌咏和效法。这一独特的贡献仅属于屈原,所以宋人刘辰翁又称屈原为千古"咏物之祖"。

 思考与练习

1. 孔子说:"《诗》三百,一言以蔽之,曰:'思无邪'。""思无邪"可以从两个方面理解,一是态度和创作动机真诚,表现了诗人的真性情;二是"乐而不淫,哀而不伤",符合中庸之道。阅读《小雅·鹿鸣》,认真体会这首诗歌是如何体现"思无邪"的。

2.《诗经》多采用重叠复沓的篇章结构和赋比兴的表现手法,请分析《小雅·鹿鸣》的艺术、结构特点。

3.《橘颂》是一首托物言志诗,查阅资料,了解这首诗歌的创作背景,结合诗歌谈一谈屈原借歌颂橘言说了什么志向。

4. 欣赏学习名家《鹿鸣》《橘颂》的吟诵,练习后在校园课程学习平台提交吟诵语音或视频。

拓展阅读

中国古代诗歌发展历程

文铮等

诗歌是中国古代文学中最为耀眼的明珠,从《诗经》算起有约 3 000 年的历史,与中国人的日常生活、情感世界紧密相连。中国历朝历代都涌现出了许多优秀的诗人与动人的作品。

西周建立以后,制定了各种典章制度,也称"礼乐制度"。在此之后,周朝统治者曾派人到各地搜集歌谣,最终到公元前 6 世纪左右编辑成书。经孔子删定后,该书共收录了自西周初年(前 11 世纪)至春秋中期(前 6 世纪)大约 500 年间的诗歌 305 篇,所以又被称为《诗三百》,后人称之为《诗经》,是中国现实主义诗歌的源头。中国浪漫主义诗歌的源头是"楚辞"。"楚辞"是在战国后期楚国民歌的基础上发展起来的,是一种带有浓厚地方色彩的新诗体。它的奠基人和代表作家是著名的爱国诗人屈原。

汉代诗歌,有直接从《诗经》而来的四言体,有运用"楚辞"形式写成的"楚歌"体。汉代诗歌的新成就集中体现在汉乐府和汉末文人诗《古诗十九首》中。汉乐府的产生与汉代音乐机构乐府关系密切。史载秦汉立乐府,但乐府的真正繁荣自汉武帝始。它的职责是采集民歌加以整理,配乐演唱。后来人们就把乐府所采集和演唱的民歌叫作"乐府诗""乐府歌辞"。汉乐府继承《诗经》反映现实的优秀传统,抒写了下层劳动人民的生活与情感。

汉末,中下层无名文人创作的五言诗自晋代以后被称为"古诗",其中有十九首被南朝时的萧统编入《昭明文选》,代表了当时五言诗创作的最高成就。建安时期是文学的自觉时代,也是文人五言诗创作的繁荣时期。创作成就最高的是"三曹"(曹操、曹丕、曹植)以及"建安七子"(孔融、王粲、刘桢等)。他们学习了乐府民歌,结合亲身的感受创作了反映国家与人民苦难的诗歌,具有强烈的现实性。建安文学之后是正始文学,代表作家是阮籍、嵇康。西晋时期,诗歌和现实的关系渐渐疏远,陆机、潘岳等人追求诗歌形式的创新。

东晋、刘宋两代,代表作家是陶渊明、谢灵运。陶渊明开创了中国的田园诗,他的《归园田居》《桃花源诗》等在中国家喻户晓,影响深远。他的作品中随处可见的是他对污浊现实的厌烦和对恬静的田园生活的热爱,充分表现了诗人对理想世界的追求和向往。谢灵运的山水诗观察细致,感受敏锐,往往能真切地描绘出山水之美,诗中叙事、写景、说理结合,诗风清新自然。

南朝后期,社会风气绮靡,诗歌大多内容空虚,萧纲等人写作的"宫体诗"以女性为主要描写对象,风格浮艳。庾信原本深受"宫体诗"影响,但出使北朝后融合南北诗风之长,成为南北朝诗歌艺术的集大成者。庾信后期诗以《拟咏怀》二十七首为代表,深切地表现了故国之思。他的诗语言新颖,为唐诗之先声。

南北朝诗歌创作的又一大成就是民歌的新发展。南方民歌几乎全是关于男女爱情的,代表作有《西洲曲》《子夜歌》等。这些作品多为五言四句,情调哀怨缠绵,艳丽柔弱,且喜用双关谐音,语言活泼。北朝民歌题材广泛,感情直率,语言朴实。其中《木兰辞》叙事与抒情相渗透,细腻与粗犷相融合,代表了北朝民歌的最高成就。

唐、宋两朝,是中国诗歌史上的黄金时期。唐诗、宋词是中国诗歌全盛时期的代表。清康熙时期编纂的《全唐诗》,共收录了 2 200 余位唐朝诗人近 49 000 首作品。

盛唐时期,最著名的诗人是李白和杜甫,后人将他们合称为"李杜"。李白被称为"诗仙",他的诗歌豪迈奔放,想象奇特,可以强烈感受到自由超脱的精神。杜甫被后人尊为"诗圣"。他将个人命运与国家动乱、人民苦难结合在一起,写出了很多反映人民疾苦的诗歌,这些诗歌是变乱时代的伟大"诗史"。杜甫的诗保留到今天的有1400多首,其中著名的有《春望》《兵车行》以及"三吏"(《石壕吏》《新安吏》《潼关吏》)、"三别"(《无家别》《新婚别》《垂老别》)、《茅屋为秋风所破歌》《登高》等。他的诗歌风格主要是"沉郁顿挫"。

宋代诗坛最值得注意的新现象是词的发展和兴盛。词,原名曲子词,就是"歌词"的意思。词起源于隋,配供宴会演奏的音乐演唱。词在体制上和诗有很大的区别。首先,词有词调,同一词调又有不同的格律,形成数体。其次,由于乐调繁简不同,而形成长短不同的篇幅,一般分为小令、中调和长调三种。

苏轼是宋代最为著名的词人之一,他将怀古、记游、悼亡、说理等诗中常见的题材引入词中,气象阔大,豪放飘逸。他还"以诗为词",冲破了词的音律束缚,对词体发展产生了广泛深远的影响。《水调歌头》是苏轼最有名的词作之一。正处于中秋之时,苏轼已有七年没见家人,面对圆月,他想到的是家人无法团圆。于是他自我安慰:离别本来就是人生寻常之事,此刻只愿家人安康,等到相见之日同赏明月,共享欢乐。

元代出现了元曲,包括杂剧和散曲两类。杂剧是盛行于元代的戏曲艺术,散曲则是一种新的诗歌形式。代表人物有关汉卿、马致远、白朴、郑光祖,称为"元曲四大家"。元曲在思想内容和艺术成就上都达到了很高的水平,因此,元曲也经常被与唐诗、宋词并提。

在几千年的历史进程中,中国古典诗歌不断发展、变化、革新,蕴含着中华民族的精神追求和审美情趣,至今仍以自身独特而持久的艺术魅力吸引着后人去品味。直至今日,仍有大量诗人从事古体诗歌创作,这足以证明了中国古典诗歌旺盛的生命力。

(选自《中国文化述略》,文铮、董成龙、罗静著,
外语教学与研究出版社2021年版,原文有删改)

唐诗二首

把酒问月^①

李 白

青天有月来几时？我今停杯一问之。
人攀明月不可得，月行却与人相随。
皎如飞镜临丹阙，绿烟灭尽清辉发^②。
但见宵从海上来，宁知晓向云间没。
白兔捣药秋复春，嫦娥孤栖与谁邻^③？
今人不见古时月，今月曾经照古人。
古人今人若流水，共看明月皆如此。
唯愿当歌对酒时，月光常照金樽里。

3.4 李白《把酒问月》吟诵

（选自《品读李白》，安旗、阎琦著，中华书局2020年版）

秋兴八首 其一

杜 甫

玉露凋伤枫树林，巫山巫峡气萧森。
江间波浪兼天涌，塞上风云接地阴^④。
丛菊两开他日泪，孤舟一系故园心。
寒衣处处催刀尺，白帝城高急暮砧。

3.5 杜甫《秋兴八首》（其一）吟诵

（选自《杜诗详注》，杜甫撰，仇兆鳌注，中华书局2015年版）

---

① 题下原注："故人贾淳令予问之。"　② 绿烟：指云雾。　③ "白兔"二句：传说月中有白兔捣仙药。嫦娥：传说其为后羿的妻子。后羿向西王母求得不死之药，嫦娥窃药奔月。　④ 塞上，指夔（kuí）州。

作者简介

李白（701—762），字太白，号青莲居士，又号"谪仙人"，唐代伟大的浪漫主义诗人，被后人誉为"诗仙"，与杜甫并称为"李杜"，为了与李商隐和杜牧（即"小李杜"）区别，杜甫与李白又合称为"大李杜"。李白的诗是屈原以来积极浪漫主义诗歌的新高峰。韩愈云："李杜文章在，光焰万丈长。"（《调张籍》）

据《新唐书》记载，李白为兴圣皇帝（凉武昭王李暠）九世孙，与李唐诸王同宗。李白出生于盛唐时期，一生游历了大半个中国。李白不愿意应试做官，但是诗名远播，诗歌在当时已经唱响天下。天宝元年（742），因道士吴筠的推荐，他被召至长安，供奉翰林，文章风采名震天下。杜甫《饮中八仙歌》里就有"李白一斗诗百篇，长安市上酒家眠。天子呼来不上船，自称臣是酒中仙"的奇句。李白因才气为唐玄宗赏识，后因不能见容于权贵，在京仅仅三年，就弃官而去，继续过着飘荡四方的流浪生活。安史之乱发生的第二年，他感愤时艰，参加了永王李璘的幕府。永王兵败之后，李白受牵连，流放夜郎（今贵州境内），于途中遇赦。晚年漂泊于东南一带，投靠当涂县令李阳冰，不久病卒；一说醉酒，水中捞月而死。

李白的诗歌反映了盛唐时代的社会现实和精神风貌，体现了他正直傲岸的性格、豪放不羁的气概和积极用世的精神。其诗风神奇飘逸、真率自然，充满浪漫主义色彩，感情奔放豪迈，想象奇特丰富，词采瑰玮绚丽，以古体绝句见长。代表作有《望庐山瀑布》《行路难》《蜀道难》《将进酒》《明堂赋》《早发白帝城》等多首，有《李太白集》。

杜甫（712—770），字子美，曾住杜陵附近的少陵，故世称杜少陵，原籍襄阳（今湖北襄阳），寄居巩县（今属河南）。杜甫出身于一个世代"奉儒守官"、具有诗歌创作传统的家庭。34岁之前主要是读书与壮游，结识了李白、高适。35岁赴长安应试落第，困居近十年才被授予右卫率府胄曹参军的微职。安史之乱起，只身投奔肃宗，途中为叛军所俘，后冒死逃赴肃宗驻地凤翔，官左拾遗。不久因直言极谏，被贬为华州司功参军。后决然弃官，辗转跋涉，定居成都杜甫草堂。剑南节度使严武荐举其为节度参谋、检校工部员外郎，故世称杜工部。不久严武病故，杜甫携家乘舟东下，滞留夔州两年。后漂泊于江陵、公安、岳州、潭州、衡州一带，59 岁病逝于湘江舟中。

杜甫是我国古代最伟大的现实主义诗人，宋以后被尊为"诗圣"，与李白并称"李杜"。半生流离失所的苦难经历使他得以深入社会，真切地认识到现实的黑暗和百姓的苦痛。他的诗歌大胆地揭露当时的社会矛盾，对穷苦人民寄予深切的同情，内容深刻。许多优秀作品，显示了唐代由盛转衰的历史过程，因此被称为"诗史"。在艺术特色上，他善于运用各种诗歌形式，尤长于律诗；诗歌风格多样，以沉郁为主；语言精练，具有极强的表达能力。存诗 1 400 多首，大多集于《杜工部集》。

 作品解读

《把酒问月》是李白应友人邀请而作的咏月抒怀诗。在诗中，李白融入了浪漫而丰富的想象力，以明月为对象，表面上是在感叹人世的短暂、明月的永恒，以及月上嫦娥的孤单，实则暗示了自己虽然内心孤苦高洁，却不会沉湎于失落和沮丧之中，仍然愿意相信未来，也愿意珍惜眼前的美好时光。诗人以纵横恣肆的笔触，从多侧面、多层次描摹了孤高的明月形象，通过海天景象的描绘及对世事推移、人生短促的慨叹，展现了作者旷达博大的胸襟和飘逸潇洒的性格。

全诗共十六句，每四句一换韵。前两句以倒装句式统摄全篇，以疑问句表达了诗人的这种困惑，极有气势。诗人停杯沉思，颇有几分醉意，仰望苍冥发问道：这亘古如斯的明月，究竟是从何时就存在的呢？这一对宇宙本源的困惑与求索，实际上是对自身的生命价值的思索和探寻，"停杯"二字生动地表现出他的神往与迷惑糅杂的情态。三四句写出了人类与明月的微妙关系。古往今来，有多少人想要飞升到月中以求长生不老，但皆是徒然，而明月却依然用万里清辉普照尘世，伴随着世世代代繁衍生息的人们。两句写出了明月既无情又有情、既亲切又神秘的人格化的特性，蕴含着诗人向往而又无奈的复杂心境。"皎如"两句极写月色之美。浓重的云雾渐渐消散，月亮皎洁得有若悬挂在天际的明镜，散射出清澄的光辉，照临着朱红色的宫门。诗人以"飞镜"为譬，以"丹阙""绿烟"为衬，将皎洁的月光写得妩媚动人，光彩夺目。"但见"二句,借明月的夜出晓没来慨叹时光流逝之快。明月在夜间从东海升起,拂晓隐没于西天云海,如此循环不已,尘世间便在其反复出没中推演至今。这两句既表达了对明月踪迹难测的惊异,也隐含着对人们不知珍惜美好时光的深沉叹惋。

"白兔"两句驰骋想象,就月中的白兔、嫦娥发问,是诗人的第二次问月。白兔在月中年复一年地捣着药杵,嫦娥在月宫里孤独地生活着,到底谁来陪伴她呢?对神物和仙女寂寞命运的同情,也流露出诗人自己孤苦高洁的情怀。"今人"两句,在回环唱叹中抒发人生有限而宇宙无穷的慨叹。"今人不见古时月",实际上是在说"今人不见古时人";"今月曾经照古人"意味着"古月依然照今人"。明月万古如一,而人类世代更替,今人只能是前不见古人,后不见来者,可贵的生命倏忽即逝。结尾四句收束上文,进一步表达对宇宙和人生的思索和感慨。古往今来的人,都已流水般地相次逝去,面对着空中同一个永恒的明月,或许都曾有过相似的感慨吧!诗人只希望在唱歌饮酒的时候,皎洁的月光能常照杯中,使诗人能尽情享受当下的美好人生。人是一棵苇草,但却是一棵能思想的苇草。诗人有感于明月长存而人生短暂,人类无法改变这一自然规律,因此就更应当珍惜今生的点滴光阴,在瞬间把握永恒。结句虽暗含及时行乐之意,但总的基调仍然是积极向上的,展现了诗人旷达自适的宽广胸怀。

全诗感情饱满奔放,语言流畅自然,极富回环错综之美。诗人由酒写到月,又从月归到酒,用行云流水般的抒情方式,将明月与人生反复对照,在时间和空间的主观感受中,表达了对宇宙和人生哲理的深层思索。

《秋兴八首》是唐大历元年(766)秋,杜甫在夔州时所作的一组七言律诗,因秋而感,故曰"秋兴"。八首脉络贯通,首尾呼应,组织严密,格律精工,是杜甫晚年律诗的代表作,体现了诗人晚年的思想感情和艺术成就。

本诗是其中的第一首,是组诗的序曲。诗中通过对巫山巫峡、秋色秋声的形象描绘,烘托出阴沉萧森、动荡不安的环境气氛,令人感到秋色秋声扑面惊心,抒发了诗人忧国之情和孤独抑郁之感。这一首开门见山,抒情写景,波澜壮阔,感情强烈。诗意落实在"丛菊两开他日泪,孤舟一系故园心"两句上,下启第二、三首。

全诗以描绘秋景作为外在的行文线索,以抒发悲秋之情作为连通各联的内在脉络。写暮年漂泊、老病交加、羁旅江湖,面对满目萧瑟的秋景而引起的国家兴衰、身世蹉跎的感慨;写长安盛世的回忆,今昔对比所引起的哀伤;写关注国家的命运、目睹国家残破而不能有所为、只能遥忆京华的忧愁抑郁。

首联对秋而伤羁旅,是全诗的序曲,总写巫山巫峡的秋声秋色。用阴沉萧瑟、动荡不安的景物环境衬托诗人焦虑抑郁、伤国伤时的心情,点明"身在夔州,心系长安"的主题。

颔联用对偶句展开"气萧森"的悲壮景象。"江间"承"巫峡","塞上"承"巫山",

波浪在地而兼天涌，风云在天而接地阴，可见整个天地之间风云波浪此起彼伏，极言阴晦萧森之状。万里长江滚滚而来，波涛汹涌，天翻地覆，是眼前的实景；"塞上风云"既写景物也寓时事。当时吐蕃、回纥入侵，边关形势紧张，处处是阴暗的战云，虚实兼之。此联景物描绘之中，形象地表达了诗人和时局那种动荡不安、前途未卜的处境和作者胸中翻腾起伏的忧思与郁勃不平之气。把峡谷深秋、个人身世、国家沦丧融汇其中，波澜壮阔，哀感深沉。

颈联由继续描写景物转入直接抒情，即由秋天景物触动羁旅情思。与上二句交叉承接，"丛菊"承"塞上"句，"孤舟"承"江间"句。"他日"即往日，去年秋天在云安，今年此日在夔州，均对丛菊，故云"两开"，"丛菊两开他日泪"，表明去年对丛菊掉泪，今年又对丛菊掉泪；"两开"二字，实乃双关，既指菊开两度，又指泪流两回，见丛菊而流泪，去年如此，今年又如此，足见羁留夔州心情的凄伤。"故园心"，实即思念长安之心。"系"字亦双关词语：孤舟停泊，舟系于岸；心念长安，系于故园。从云安到夔州苦苦挣扎了两年，孤舟不发，见丛菊再开，不禁再度流泪，心总牵挂着故园。

尾联在时序推移中叙写秋声。西风凛冽，傍晚时分天气更是萧瑟寒冷，冬日即将来临，人们在加紧赶制寒衣。白帝城高高的城楼上，晚风中传来急促的砧声。白帝城在东，夔州府在西，诗人身在夔州，听到白帝城传来的砧杵之声。砧杵声是妇女裁制棉衣时，槌捣衣服的声音。砧即捣衣之石。此诗末二句，关合全诗，回到景物，时序由白天推到日暮，客子羁旅之情更见艰难，故能结上生下。

思考与练习

1. 有人说苏轼的《水调歌头》"明月几时有，把酒问青天"是化用了李白的《把酒问月》"青天有月来几时，我今停杯一问之"，二者都写到了明月和酒，请对两个作品进行比较，谈一谈二者的异同。

2. "悲秋"是《秋兴八首》这首诗的主旨，杜甫在诗中描写了什么样的秋景，又表达了什么样的思想感情？

3. 杜甫的格律诗最为严谨，其中《登高》堪称"古今七言律第一"，《秋兴八首》（其一）也是一首工整的七律，试分析这首诗的平仄对仗和用韵，体会格律诗的特点。

4. 欣赏学习名家《把酒问月》《秋兴八首》（其一）的吟诵，练习后在校园课程学习平台提交吟诵语音或视频。

杜甫《春日忆李白》(别友)

蒙 曼

李白和杜甫之间的友情,是我非常喜欢的一个话题,所以很想借着讲诗,发表感想。从哪首诗讲起呢? 杜甫有一首《春日忆李白》,评价非常高,而且诞生了一个最美的成语"春树暮云"。就以此为例,看看老杜眼中的李白,心底的深情。

春日忆李白
杜 甫

白也诗无敌,飘然思不群。
清新庾开府,俊逸鲍参军。
渭北春天树,江东日暮云。
何时一樽酒,重与细论文?

这真是一首属于春天的诗。写得高而飘,流而丽,虽然是杜甫的诗,但是有李白的风范,有春天的风致。

先看首联:"白也诗无敌,飘然思不群。"起首就是一个判断句,直抒胸臆,而且,把李白最重要的优点说出来了。李白为什么诗无敌? 恰恰因为他"飘然思不群"。他超凡脱俗,他卓尔不群,他仿佛在空中飞,在云中飘,这不正是我们热爱李白的原因吗? 所以,"白也诗无敌,飘然思不群",李白的定位有了,李白的特点也有了,写得真是爽利。这像是谁的口吻? 像李白呀,李白写《赠孟浩然》不是劈头一句"吾爱孟夫子,风流天下闻"吗? 也是直抒胸臆,也是一下子点到孟浩然的优点。所以,杜甫这两句诗,可以说就是对李白的致敬之作。这还不算,这两句诗还有更漂亮的地方,漂亮在哪里呢? 在两个虚词,"也"和"然"。这两个虚词,形成两个自然的顿挫,仿佛两个加重提示音一样,后面的"诗无敌"和"思不群"一下子就显得特别突出了。

分析完首联,顺便理一理杜甫对李白的评价吧。杜甫除了说"白也诗无敌,飘然思不群",还说过"笔落惊风雨,诗成泣鬼神",这可是高到不能再高的评价了。杜甫一直觉得李白配得上人间最高的荣誉,也一直为李白的坎坷打抱不平。他说"冠盖满京华,斯人独憔悴",他说"文章憎命达,魑魅喜人过",李白犯了政治错误被流放,他也会说"世人皆欲杀,吾意独怜才"。为了李白,他可以与全世界为敌。杜甫的判断准确不准确? 太准确了。李白确实是盛唐气象的最佳代言人,就像余光中先生所说的:"绣口一吐,就是半个盛唐。"

中国人讲一个人多么厉害,往往习惯性地拿这个人跟古人对比。比如赞美一位史学家,就会说是司马迁再世;赞美一位书法家,就会说是王羲之复生;等等。杜甫也是这么做的。他对李白评价如此之高,他觉得李白像谁呢?看颔联:"清新庾开府,俊逸鲍参军。"他觉得李白像南北朝时期两位著名的文学家:庾信和鲍照。庾信官至开府仪同三司,所以号称庾开府,他早期的作品以绮丽清新著称。而鲍照官至前军参军,所以世称鲍参军,他擅长乐府歌行,风格俊逸豪放。庾信和鲍照这两个人加在一起,就代表了魏晋南北朝骈文的最高成就。而且,杜甫把"清新"和"俊逸"并举,也是非常得体的赞美。要知道,李白的诗本来就有清新和俊逸两种路子,既有流水落花之趣味,又有鹰隼飞天之雄风。既然如此,那么杜甫拿这两个人来比他,应该是深得李白之心吧?且慢,完全不是那么回事,因为李白本人并不特别推崇这两位。

在整个魏晋南北朝时期,李白最推崇谁?毫无疑问是谢朓。他说"蓬莱文章建安骨,中间小谢又清发",他说"解道澄江净如练,令人长忆谢玄晖"。小谢也罢,谢玄晖也罢,都是指谢朓。所谓"念兹在兹",所以后人评价李白是"一生低首谢宣城",而对庾信和鲍照两位呢?李白压根儿没提过。这就是问题呀!杜甫说李白像庾信和鲍照,而李白说自己像谢朓,这不是严重的自评价和他评价不统一吗?杜甫读了李白那么多诗,应当知道李白崇拜谢朓,为什么还非要说人家像庾信和鲍照呢?这就是杜甫的认真,也是杜甫对朋友的真诚了。要知道,杜甫和李白本来就是一对诗友,一起纵饮狂歌当然很好,但是,杜甫更在乎的还是跟李白抵足而眠、畅论诗文的乐趣。此刻,虽然两个人天各一方,没法当面锣、对面鼓地讨论,但即使是写诗,杜甫也一定要把自己的想法写清楚。你觉得你像谢朓?我才不那么看呢,你作诗的路子,明明和庾信、鲍照一样!这才是真朋友啊。

正因为太想和李白论诗了,所以,杜甫此刻情不能已,自然而然地就从论诗转到怀人上去了。接下来看颈联:"渭北春天树,江东日暮云。"这两句堪称这首诗的诗眼。什么意思呢?当时杜甫在关中,也就是诗中所说的渭北;而李白在吴中,也就是诗中说的江东。

两个人一个西北、一个东南,整整隔了半个中国。杜甫这是在设想:李白向我这边翘首北望,应该只能望见依依的春树吧;而我向他的方向遥望南天,也只能看见暮云低回。两句诗看上去只是在写景,根本没有人物出现,但是,把渭北和江东这两个地方的典型风景一并列,风景背后的两个人自然就出来了。而且,杜甫像不像一棵扎根泥土的大树?李白像不像一朵飘浮在空中的飞云?一句春树暮云,活脱脱地两个人都刻画出来了,两个人背后的情分也就不言而喻了。这就是王国维先生所说的"一切景语皆情语"。好的诗里,绝对没有单纯的风景,所有的风景,都是情景交融的。"渭北春天树,江东日暮云",这两句诗写得太清新,也太自然了,看似毫不费力,实际分量却又力透纸背。所以,"春树暮云"已经演变成了一个成语,专门用来表达对远方朋友的思念。

再接下来，到尾联了。既然如此推崇李白，又如此思念李白，自然而然地就会引出最末一句话的强烈期待："何时一樽酒，重与细论文？"咱们什么时候才能见面呀，再一起把酒临风，细论诗文？也许还可以论一论，你到底是像谢朓还是像鲍照；也许还可以论一论，谁才是当今第一大诗人。无论论到什么问题，这两位唐代文坛的双子星相遇，都是"金风玉露一相逢，便胜却人间无数"。然而，历史没有那么尽如人意。按照学者的考证，李白和杜甫一共见过三次面。第一次是天宝三年（744）夏天，在洛阳；第二次是天宝三年秋天，在梁宋；第三次则是天宝四年（745），在东鲁。此后两人便如同参、商二星，再也未能相见。而《春日忆李白》这首诗写于天宝六年（747），虽然诗人热切盼望"重与细论文"，但是，这只能是一个跨越千秋的梦想了。

说到这里，该说说杜甫和李白的关系了。很多人觉得，杜甫对李白情深，李白对杜甫情浅。杜甫给李白的诗，流传下来的有十五首，首首都是佳作。而李白写给杜甫的，连存疑的都算上，也才四首，而且水准一般。说李白对不起杜甫，是不是呢？我不这么看。为什么？

第一，李白比杜甫大十一岁，杜甫跟李白不能算是学弟与学长，而是后辈与前辈的关系。按照社会常识来说，也是后辈仰望前辈多一些。李白也一样啊，孟浩然比李白大十二岁，所以孟浩然就是李白的偶像，李白给孟浩然写了不少深情款款的诗，而孟浩然呢，至少从目前存留的情况看，一首都没有回。这是第一个原因。

第二，也是最重要的原因，李白和杜甫的性格不同。李白是什么？李白是仙，是飘在云中的，每天除了能看到神仙，就能看到自己了。所以，他或者思慕神仙，或者张扬自己，对社会、对他人，他的体贴程度就会差一些。仔细想一想，我们衷心喜欢的，不也正是李白这种飞扬的个性和潇洒的情怀吗？但是杜甫不一样，杜甫是圣，圣人也是人啊，所以他有普通人的情怀，但是比普通人还要深沉，还要博大。所以我们会感觉杜甫对谁都深情款款。对老妻，他写"香雾云鬟湿，清辉玉臂寒"；对孩子，他写"布衾多年冷似铁，娇儿恶卧踏里裂"；对寒士，他写"安得广厦千万间，大庇天下寒士俱欢颜，风雨不动安如山"！我们敬仰的，不也正是杜甫的这种深情和博爱吗？这两个人性格如此不同，当然对朋友的态度也不一样，李白更潇洒些，杜甫则更深情些。

第三，我想说，既然读诗，就别那么斤斤计较。读诗应该有一颗诗心，诗心是什么？诗心就是一颗赤子之心。不算计，也不计较，不要说，我给朋友买了一百元钱的礼物，朋友就要还我一百元钱的礼物，如果是八十元钱的礼物，我就吃亏。这不是交朋友，这是做生意。所谓真的朋友，不就是真诚地喜欢对方的优点，也宽厚地包容对方的缺点吗？普通朋友尚且应该有这样的情怀，何况是诗仙李白和诗圣杜甫呢？

（选自《蒙曼：唐诗之美》，蒙曼著，浙江人民出版社2019年版，原文有改动）

宋 词 二 首

定 风 波

苏 轼

三月七日，沙湖道中遇雨①。雨具先去，同行皆狼狈，余独不觉。已而遂晴，故作此词。

莫听穿林打叶声。何妨吟啸且徐行②。竹杖芒鞋轻胜马。谁怕。一蓑烟雨任平生。

料峭春风吹酒醒③。微冷。山头斜照却相迎。回首向来萧瑟处。归去。也无风雨也无晴。

3.6 苏轼《定风波》吟诵

（选自《宋词三百首》，吕明涛、谷学彝编注，中华书局2016年版）

醉 花 阴

李清照

薄雾浓云愁永昼。瑞脑销金兽④。佳节又重阳，玉枕纱厨⑤，半夜凉初透。东篱把酒黄昏后⑥。有暗香盈袖。莫道不销魂，帘卷西风，人比黄花瘦⑦。

3.7 李清照《醉花阴》吟诵

（选自《李清照集笺注》，徐培均笺注，上海古籍出版社2018年版，有改动）

---

① 沙湖：在今湖北黄冈东南三十里，又名螺师店。　② 吟啸：边歌咏边长啸，形容意态潇洒。
③ 料峭：形容春风略带寒意。　④ 瑞脑：又称龙脑，是一种名贵的香料。金兽：兽形的铜香炉。
⑤ 纱厨：即纱帐。　⑥ 东篱把酒黄昏后：语本陶渊明《饮酒》诗："采菊东篱下，悠然见南山"。
⑦ 黄花：指菊花。

作者简介

苏轼（1037—1101），字子瞻、和仲，号东坡居士，世称苏东坡，眉州眉山（今四川省眉山市）人。北宋著名文学家、书法家、画家。与父苏洵、弟苏辙，都是北宋著名文学家，史称"三苏"，后被列入"唐宋八大家"。从21岁中进士开始，就走上了一条充满矛盾、坎坷的人生之路，身陷新旧两党之争的漩涡。神宗时，因与主新法的王安石政见不合，出任杭州、密州、徐州、湖州等地地方官，后以作诗"谤讪朝廷"罪被捕入狱（史称"乌台诗案"），贬为黄州（今湖北黄冈）团练副使。哲宗时，旧党司马光执政，累迁中书舍人、翰林学士等职，后因主张对新法"参用所长"，受旧党排挤，出知杭州、颍州等地；新党再度执政，又以"为文讥斥朝廷"罪远谪惠州（今属于广东）、儋州（今属于海南）。直到徽宗即位时才遇赦北还，次年卒于常州。所历州郡多惠政，后追谥"文忠"。苏轼一生宦海浮沉、历经磨难，思想上常有出世与入世的矛盾，但失意时能达观自解，始终保持着积极进取、欲有所为的精神。

苏轼是宋代文艺创作成就最为全面的一位作家，在诗、词、散文、书、画等方面均取得很高的成就。诗题材广阔，清新豪健，善用夸张、比喻，独具风格，与黄庭坚并称"苏黄"；词开豪放一派，与辛弃疾同是豪放派代表，并称"苏辛"；散文著述宏富，豪放自如，与欧阳修并称"欧苏"。苏轼善书，书法与黄庭坚、米芾、蔡襄并称"宋四家"；绘画方面亦有很高的造诣，开创了湖州画派。作品有《苏东坡集》《东坡乐府》等。

李清照（1084—1155），号易安居士，山东省济南人。宋代（南北宋之交）词人，婉约词派代表，有"千古第一才女"之称。父亲李格非是著名散文家，苏门后四学士之一，丈夫赵明诚为金石学家。李清照前期生活安逸，夫妇志趣相投，共同从事学术研究和文学创作。靖康之难后，金兵南下，中原沦陷，生活发生了重大变化。丈夫在金陵病逝，大量金石图籍散失。在经历了国破家亡、颠沛流离的重重磨难后，李清照晚年孤独凄凉、寓居杭州。

　　李清照所作词，前期多写其悠闲生活，后期多悲叹身世，情调感伤。形式上善用白描手法，自辟途径，语言清丽。论词强调协律，崇尚典雅，提出词"别是一家"之说，反对以作诗文之法作词。"以浅俗之语，发清新之思"，其词独树一帜，自成一家，人称"易安体"。她将婉约风格发展到了顶峰，赢得了婉约派词人"宗主"的地位，成为婉约派代表人物之一。有《漱玉集》，为后人所辑。

 作品解读

　　《定风波》是一首记事抒怀词，作于宋神宗元丰五年（公元1082年）春，是苏轼因"乌台诗案"被贬为黄州团练副使的第三个春天。苏轼与朋友春日出游突遇风雨，却毫不在乎，泰然处之，吟咏自若，缓步而行。

　　全诗借诗人途中遇雨的生活小事，即景生情，抒写作者任天而动、旷达处世的人生态度和坦荡胸怀。苏轼借眼前景，抒写心中事，以小见大。

　　上片写雨中的情景和心境。开篇风雨骤至，这里的"风雨"不只是大自然的现象，而是隐喻了仕途的险恶和人生的坎坷。"莫听"二句明写作者道中遇雨时置风雨于不顾，吟啸徐行的镇定态度，暗示他在仕途风雨中遭贬后仍泰然处之的心态。"竹杖"句用"竹杖芒鞋"喻指闲散江湖，以"马"喻指奔波官场，通过两者对比，隐喻远离宦海反觉一身轻松。"谁怕"表现了作者无所畏惧、不为忧患所动的节操。"一蓑烟雨任平生"不是写眼前景，而是说心中事。"烟雨"不是指沙湖道中雨，而是指江湖中烟波浩渺的迷蒙景象。这一句表达了诗人隐退江湖、自在度过一生的心愿。"莫听""何妨""谁怕""任平生"鲜明地体现了作者开阔的胸襟和倔强的性格。至此，一个旷达潇洒的诗人形象呈现在我们面前。

下片写雨后的情景和感受。"料峭"三句写春风料峭,山头斜照。"回首"三句表面上是说回首路经之地,风雨和晚晴都已经过去,似乎什么也没有发生,实际上是以"萧瑟处"隐喻仕途风雨,"归去"可以看出作者有了归隐之心,也就无所谓宦海风云了。

《醉花阴》是李清照前期的怀人之作。公元1101年(宋徽宗建中靖国元年),十八岁的李清照嫁给太学生赵明诚,婚后不久,丈夫便"负笈远游",深闺寂寞,她深深思念着远行的丈夫。公元1103年(崇宁二年),时届重九,人逢佳节倍思亲,便写了这首词寄给赵明诚。

这首词通过描述作者重阳节把酒赏菊的情景,烘托了一种凄凉寂寥的氛围,表达了作者思念丈夫的孤独与寂寞的心情。

词的上片主要写李清照平日无聊无趣又无可奈何的生活状态。"薄雾浓云愁永昼",这一天从早到晚,天空布满"薄雾浓云",这种阴沉沉的天气使人感到愁闷难挨。外面天气不佳,只好待在屋里。"永昼",一般用来形容夏天的白昼,这首词写的是重阳,即农历九月九日,已到秋季时令,白昼越来越短,还说"永昼",这只是词人的一种心理感觉,人只有在愁苦的环境中才会感到时间的缓慢。这种愁绪让李清照坐立不安只能寄希望于点燃"瑞脑"。"瑞脑销金兽"一句,便是转写室内情景:她独自看着香炉里瑞脑香的袅袅青烟出神,真是百无聊赖。"佳节又重阳",道出了愁闷的原因,在"倍思亲"的重阳佳节,李清照孤寂一人,凄凉惆怅。紧接着两句:"玉枕纱厨,半夜凉初透。"丈夫不在家,玉枕孤眠,纱帐内独寝,难免有孤寂之感。"半夜凉初透",不只是时令转凉,而是别有一番凄凉滋味。上片寥寥数句,把一个闺中少妇心事重重的愁态描摹出来。

下片写重阳节这天李清照在黄昏赏菊东篱、借酒浇愁的情景。重阳是菊花节,把酒赏菊本是重阳佳节的一个主要节目,李清照却一整天满腹愁绪。直到傍晚,才强打精神"东篱把酒"。可是,这并未解愁,反而在她的心中掀起了更大的感情波澜。菊花开得极盛极美,她一边饮酒,一边赏菊,染得满身花香。然而,她又不禁触景伤情,菊花再美,再香,也无法送给远在异地的亲人。"有暗香盈袖"一句,"暗香"指代菊花。菊花经霜不落,傲霜而开,与梅花相似,暗示词人高洁的胸襟和脱俗的情趣,也暗写她无法排遣对丈夫的思念。"莫道不销魂"句写的是晚来风急,风把帘子掀起,李清照再次看到帘外清瘦的菊花,触景伤情。结句"人比黄花瘦",用黄花比喻人的憔悴,以瘦暗示相思之苦,含蕴丰富,言有尽而意无穷,历来广为传诵。

此词在艺术上的一个特点是"物皆著我之色彩",从天气到瑞脑金兽、玉枕纱厨、帘外菊花,词人用愁苦的心情来看这一切,无不涂上一层愁苦的感情色彩。本词的另一个特点是含蓄。从字面上看,这首《醉花阴》没有写离别之苦、相思之情,但仔细寻味,它的每个字都浸透了这一点。从她不时去看香炉里的瑞脑燃烧了多少的细节中,读者可以感到她简直是度日如年。全词明白如话,没有晦涩难懂之处,表达的感情却十分深沉细腻。畅达与深沉相结合,这正是李清照词风的一个重要特点。

思考与练习

1. 苏轼一生宦海起伏，颠沛漂泊。面对逆境，他既有"长恨此生非我有，何时忘却营营"的无奈，又有"小舟从此逝，江海寄余生"的愿望，还有"一蓑烟雨任平生"的旷达。请查阅资料了解苏轼的生平经历，深入理解《定风波》这首词所抒发的思想情感。

2. 李清照被称为"婉约词宗"，她的词被称为"易安体"，除了将寻常语入词，还多用意象，试分析《醉花阴》写了哪些意象，寄托了李清照什么样的情感和人生感触。

3. 吟诵《定风波》《醉花阴》，练习后在校园课程学习平台提交吟诵语音或视频。

 拓　展　阅　读

人 间 词 话

王国维

一

词以境界为最上。有境界则自成高格，自有名句。五代、北宋之词所以独绝者在此。

二

有造境，有写境，此理想与写实二派之所由分。然二者颇难分别。因大诗人所造之境，必合乎自然，所写之境，亦必邻于理想故也。

三

有有我之境，有无我之境。"泪眼问花花不语，乱红飞过秋千去。""可堪孤馆闭春寒，杜鹃声里斜阳暮。"有我之境也。"采菊东篱下，悠然见南山。""寒波澹澹起，白鸟悠悠下。"无我之境也。有我之境，以我观物，故物皆著我之色彩。无我之境，以物观物，故不知何者为我，何者为物。古人为词，写有我之境者为多，然未始不能写无我之境，此在豪杰之士能自树立耳。

四

无我之境，人唯于静中得之。有我之境，于由动之静时得之。故一优美，一宏壮也。

五

自然中之物，互相关系，互相限制。然其写之于文学及美术中也，必遗其关系、限制之处，故虽写实家，亦理想家也。又虽如何虚构之境，其材料必求之于自然，而其构造，亦必从自然之法则。故虽理想家,亦写实家也。

六

境非独谓景物也。喜怒哀乐,亦人心中之一境界。故能写真景物、真感情者,谓之有境界。否则谓之无境界。

七

"红杏枝头春意闹",著一"闹"字,而境界全出。"云破月来花弄影",著一"弄"字,而境界全出矣。

八

境界有大小,不以是而分优劣。"细雨鱼儿出,微风燕子斜",何遽不若"落日照大旗,马鸣风萧萧"。"宝帘闲挂小银钩",何遽不若"雾失楼台,月迷津渡"也。

九

《严沧浪诗话》谓:"盛唐诸公,唯在兴趣。羚羊挂角,无迹可求。故其妙处,透澈玲珑,不可凑拍。如空中之音、相中之色、水中之月、镜中之像,言有尽而意无穷。"余谓:北宋以前之词,亦复如是。然沧浪所谓兴趣,阮亭所谓神韵,犹不过道其面目;不若鄙人拈出"境界"二字,为探其本也。

(选自《人间词话》,王国维著,徐调孚、周振甫注,王仲闻校订,
人民文学出版社2018年版,原文有改动)

元 曲 二 首

［双调·夜行船］秋思^①

马致远

　　百岁光阴^②如梦蝶^③，重回首往事堪嗟^④。今日春来，明朝花谢。急罚盏^⑤夜阑^⑥灯灭。

　　［乔木查］想秦宫汉阙^⑦，都做了衰草牛羊野。不恁么渔樵无话说。^⑧纵荒坟横断碑^⑨，不辨龙蛇^⑩。

　　［庆宣和］投至狐踪与兔穴，多少豪杰！^⑪鼎足虽坚半腰折，魏耶？晋耶？^⑫

　　［落梅风］天教富，莫太奢。^⑬无多时好天良夜^⑭。富家儿更做道^⑮心似铁，争^⑯辜负锦堂风月^⑰！

　　［风入松］眼前红日又西斜，疾似下坡车。晓来清镜添白雪^⑱，上床和鞋履相别。休笑鸠巢计拙^⑲，葫芦提^⑳一就装呆。

　　［拨不断］利名竭，是非绝。红尘不向门前惹，绿树偏宜屋角遮，青山正补墙头缺，竹篱茅舍。

---

① 双调：宫调名，元曲常用宫调之一。　夜行船：曲牌名。这是套数，有多个曲牌，下文的"乔木查""庆宣和""落梅风"等都是曲牌名。秋思为题目。　② 百岁光阴：指一生。　③ 如梦蝶：又作"一梦蝶"。梦蝶：《庄子·齐物论》"昔者庄周梦为蝴蝶，栩栩然蝴蝶也。……俄然觉，则蘧蘧然周也。"这句话是说人生就像一场幻梦。　④ 堪嗟：可叹。　⑤ 罚盏：行酒令时输者罚酒，此处代指饮酒。　⑥ 夜阑：夜深，夜将尽。　⑦ 秦宫汉阙：秦汉时期的宫殿。　⑧ 恁（nèn）么：如此，这般。渔樵：打鱼砍柴人，代指隐者。　⑨ 纵荒坟横断碑：言帝王坟墓荒凉，墓碑残断，纵横散乱。　⑩ 不辨龙蛇：可做两种解释，一为碑上字迹磨损，不可辨认。龙蛇指刻在碑上的文字。古人常以龙蛇喻笔势的飞动。二为龙蛇比喻圣贤豪杰和凡夫俗子，二者同归黄壤，而今功过不能分辨了。这里代指字迹。　⑪ "投至"句：投至，及至，等到。狐踪兔穴，狐狸、兔子出没之地，此处指荒坟。此句意为多少英雄豪杰，到头来落得个荒坟累累。　⑫ "鼎足"句：言魏、蜀、吴三国鼎立的形势，但不久就重归统一了，最后归于魏晋，而如今魏晋安在？也难逃消亡的命运。　⑬ "天教"句：意为富贵也不要过于贪恋物欲享受。　⑭ 好天良夜：好日子，好光景。　⑮ 更做道：即使，纵然。　⑯ 争：怎。　⑰ 锦堂风月：富贵人家的美好景色。此句嘲守财奴情趣卑下，无福消受荣华。锦堂，用宋代韩琦在相州故乡筑昼锦堂的故事，泛指富贵人家的宅第。　⑱ 白雪：喻指白发。　⑲ 鸠巢计拙：言鸠鸟不会筑巢。意为像鸠鸟一样，拙也可有安处，不必奸巧以争名逐利。　⑳ 葫芦提：宋元俗语，糊涂之意。

［离亭宴煞］蛩吟①罢一觉才宁贴②，鸡鸣时万事无休歇③，何年是彻④？看密匝匝蚁排兵，乱纷纷蜂酿蜜，急攘攘蝇争血。裴公⑤绿野堂，陶令白莲社⑥。爱秋来时那些：和露摘黄花，带霜烹紫蟹，煮酒烧红叶。人生有限杯，几个重阳节？嘱咐俺顽童⑦记者⑧：便⑨北海⑩探吾来，道东篱⑪醉了也。

（选自《元曲三百首》，张燕瑾、黄克选注，人民文学出版社2021年版）

［中吕·卖花声］怀古⑫

张可久

阿房⑬舞殿翻罗袖，金谷名园⑭起玉楼，隋堤古柳⑮缆龙舟⑯。不堪回首，东风还又⑰，野花开暮春时候。

又

美人自刎乌江岸⑱，战火曾烧赤壁山⑲，将军空老玉门关⑳。伤心秦汉㉑，生民涂炭㉒，读书人一声长叹。

（选自《元曲三百首》，解玉峰编注，中华书局2016年版）

---

① 蛩（qióng）吟：蟋蟀叫，代指晚上。蛩，蟋蟀。　② 宁帖：安稳。　③ 无休歇：没完没了，是指为名利而奔走忙碌。　④ 彻：终了，尽头。　⑤ 裴公：唐代的裴度。他历事德宗、宪宗、穆宗、敬宗、文宗五朝，以一身系天下安危者二十年，眼见宦官当权，国事日非，便在洛阳修了别墅名为"绿野堂"，和白居易、刘禹锡在那里饮酒赋诗。　⑥ 陶令：东晋的陶潜。因为他曾经做过彭泽县令，所以被称为陶令。白莲社：晋代的慧远法师在庐山结社，即白莲社。相传陶潜入社，也有学者考证陶潜并未入社。　⑦ 顽童：小僮仆。　⑧ 记者：记着。者：语气助词，着。　⑨ 便：即使，即便是。　⑩ 北海：汉末孔融，曾为北海相，人称孔北海，曾言："坐上客恒满，尊中酒不空，吾无忧矣。"　⑪ 东篱：指马致远自己，他美慕陶潜的隐逸生活。陶潜因《饮酒》诗有"采菊东篱下，悠然见南山"之句，乃自号为"东篱"。　⑫ 中吕：宫调名，元曲常用宫调之一。卖花声：曲牌名。怀古：题目。　⑬ 阿房：指阿房宫。全句大意为当年秦始皇曾在华丽的阿房宫里观赏歌舞，尽情享乐。　⑭ 金谷名园：位于今河南省洛阳市西面，是晋代大官僚大富豪石崇的别墅，其中的建筑和陈设异常奢侈豪华。　⑮ 隋堤古柳：隋炀帝开通济渠，沿河筑堤种柳，称为"隋堤"，即今江苏北部的运河堤。　⑯ 缆龙舟：指隋炀帝沿运河南巡江都（今江苏扬州）事。　⑰ 东风还又：又吹起了东风。这里的副词"又"起动词的作用，是由于押韵的需要。　⑱ "美人"句：秦末楚汉相争，项羽在垓下被汉军围困，夜闻四面楚歌，在帐中悲歌痛饮，与美人虞姬诀别，然后乘夜突出重围，却在乌江又被汉军追上，于是自刎而死。这里说美人自刎乌江，用的便是这个典故。乌江，今在安徽和县东。　⑲ "战火"句：指东汉末年的赤壁之战。言三国时曹操惨败于赤壁。公元208年，周瑜指挥吴蜀联军在赤壁之战中击败曹操大军。赤壁，今在湖北嘉鱼境内。　⑳ "将军"句：将军指东汉班超。他因久在边塞镇守，年老思归。《后汉书·班超传》记载，他给皇帝写了一封奏章，上面有两句是："臣不敢望到酒泉郡，但愿生入玉门关。"　㉑ 秦汉：泛指前朝各代。　㉒ 涂炭：比喻受灾受难。涂，泥涂；炭，炭火。

作者简介

马致远（约1251—1321后），号东篱，大都（今北京市）人，元代著名戏曲作家、散曲家、杂剧家，与关汉卿、白朴、郑光祖并称为"元曲四大家"，因《天净沙·秋思》被称为"秋思之祖"。他早年有建功立业的理想抱负，但仕途不畅，久不得志，漂泊二十年后才进入仕途。后不满官场的黑暗和元朝统治集团的歧视政策，又受道教影响较深，走上消极避世的道路。五十多岁离开官场，归隐山林。他的杂剧内容多为逃避现实，向往仙道，也有对当世不满的情绪。散曲书写了个人怀才不遇的悲哀及消极避世的情怀，也有描写自然风光及愤世嫉俗之作。作品意境优美，语言凝练流畅，格调清新自然。他著有杂剧15种，今存7种（含与人合写的1种），以《汉宫秋》最著名。他著有散曲120多首，有辑本《东篱乐府》。

张可久（1280—约1352），号小山，庆元（今浙江宁波）人，元代著名散曲家、剧作家。他一生坎坷，终身为吏。四十岁前为功名奔波而不遇；后曾为绍兴路吏等，七十余岁尚迫于生计，为昆山幕僚。他是元代散曲创作数量最多的作家，现存小令800余首。他因仕途失意，而诗酒消磨，徜徉山水，作品大多记游怀古、赠答唱和。他擅长写景状物，刻意于炼字断句。讲求对仗协律，使他的作品形成了一种清丽典雅的风格。

作品解读

《夜行船·秋思》是马致远晚年所作，书写了退隐的生活和情感。在元代，因受到统治者的打压，汉族文人的社会地位很低，很多文人对现实极度失望，宁愿选择辞官归隐也不愿在朝为官，马致远便是其中一位。这些有才华的文人转将热情投入文学创作，在作品中表达愤世嫉俗之情。他们的创作也极大推动了元曲的发展，使之成为与唐诗宋词相提并论的文学艺术成就。

开头〔夜行船〕一支总领全篇,提出人生百年,犹如一梦,应及时饮酒享乐的观点。接下来《乔木查》《庆宣和》《落梅风》三支曲子,分别从帝王、豪杰、富人的角度叙说富贵无常。帝王有无上的权威,但秦宫汉阙到头来无非变成草场,做渔父樵夫谈今论古的材料。纵使荒坟上有记载丰功伟业的断碑残碣,可是那字迹也不能清晰地留存下来。帝王如此,那些英雄豪杰又如何呢?英雄豪杰辅佐帝王,功勋显赫,位极人臣,可是等到他们死后,坟墓变成狐兔之穴,功勋事业仍然不能保持多久。吴宫花草,魏晋江山,现在又在哪里?再说富人。富人有钱舍不得用。"好天良夜""锦堂风月",本来应当珍惜地享用它,可是守财奴却白白地辜负了。

帝王、豪杰、富人的结果是这样,作者接下来在《风入松》《拨不断》两支曲子里叙说了自己的处世态度。"眼前红日又西斜,疾似下坡车",时光飞逝,今天眼看又过去了,明天的容颜比今天更老。因此,与其思前想后,愁得鬓添白发,还不如丢开一切,一枕酣睡。斑鸠虽笨拙得不会筑巢,可它可以住喜鹊的巢,那又有什么不好?这样看来,自己也马马虎虎地装糊涂吧。利与名无须争夺,是与非不必分辨。住在隔绝尘世的清幽之处,再好没有。

在最后一支曲子《离亭宴煞》里,作者又比较了两种人的处世态度。这支曲子开始写到秋天的景物,题目《秋思》就是由此而来的。秋思既是描写自然之秋之思,更是抒发人生之秋之慨。作者以"蚂蚁""蜜蜂""苍蝇"暗喻那些争名夺利的人:他们一天到晚忙得不可开交,你拥我挤就像争穴的蚂蚁,嘈嘈杂杂就像酿蜜的蜜蜂,抢来抢去就像争着吸血的苍蝇。与这些人不同,他向往陶渊明和裴度的生活,要"归去来",隐居林泉。他不肯辜负"紫蟹肥,黄菊开"的秋天。人生是短促的,酒能喝多少?重阳节能过几次?所以要开怀畅饮,尽情陶醉。富贵功名,荣辱是非,管这些做什么!

这套套数从表面上看来是在歌颂与世无争、及时行乐的处世哲学,表现了超然绝世的生活态度,实则是通过这种"超然"消解不得已隐退的痛苦,更是暗含愤世嫉俗之情。

《卖花声·怀古》这支曲子由两首小令组成,作者借慨叹秦汉时期的战争给老百姓造成深重的灾难,表达了对人民的同情。

第一首开篇写到三件史事,即秦始皇修建阿房宫以宴乐、西晋富豪石崇建金谷园以行乐以及隋炀帝修大运河下扬州游乐。这三件事都是穷极奢靡而终不免败亡的典型。"不堪回首"是作者对此三事的感慨。末句以景色描写"东风还又,野花开暮春时候"结束,是诗词中常用的以"兴"终篇的写法。春意阑珊的凄清景象与前三句的繁华盛事也形成强烈对比,暗含无限感慨。

第二首也是开篇先列举三件史事,即霸王别姬、火烧赤壁和班超从戎。这三件事异时异地,且不相类属,但共同揭示了不管哪个历史朝代,百姓疾苦远比英雄美人的穷途末路更让人同情。张养浩在《山坡羊·潼关怀古》中说"兴,百姓苦;亡,百姓苦",袁枚在《马嵬》中说"石壕村里夫妻别,泪比长生殿上多",都表达了相同的观点。最后作者以"读书人一声长叹"直抒胸臆,表达了对人民的无限同情,对黑暗社会的无比愤慨。

思考与练习

1. 自古以"秋思"为主题的诗词作品众多,马致远也因《天净沙·秋思》而获得"秋思之祖"的称号。《夜行船·秋思》描写了秋天的哪些方面? 是否具有更深层的含义? 又表达了作者什么样的思想情感?

2.《卖花声·怀古》引用了哪些历史典故? 请熟悉这些典故。你能理解作者引用这些典故的含义吗? 结合这些典故阐释。

3. 元曲主要可分为散曲和杂剧两类。课上我们学习了散曲,请课下了解元杂剧的特点及代表作家和作品。

 拓展阅读

散曲作家们

郑振铎

当金、元的时候,我们的诗坛,忽然现出一株奇葩来,把恹恹无生气的"诗"坛的活动,重新注入新的活力,使之照射出万丈的光芒,有若长久的阴霾之后,云端忽射下几缕黄金色的太阳光;有若经过了严冬之后,第一阵的东风,吹拂得青草微绿,柳眼将开。其清新愉快的风度,是读者之立刻便会感到的。这株奇葩,便是所谓"散曲"。但这里所谓"忽然现出",并不是说,散曲是从天下掉下来的。她的生命,在暗地里已是滋生得很久了。她便是蔓生于"词"的领域之中的;她便是偷偷地在宋、金的大曲、赚词里伸出头角来的。

她的产生的时代,已是很久了。但成为主要的"诗"体的一种的时代,则约在金、元之间。金、元的杂剧是使用着这种名为"曲"的诗体,成为她的可唱的一部分的。在更早的时候,"诸宫调"也已用到她成为其中"弹唱"的成分。宋人的唱赚,也是使用着"曲"的。所以"散曲"的实际上的出现,实较"剧曲"为更早。唯其成为重要的诗人们的"诗体",则恰好是和"剧曲"同时。创作"杂剧"的大诗人关汉卿也便是今所知的第一位伟大的散曲作家。

散曲可以说是承继于"词"之后的"可唱"的诗体的总称,正如"词"之为继于"乐府辞"之后的"可唱"的诗体的总称一样。其曲调的来源,方面极广,包罗极多的不同的可唱的调子,不论是旧有的或是新创的,本土的或是外来的,宫庭的或是民间的。但在其间,旧有的曲调,所占的成分并不很多,大部分是新阑入的东西。在那些新阑入的分子们里，最主要的是"里巷之曲"与"胡夷之曲"，正如"词"的产生时代的情形一样。

散曲通常分为"南""北"两类。北曲为流行于金、元及明初的东西。南曲则其起源似较北曲为更早，但其流行则较晚。南曲和北曲，其最初的萌芽是同一的，即都是从"词"里蜕化出来。金人南侵，占领了中国的中原和北部，于是中原的可唱的词，流落于北方而和"胡夷之曲"及北方的民歌结合者，便成为北曲，而其随了南渡的文人、艺人而流传于南方，和南方的"里巷之曲"相结合者便成为南曲。

无论南曲或北曲，在其本身的结构上，皆可分为两种不同的定式，一是小令，二是套数。小令起源于词的"小令"，是单一的简短的抒情歌曲，常和五七言绝句，及词中的小令，成为中国的最好的抒情诗的一大部分。

"套数"起源于宋大曲及唱赚。至诸宫调而"套数"之法大备。套数是使用两个以上之曲牌而成为一个"歌曲"的。在南曲至少必须有引子、过曲及尾声的三个不同之曲牌，始成为一套。在北曲则至少须有一正曲及一尾声（套数间亦有无尾声者，那是例外），无论套数使用若干首的曲牌，从首到尾，必须一韵到底。

（选自《中国文学史》，郑振铎著，陕西师范大学出版社2009年版，原文有删减）

单元实训

表达与写作

吟　诵

学习目标 >>>

了解什么是吟诵，掌握吟诵的基本规则，能够对诗词进行格律分析，按照吟诵规则进行吟诵。

知识链接 >>>

中国古人历来重视诗教，孔子说："不学诗，无以言。"在数千年的发展历程中，诗歌作品的学习与创作一直都是中国传统教育的重要组成部分，我们的祖先给我们留下了灿烂辉煌、无比珍贵的诗歌作品，诗歌在中国传统文化中占有极其重要、不可替代的地位，这是构成我们民族精神气质的重要文化基因，也是我们必须传承和发扬的文化遗产。20世纪初新式教育模式传入后，中华诗歌的诗教传统被抛弃，在过往一百年间，我们虽然也学习古典诗歌，但已经不会吟诵，大多数人也不会写作旧体诗了。

要"为往圣继绝学"，我们需要从最基础的吟诵开始，去了解中国诗歌的独特韵律。

一、什么是吟诵

吟诵是古代的读书法和教学法，也是古人诗歌创作的方法。

3.8 什么是吟诵

从古至今，吟诵是人们抒情达意的重要方式，从《论语》中孔子赞同的"浴乎沂，风乎舞雩，咏而归"，到《世说新语》中所载的阮籍"嘐然长啸，韵响寥亮"；从陶潜的"登东皋而舒啸"，到苏轼的"何妨吟啸且徐行"，都可以看出吟诵是人们抒发情感的重要手段，更是从古至今青少年学习诗词的重要手段。

吟诵，这种中国人按照特定规则读书的方式，有着两千年以上的历史，代代相传，曾经人人皆能，在历史上起到过极其重要的社会作用，有着重大的文化价值。

汉语所有的非口语形式，从唱山歌，到念经，到叫卖声，到唱账，都是吟诵。唱吟咏叹读念诵歌，都遵守依字行腔、依义行调的吟诵规则。其间的差异，只是音乐性多少、发声方法如何等方面的问题。

各种戏曲、曲艺是从哪里来的？从吟诵里来的。中国人是见字就唱的。汉语是旋律型声调语言，它有声调，没重音，在华夏民族的生活中及由此形成的文化心理中，语音的长短、高低、轻重、缓急、变化过程都有某种相对固定的含义倾向。

汉字是形音义三者的结合体，除了字形和字义，声音的意义也不容忽视。只有把汉字的形、音、义三者贯通起来，了解其初形、本义和原音，才能掌握其变易、孳乳的迹象，从而真正理解文意。

吟诵的理论基础，就在于汉字的语音是有意义的。在上古的时候，每个字，为什么是这个声母，为什么是这个韵母，为什么是这个声调，都是有道理、有规则、有系统的。

（一）从创作的角度看

汉诗文都是吟诵着创作出来的。汉诗文首先是声音的作品。在大多数情况下，诗是先口头吟成，之后自己如果还满意，才会用文字记录下来。吟诵的时候，声音拉得很长。《尚书·尧典》中提到："诗言志，歌永言，声依永，律和声。"就是说汉语的歌是把说话拉长，而且符合声律（即宫商角徵羽）。这是声调语言的特点。像英语这类重音语言，是不可能做到"歌永言"的。声音拉长的时候，声音本身的意义就被放大、加强、夸张，从而在诗文中占据了重要的地位。所以，汉诗文的含义，是由字面意义和声韵意义两部分组成的。

（二）从音韵的角度看

汉诗唯一的共同特征就是押韵。在汉诗文中，韵母的意义远比声母大，韵母常常被拖长。拖长，意味着文字没有改变，而语音被放大了，从而含义被放大。汉诗文的每个字，其长短高低、轻重缓急，全是有规矩的，跟口语不同。这样一来，语音的意义就占了整个文意的很大一部分，是绝对不能忽视的部分。

子曰："书不尽言，言不尽意。言之不足故有咏歌。"文学本来就是通过非口语的形式来表达口语不能"尽"之"意"。文字只能反映语音的音质，却不能说明语音的音长、音强、音高。用什么声音形式创作，就应当用什么声音形式欣赏理解。古代的诗词文赋，是用唱、吟、诵三种形式创作的，唯有吟诵的形式最接近原貌。因此，我们也应当用吟诵的方式去理解和学习古代诗文。

汉诗吟诵在国际上享有很高的声誉。吟诵汉诗在海外一直盛行不衰，不仅在华人中，而且在汉文化圈的很多国家（如日本、韩国）中，也一直薪火相传，至今犹存。比如日本的吟诗社社员就有百万人以上，他们经常来中国交流访问。

五四新文化运动兴起后，随着私塾的废除，白话文、新体诗逐渐取代了文言文、旧体诗的历史地位，传统的吟诵艺术渐趋衰微，会吟诵者日渐稀少，以至于变成只有很小一部分人掌握的"绝学"。2008年，经国务院正式批准，吟诵调被列入第二批国家级非物质文化遗产名录。

二、吟诵的基本规则

吟诵之本，即吟诵的目的，是把诗文的含义真实完整深刻地传达出来。吟诵的时候,要运用声韵手段,传达声韵含义。

具体方法有以下几种。

(一)依字行腔

依字行腔就是依普通话的四声调来进行。即字的乐音要按照字音的声、韵、调进行,字正腔圆,不倒字。

四声与平仄:普通话四声是阴阳上去,古代汉语的四声是平上去入。

平声:阴平、阳平。

仄声:上(第三声)、去(第四声)、入声。

"入声"是古汉语的四声之一,由三种不同的塞音韵尾[-p'][-t'][-k']构成,读音短促,一发即收。普通话中,入声消失,中古入声分别归入阴平、阳平、上声和去声。

(二)依义行调

依义行调,说的是字与字之间的关系,乃至旋律,是由其所表达的含义决定的。一句话的音调旋律从何而来? 从字音声调而来。怎么组合呢? 根据句意进行组合。这就是依义行调。

3.9 普通话
四声与平仄

(三)入短韵长

入短韵长,即入声字要短促有力,韵字要拖长。

(四)平长仄短

平声字要长吟,仄声字要短吟,入声字归仄,吟得更短。将长短变化吟诵出来,才能吟诵出诗歌的节奏、诗人的语气、诗歌的意境。

吟诵与创作格律诗一样,都强调"一三五不论、二四六分明"。假如以唱歌作比,平仄入三种情况的字在吟诵时的音长分配大致是这样的:入声字给半拍;一三五位置上的字不论平仄都给一拍,二四六位置上的仄声字也给一拍;二四六位置上的平声字比较重要,给两拍;每首诗词的韵字是最需要强调的,吟得最长,给三拍。

3.10 吟诵规
则:依字行
腔与依义行
调

(五)平低仄高

平声低,仄声高。诗句中的高低起伏就出来了。

(六)文读语音

普通话吟诵基本上都是按照普通话的声、韵、调来吟诵的。但是,部分字音需要文读。

文读是吟诵的传统,即某些字要按照古音或官话来读。

普通话的文读分三种情况:一是入声字要读短音;二是韵字一定要押韵,因为古今语音的变化,某些句尾押韵的字已经不押韵了,那么在吟诵的时候,要尽量参照古音吟读,使之押韵;三是个别字必须要按照传统规定文读,比如"秋思"的"思"读四声,"遥看瀑布"的"看"读一声等。这些读音往往与平仄格律有关,读错了就乱了格律,失了韵味,所以要文读。

3.11 吟诵规
则:平长仄
短、平低仄
高、入短韵长

(七)腔音唱法

腔音是中国音乐体系的特征,与西方音乐体系相反。吟诵时要学会控制自己的音量,随时变化大小,声断意连,以传情达意。同时,音高也要随时变化,一方面依字行腔,用这种腔音表示字音的声调,另一方面也是在表达情感。

要想学好腔音,可以多听听戏曲和说唱曲艺,他们都是腔音唱法。另外,腔音唱法还讲究气沉丹田,吐气发声。

吟诵的发声是最自然的,怎么说话就怎么吟诵。既不要学美声式唱法,也不要学平板式唱法,因为我们汉语是旋律型声调语言,汉语的传情达意,全在开合、声调、音量的婉转变化上。

(八)模进对称

古体诗都是模进的,近体诗都是对称的。

所谓模进原是指音乐创作中一种常用的发展旋律手法。模进就是重复,只不过重复时音高不同。吟诵古体诗时,可根据诗意采用模进的方法,根据内容进行局部微调,使整个作品的吟诵在整体上呈现出一致性,同时又具有一定的变化。

依字行腔主要讲的是字音,依义行调主要讲的是句调的升降,模进对称说的是一整篇中章节之间的旋律关系。

三、吟诵符号

用"–"表平声,"|"表仄声,"!"表入声。如:

登鹳雀楼
王之涣

```
 !   !   –   – –  |   –   – –   !     |   – – –
 白  日  依  山 尽, 黄  河  入   海    流。

 !   – –  –    |    !   |    |   !    – –  – – –
 欲  穷  千   里   目, 更  上   一   层   楼。
```

四、格律诗吟诵口诀

口诀一:一二声平三四仄,入声归仄很奇特。
　　　　平声吟长仄声短,韵字平仄皆回缓。
口诀二:一三五字可随意,二四六位须分明。
　　　　依字行腔气息匀,节奏点上停一停。
　　　　本音决定基础调,依字行腔很重要。

吟诵不是曲调,而是一种方法。吟诵得好与不好,并不取决于嗓音、旋律等因素,而是取决于理解。对作品理解得深,才会吟诵得好。吟诵实际上就是一个理解的过程。在反复涵咏的过程中,要不断地调整"腔"和"调",以更准确地表达自己对作品的理解。等到终于理解了作品的时候,吟诵也就优美好听了。

五、词的吟诵

词的吟诵规则与诗一样，但又有自己的独特要求。这既与词的句式和韵律特点密切相关，也同词调本身的音乐特点有一定关系。与诗一样，不同腔调的吟诵有异又有同，不过比较而言，由于词的句式与韵律较为复杂，所以用不同腔调吟诵词时会表现出更多一点的灵活性。

下面，我们着重探讨一下词的节奏单位的划分。

词的句式长短不一，参差错落，因而节奏单位的构成不像近体诗那样整齐划一。不管全词的字数多与少，吟诵前都必须正确划分每一句的节奏单位，以便吟诵时停顿自如，节奏和谐。

（一）一字句

先看下面两首词：

天！休使圆蟾照客眠。人何在，桂影自婵娟。（蔡伸《苍梧谣·天》）

红酥手，黄縢酒，满城春色宫墙柳。东风恶，欢情薄。一怀愁绪，几年离索。错！错！错！　　春如旧，人空瘦，泪痕红浥鲛绡透。桃花落，闲池阁。山盟虽在，锦书难托。莫！莫！莫！（陆游《钗头凤·红酥手》）

上词《苍梧谣·天》中的"天"是独立的一字句，下词《钗头凤》中的"错"与"莫"则是叠句中的一字句。一字句当然自成一个节奏单位，且为节奏点所在；同时，不论是平是仄，都是入韵的，因此吟诵时必须加以突出。由于一字句单独划为一个节奏单位，这一个节奏单位只由一个音节构成，所以吟诵时若处理不好，往往与前后句的衔接不自然，节奏不和谐，声音不圆转，这是需要特别注意的。

（二）二字句

二字句正好成为一个节奏单位，比如：

知否，知否？应是绿肥红瘦！（李清照《如梦令·昨夜雨疏风骤》）

销魂！当此际，香囊暗解，罗带轻分。（秦观《满庭芳·山抹微云》）

江国，正寂寂。（姜夔《暗香·旧时月色》）

休休，这回去也，千万遍阳关，也则难留。（李清照《凤凰台上忆吹箫·香冷今猊》）

词中的二字句通常用在叠句中，如《如梦令》中的"知否？知否？"，或者用在下片开头，如《满庭芳》中的"销魂"和《暗香》中的"江国"，也有的二字句是叠字，如《凤凰台上忆吹箫》中的"休休"。同一字句一样，二字句中节奏点上的字不论是平是仄，往往是入韵的，因此吟诵时应该加以突出。

（三）三字句

三字句在句中用得较多。就平仄安排而言，三字句相当于律句中的三字尾，其节奏单位视具体情况可划成"二一"或"一二"。比如：

满地黄花堆积,憔悴损,如今有谁堪摘?(李清照《声声慢·寻寻觅觅》)

把吴钩看了,栏杆拍遍,无人会,登临意。(辛弃疾《水龙吟·登建康赏心亭》)

转朱阁,低绮户,照无眠。(苏轼《水调歌头·明月几时有》)

上二例中的三个三字句宜划成"二一",而下一例中的三个三字句以及上举秦观《满庭芳》中的"当此际"和姜夔《暗香》中的"正寂寂"两个三字句均宜划成"一二"。

(四) 四字句

四字句在词中也是常见的。从平仄格式看,四字句基本上是截取七言律句的前面四个字,其节奏单位多数宜划成"二二"。比如:

晓来雨过,遗踪何在?一池萍碎。(苏轼《水龙吟·次韵章质夫杨花词》)

纤云弄巧,飞星传恨,银汉迢迢暗度。(秦观《鹊桥仙·纤云弄巧》)

上例中三个四字句连用,下例中两个四字句构成对仗,它们的节奏单位都宜划成"二二"。有的四字句情况特殊些,比如:

过春社了,度帘幕中间,去年尘冷。(史达祖《双双燕·咏燕》)

细看来不是,杨花点点,是离人泪。(苏轼《水龙吟·次韵章质夫杨花词》)

凭谁问,廉颇老矣,尚能饭否?(辛弃疾《永遇乐·京口北固亭怀古》)

第一例中的"过春社了"和第二例中的"是离人泪",按意义单位分,应是"一二一",现节奏单位也如此划分,这样比一般的四字句多出了一个节奏单位,吟诵起来于节奏的和谐无碍。注意,第二例是按词谱断句,若按语法结构通常断为:"细看来不是杨花,点点是、离人泪。"吟诵时的实际停顿也应是这样的。

再说第一例中的"去年尘冷"和第三例中的"尚能饭否",按意义单位分,宜为"三一"。节奏单位如也这样划分,当然可以吟诵,只是不太顺口;要是划成"二二",吟诵起来便觉得节奏谐美。当遇到这种意义单位和节奏单位发生矛盾的时候,还是以考虑节奏的谐美为宜。

(五) 五字句

就节奏单位的划分而言,词的五言句和五言律句基本相同,大多可划成"二二一",比如:

当时明月在,曾照彩云归。(晏几道《临江仙·梦后楼台高锁》)

乱石穿空,惊涛拍岸,卷起千堆雪。(苏轼《念奴娇·赤壁怀古》)

或划成"二一二",比如:

落花人独立,微雨燕双飞。(晏几道《临江仙·梦后楼台高锁》)

但愿人长久,千里共婵娟。(苏轼《水调歌头·明月几时有》)

但有些句子例外,宜划成"一二二",比如:

执手相看泪眼,竟无语凝噎。(柳永《雨霖铃·寒蝉凄切》)

东篱把酒黄昏后,有暗香盈袖。(李清照《醉花阴·薄雾浓云愁永昼》)

这样处理节奏单位在词的吟诵中经常碰到,而在五言律绝的吟哦中不可能出现。

（六）六字句

六字句是在四字句的前面加上两个字,即多出一个节奏单位。有些句子意义单位和节奏单位的划分完全一致,都是"二二二",比如:

暮景萧萧雨霁,云淡天高风细。(柳永《佳人醉·双调》)

寻寻觅觅,冷冷清清,凄凄惨惨戚戚。(李清照《声声慢·寻寻觅觅》)

有些句子按意义单位分为"二四"结构,吟诵时的节奏单位通常被处理成"二二二",比如:

我欲乘风归去,又恐琼楼玉宇。(苏轼《水调歌头·明月几时有》)

何逊而今渐老,都忘却、春风词笔。(姜夔《暗香·旧时月色》)

还有些句子意义上是"四二"结构,吟诵时的节奏单位通常也被处理成"二二二",比如:

想当年,金戈铁马,气吞万里如虎。(辛弃疾《永遇乐·京口北固亭怀古》)

七八个星天外,两三点雨山前。(辛弃疾《西江月·夜行黄沙道中》)

下例中的"七八个星"和"两三点雨"各为一个完整的意义单位,节奏单位被划成"二二",两者就产生了矛盾。吟诵时可将节奏点上的"八"字(恰是入声字)读得短一些,略作停顿,即读"个星——","星"字宜适当拖长;读节奏点上的"三"字(平声)时也宜拖得较长,略作停顿,即连读"点雨"两字。这样处理,既保持了节奏的统一与和谐,又兼顾了意义的完整。

少数六字句情况比较特殊,按意义单位分是"三三"结构,如果节奏单位照常规划为"二二二",则两者明显发生矛盾;词谱往往在第三字后面注一个"豆"字,今人标点时往往在第三个字后面加一个顿号,这样可将这六字句视为前三和后三两个部分,其节奏单位则分别划为"二一"或"一二",比如:

纷纷坠叶飘香砌,夜寂静、寒声碎。(范仲淹《御街行·秋日怀旧》)

碧山锦树明秋霁,路转陡、疑无地。(曹组《青玉案·碧山锦树明秋霁》)

自都门燕别,龙艘锦缆,空载得、春归去。(汪元量《水龙吟·淮河舟中夜闻宫人琴声》)

（七）七字句

词的七字句和诗的七言律句在节奏单位的划分上基本相同,通常为"二二二一"或"二二一二",比如:

春花秋月何时了，往事知多少。小楼昨夜又东风，故国不堪回首月明中。（李煜《虞美人·春花秋月何时了》）

沙上并禽池上暝，云破月来花弄影。（张先《天仙子·水调数声持酒听》）

有些七字句情况较特殊，在意义上不是通常的"四三"结构，而是"三四"结构，吟诵时后四字的节奏单位处理很简单，划为"二二"，前三字则视情况划成"二一"或"一二"，比如：

今宵酒醒何处？杨柳岸、晓风残月。（柳永《雨霖铃·寒蝉凄切》）
豆蔻梢头旧恨，十年梦、屈指堪惊。（秦观《满庭芳·晓色云开》）
楼前绿暗分携路，一丝柳、一寸柔情。（吴文英《风入松·听风听雨过清明》）
望京国，空目断、远峰凝碧。（柳永《倾杯·鹜落霜洲》）

这些七字句的前三字是三字逗，书写时在第三字后面用顿号与后四字隔断，表示读到这里应稍作停顿。

（八）八字句

八字句在意义上通常是三五结构，其节奏单位的划分宜分别按三字句和五字句处理，比如：

到而今、铁骑满郊畿，风尘恶。（岳飞《满江红·登黄鹤楼有感》）
水涵空、阑干高处，送乱鸦、斜日落渔汀。（吴文英《八声甘州·灵岩陪庾幕诸公游》）

这两例的八字句前三字为三字逗。也有从意义来看为五三结构的八字句，中间不用顿号隔开，其节奏单位的划分则分别按五字句和三字句处理，比如：

青山意气峥嵘，似为我归来妩媚生。（辛弃疾《沁园春·再到期思卜筑》）
江山如此多娇，引无数英雄竞折腰。（毛泽东《沁园春·雪》）

还有些八字句，从意义来看为"二六"结构，吟诵时可将节奏单位处理成"二二二二"，比如：

此去经年，应是良辰好景虚设。（柳永《雨霖铃·寒蝉凄切》）
笑相遇，似觉琼枝玉树相倚。（周邦彦《拜星月慢·夜色催更》）

（九）九字句

九字句从意义来看多为"三六"结构，此外，还有"六三""二七""四五"等结构，吟诵时其节奏单位的划分则可分别按二、三、四、五、六、七字句处理。请看下面不同结构的例句其节奏单位的划分。

"三六"结构的：

大江东去,浪淘尽、千古风流人物。(苏轼《念奴娇·赤壁怀古》)

倩何人唤取,红巾翠袖,揾英雄泪?(辛弃疾《水龙吟·登建康赏心亭》)

"六三"结构的:

寂寞梧桐深院锁清秋。(李煜《相见欢·无言独上西楼》)

岳阳楼上听哀筝,楼下凄凉江月、为谁明?(李祁《南歌子·袅袅秋风起》)

"二七"结构的:

问君能有几多愁,恰似一江春水向东流。(李煜《虞美人·春花秋月何时了》)

走来窗下笑相扶,爱道画眉深浅入时无?(欧阳修《南歌子·凤髻金泥带》)

"四五"结构的:

只有情怀、不似旧家时。(李清照《南歌子·天上星河转》)

水边台榭燕新归,一口香泥、湿带落花飞。(陈亮《虞美人·春愁》)

(十) 十字句

词中十字句较少,从意义来看多为"三七"结构,其节奏单位的划分即按三字句和七字句处理,比如:

惨离怀、空恨岁晚归期阻。(柳永《夜半乐·冻云黯淡天气》)

君不见、玉环飞燕皆尘土!(辛弃疾《摸鱼儿·更能消几番风雨》)

在处理词的节奏单位的时候,要特别注意一字逗这一特殊的句式,因为它是一个独立的节奏单位,吟诵时必须作一短暂的停顿,而又不像三字逗那样写时通常在第三个字后面加一个顿号。如将它与后面一个字划为一个节奏单位,那就错了。

一字逗多数是虚词,如"但、正、又、渐、更、甚、乍、尚、况、且、方、纵";有些是动词,如"对、望、看、念、叹、算、料、怅、恨、怕、问"。

这些字大多是去声,这是一字逗的特点。

"一字逗"通常和四字句结合构成五字句,也有和三字句、五字句、六字句、七字句、八字句结合构成四字句、六字句、七字句、八字句、九字句的。吟诵时不管是几字句,只要是一字逗,就单独一顿,余下的字是一个几字句,就按几字句处理其节奏单位,比如:

寒蝉凄切,对长亭晚,骤雨初歇。(柳永《雨霖铃·寒蝉凄切》)

算人间事,岂足追思,依依梦中情绪。(晁补之《黄莺儿·南园佳致偏宜暑》)

望故乡渺邈,归思难收。(柳永《八声甘州·对潇潇暮雨洒江天》)

正故国晚秋,天气初肃。(王安石《桂枝香·金陵怀古》)

东风夜放花千树,更吹落、星如雨。(辛弃疾《青玉案·元夕》)

纵无酒成怅望,只东篱、搔首亦风流。(辛弃疾《木兰花慢·题广文克明菊隐》)

念去去、千里烟波,暮霭沉沉楚天阔。(柳永《雨霖铃·寒蝉凄切》)

但怪得、竹外疏花,香冷入瑶席。(姜夔《暗香·旧时月色》)

对潇潇暮雨洒江天,一番洗清秋。(柳永《八声甘州·对潇潇暮雨洒江天》)

啼鸟还知如许恨,料不啼清泪长啼血。(辛弃疾《贺新郎·别茂嘉十二弟》)

离愁万绪,闻岸草、切切蛩吟如织。(柳永《倾杯·鹜落霜洲》)

叹西园、已是花深无地,东风何事又恶?(周邦彦《瑞鹤仙·高平》)

3.12 如何将一首诗吟诵出来

能力训练 >>>

给下列诗歌标注吟诵符号并根据吟诵规则进行练习,录制吟诵视频或语音并提交。练习前可在网上或线上学习平台资源库里观摩名家吟诵。

锦 瑟

李商隐

锦瑟无端五十弦,一弦一柱思华年。

庄生晓梦迷蝴蝶,望帝春心托杜鹃。

沧海月明珠有泪,蓝田日暖玉生烟。

此情可待成追忆,只是当时已惘然。

策 划 书

学习目标 >>>

掌握策划书的写作要素和写作格式,能够策划活动并写作规范的策划书。

知识链接 >>>

策划是各行各业中非常热门的话题,小到个体形象的设计,大到企业、城市、国家品牌的定位,无不需要有创意的策划。社会对策划人才的需求也日益增多。

一、策划

(一)概念

策划是对未来即将发生的事情进行系统、周密、科学的预测并制订科学、可行的方案的过程。现实社会中,成功的活动都离不开高水平的策划。

需要特别注意的是:策划绝不只是点子、创意、想法,这只是策划的一小部分。策划是立足现实、以创意取胜的科学程序,通过这种程序预测事物的发展趋势,捕捉机遇,整合各种资源,制订可实施的最优方案,以有效地达到所设定的目标。

(二)分类

按照不同的标准划分,策划可以分为以下四类。

1. 点子策划

抓住问题的关键和症结,想出一个有效而又新奇的主意和方法,使问题迎刃而解,取得良好的效果。

2. 公关策划

公关策划的目的在于让一定的组织机构或个人与相关的社会公众建立和发展和谐关系,以期获得理解和支持,确立良好的形象和声誉。

3. 战略策划

战略策划是带有宏观性、全局性的具有指导意义的策划,如对某一较大区域或城市的经济发展所做的策划等。

4. 战术策划

战术策划是解决微观性、局部性问题的方法策划,如对某一市场、某一产品或某一特定活动的策划。

(三)拟订策划的步骤

一般来讲,策划的拟订,应依照下列步骤进行。

1. 确定目标主题

将策划的目标主题确定于一定时空范围之内,力求主题明晰,重点突出。

2. 收集资料

围绕目标主题,通过多种方式收集信息资料。

3. 调查市场态势

围绕目标主题,进行全面的市场调查,掌握第一手资料。

4. 整理资料情报

综合市场调查的第一手资料和现成的第二手资料,将其整理成对目标主题有用的情报。

5. 提出具体创意

根据实际需要,提出有关策划的新的创意。

6. 选择可行方案

将符合目标主题的创意变成具体的执行方案。

7. 制定实施细则

根据选定的方案把各功能部门和任务加以详细分配,分头实施,并按进度表与预算表进行监控。

8. 制定检查办法

对策划的方案提出详细可行的检查办法和评估标准。

二、策划书

(一) 概念

策划书是在策划的基础上,为了实现预期目标,用于理顺、协调、拓展各种关系而编写、制定的一种应用文书。

常见的策划书包括广告策划、营销策划书、项目策划书、公关策划书、活动策划书等。作为策划成果的文字化体现,策划书包含五个部分:概述(策划意义、目的、目标、主题等),方法(使用的策划思路、借助的分析工具),分析(根据内外环境对照、优势劣势对照做出可行性判断),措施(为实现目的、目标而选择的途径)和收效(收效的预估)及其他补充内容。

(二) 惯用格式

1. 标题

尽可能具体地写出活动的名称,一般由"活动内容+文种"构成,如"××大学××活动策划书",置于页面中央,也可以在常规标题的上方,加上一行概括活动意义的虚标题,如"美丽祖国 活力校园——××学院第一届校园文化艺术节策划方案"。

2. 活动背景

根据策划书的特点选取以下内容重点阐述,具体项目有:基本情况介绍、主要执行对象、近期状况、组织部门、活动开展原因、社会影响及相关目的和动机。此外,应说明问题的环境特征,主要考虑环境的内在优势、弱点、机会及威胁等因素,对其做好全面的分析。

3. 活动目的及意义

用简洁明了的语言表明本次活动所要求达到的具体目的,在陈述目的的要点时,该活动的核心构成或策划的独到之处及由此产生的意义(经济效益、社会效益、媒体效应等)都应该明确写出。活动目的要具体,并应体现出重要性、可行性、时效性。

4. 活动名称

根据活动的具体内容、影响及意义拟定能够全面概括活动的名称。

5. 资源需要

此部分需列出所需人力资源、物力资源,包括使用的地方。可以列为已有资源和需要资源两部分。

6. 活动方式和实施步骤

策划书的可操作性与实践指导性具体体现在这一部分,可以说是策划书的正文部分,表现方式要简洁明了,使人容易理解,但表述方法要力求详尽,写出能设想到的每一点,不能有遗漏。在此部分中,不仅仅局限于用文字表述,也可适当加入统计图表等。活动的实施步骤一般分为"准备阶段""实施阶段""传播阶段",在每个阶段,策划的工作项目应按照时间的先后顺序排列,实施时间表有助于方案核查。人员的组织配置、活动对象、相应权责及时间地点也应该在这部分加以说明,执行的应变程序也应该在这部分加以考虑。这里可以提供一些参考内容:会场布置、接待室、嘉宾座次、赞助方式、合同协议、媒体支持、校园宣传、广告制作、主持、领导讲话、司仪、会场服务、电子背景、灯光、音响、摄像、信息联络、技术支持、秩序维持、衣着、指挥中心、现场气氛调节、接送车辆、活动后清理人员、合影、餐饮招待、后续联络等。这些内容可以根据实际情况自行调节。

7. 传播的计划

用简洁的语言,以条文式写出所选择的媒介、媒介的版面和时段,并做出相应的组合安排与经费计划。

8. 经费预算

活动一般是本着花钱少、收效好的原则进行的,这在经费预算上可以鲜明地体现出来。根据实际情况将活动的各项费用进行细致、周密地计算后,用清晰明了的形式详细列出每一项开支,最后算出总额。

9. 活动建议

建议也是备选方案,即预测策划实施过程中可能存在的不可预测因素,相应地写上活动策划实施的权变方案或注意点,以备产生突变因素时有应变措施,保证策划目标的实现。

10. 署名与日期

要注明组织者、参与者、策划人、单位名称(如是小组策划,应注明小组名称、负责人)和策划书完成的日期。由于策划往往是受他人委托进行的,因此,在标题的下方写上"委托方"与"策划方"的单位名称,以示郑重。

3.13 策划书例文

能力训练 >>>

运用所学知识,策划一场吟诵展演的活动,并写作规范的策划书。

第四单元

回首峥嵘　赓续红脉

生逢盛世，我们是幸福的，但怎能忘却这是革命先烈抛头颅洒热血所换来的呢？回首峥嵘岁月，感受他们的坚贞不屈和爱国情怀，赓续红色血脉，用他们的精神激励我们前行。

毛泽东的《忆秦娥·娄山关》带领我们跟随红军队伍冬夜行军，体会征战娄山关的紧张激烈，感受伟人气魄。恽代英的《狱中诗》让我们看到了革命先烈在狱中抛弃一切个人得失，与敌人斗争到底的坚贞不屈。三封家书《一位侦察兵的战地家书》《致妻子杨之华》《写给宁儿的信》展现了三种亲情，在那艰苦的斗争年代，他们为信仰奋斗，为国家舍小家，这种不畏牺牲的精神让人敬佩。方志敏在《可爱的中国》中，深情地将祖国比喻为"生育我们的母亲"，面对祖国母亲遭受"帝国主义"恶魔欺凌及汉奸军阀的背叛痛心疾首，表达了强烈的爱国情感。罗广斌、杨益言的《红岩》，以小说的形式展现了共产党人在重庆渣滓洞如人间炼狱般的环境中英勇战斗的事迹和面对国民党的屠杀视死如归的英雄气概。

在不同的历史时期，革命先辈们都有着共同的精神信仰和力量，那就是爱国主义。正如习近平总书记所说："爱国主义是激励中国人民维护民族独立和民族尊严、在历史洪流中奋勇向前的强大精神动力。"让我们传承革命先辈的精神，继续发扬爱国主义吧！在本单元实训中，请以饱满的情感，在红色诗歌的朗诵中缅怀先烈，歌颂英雄，表达爱国情怀。

4.1　第四单元导语

红色诗词二首

忆秦娥·娄山关①

毛泽东

西风烈，长空雁叫霜晨月②。霜晨月③，马蹄声碎，喇叭声咽④。　　雄关漫道真如铁⑤，而今迈步从头越⑥。从头越，苍山如海⑦，残阳如血。

4.2《忆秦娥·娄山关》朗读

（选自《毛泽东诗词鉴赏辞典》，上海辞书出版社文学鉴赏辞典编纂中心编，上海辞书出版社2011年版，最早发表在《诗刊》1957年1月号）

狱 中 诗

恽代英

浪迹江湖忆旧游，⑧故人生死各千秋，⑨
已摈忧患寻常事，留得豪情作楚囚。⑩

4.3《狱中诗》朗读

（选自《革命烈士诗抄》，萧三主编，中国青年出版社2021年版）

---

① 娄山关：在贵州省遵义城北娄山的最高峰上，是防守贵州北部重镇遵义的要冲。中央红军长征时，于1935年1月占领遵义，召开了有伟大历史意义的遵义会议。会后，红军经娄山关北上，原准备在泸州和宜宾之间渡过长江，没有成功，就折回再向遵义进军，在途中经半天激战打败了扼守娄山关的贵州军阀王家烈部一个师，乘胜重占遵义。这首词写的就是这次攻克娄山关的战斗。　② "西风"二句：可参看宋代蒋捷《虞美人·听雨》词："断雁叫西风。"霜晨月：谓清晨时霜华铺地，残月在天。　③ "霜晨月"句：本调上下片第三句，多叠用第二句末三字，这里即循此例。　④ 喇叭：指军号。咽：形容声音低沉断续。　⑤ 雄关：雄伟的关隘。漫道：空说、枉说。真如铁：真的像铁一般坚固。　⑥ 而今：如今。从头：重新开始。以上二句语义双关，既是说红军再次跨越娄山关，又喻指遵义会议后，中国革命重新开始起步向前。　⑦ 苍山如海：苍翠的群山绵延起伏，无边无际，犹如波涛汹涌、浩瀚汪洋的大海。　⑧ 浪迹：行踪漂泊不定。旧游：指老朋友。　⑨ 故人：老朋友，这里指革命同志。千秋：不朽。　⑩ 已摈忧患：已经除去个人的忧患，即不把个人的忧患放在心上。楚囚：本谓楚国之俘囚。春秋时，有楚国人被晋国俘虏，但他仍戴着南方样式的帽子，表现对故国的怀念。这里说虽被囚禁，还是保持着革命者的豪情壮志。

作者简介

毛泽东（1893—1976），字润之，湖南湘潭韶山冲（今属韶山市）人，马克思列宁主义者，中国无产阶级革命家、政治家、军事家，中国共产党、中国人民解放军、中华人民共和国的主要缔造者和领袖，毛泽东思想的主要创立者。毛泽东不仅是政治家，还是伟大的诗人、书法家。他的诗词是20世纪中国革命的缩影，如《七律·人民解放军占领南京》《七律·长征》《水调歌头·重上井冈山》《沁园春·长沙》等。他的诗作大气磅礴、旷达豪迈，颇具领袖风范，是我国文学宝库中的瑰宝。其主要著作收入《毛泽东选集》。

恽代英（1895—1931），原籍江苏武进，生于武昌。在武昌中华大学文学系毕业，善于为文，长于言词。中国共产党著名的理论家和青年运动领袖，是我国无产阶级革命家、理论家、宣传家、教育家。

1919—1921年在湖北创办利群书社和共存社，团结进步青年。中国共产党成立以后，恽代英同志随即加入。1923年被选为中国共产主义青年团中央委员，曾任团中央宣传部部长兼《中国青年》主编，以其雄辩的才能、生动的文章、热忱的关怀，教育了广大革命青年。1926年任黄埔军官学校政治总教官。1927年，在中国共产党第五次全国代表大会上当选为中央委员。同年，先后参加南昌起义和广州起义。1928年后在党中央宣传部工作。1930年在上海被捕，1931年4月在南京被国民党反动派杀害。主要作品编为《恽代英全集》。

作品解读

《忆秦娥·娄山关》是一首绘景宏阔壮观、抒情雄健豪迈之作。诗歌写于中国工农红军转战西南，夺取娄山关，占领遵义之时，字里行间洋溢一种战无不胜、攻无不克的革命豪情,突显红军昂扬奋发、大志有为的精神风貌。

　　词的开篇使用"西风烈"三字起笔,正值清晨,置身娄山关,凛冽的西风正猛烈地吹着。毛泽东在形容西风的时候,用了一个"烈"字。这个"烈"字通"颲"字,《说文解字》中释道:"烈,火猛也";"颲,烈风也"。毛泽东拿本意形容火猛的"烈"字来形容西风,生动形象地写出了西风的威猛,像熊熊大火燎原而至,烘托出苍茫悲凉的氛围。第二句"长空雁叫霜晨月","霜晨月"三字,简洁扼要地写出了月色下的情景和氛围,整句写出了在辽阔的云贵高原,清晨寒霜布于四野,晓月依然挂在天边,大雁清晰的叫声传来,渺远悠长、哀凉凄婉。紧接着,按照词牌规定,诗人叠韵而继用"霜晨月",起到联系上下文的作用。顺应着这个叠韵效果,视角很自然地从天上转到地上,引出了"马蹄声碎,喇叭声咽",用"碎"来形容马蹄声,以"咽"来描绘喇叭声,准确而精彩,生动形象地描绘出行军的紧急状态,也暗示着战斗一触即发。

　　《贵州通志》说娄山关"万峰插天,中通一线",娄山关在贵州省遵义城北娄山的最高峰上,建立在峻拔的山峰之间,是进入四川的重要隘口和贵州北部的险要之地。下阕第一句"雄关漫道真如铁","雄关如铁",将行军道路的艰辛具体化、形象化,但以"漫道"二字将这雄关轻描淡写一笔带过,展现出了博大的胸襟和恢宏的气度,以及不惧艰辛、不怕万难的大无畏精神。"而今迈步从头越"这一句是整首词的关键,是此时心情的一种真实写照,体现了他对于未来必胜的信心,以及率领军队"从头越"的壮志。接下来,"从头越"三个字叠韵,体现了踏平险阻的坚强决心和无畏勇气。"苍山如海,残阳如血",用"海"比喻莽莽苍山,十分生动地呈现了山的连绵不绝,富于动态美;用"血"比喻夕阳,夕阳像鲜血那样殷红,体现出战争的残酷与革命的艰难,诗人面对此景,想到娄山关战斗以及长征以来牺牲的战士,激越的心情归于沉郁。

　　全词取材娄山关战斗,但是略去了枪林弹雨、刀光剑影,略去了抢关夺隘、短兵相接。写进发,点染环境,画面苍凉、情意悲壮;抒豪情,吐露心声,意境宏阔、气势磅礴。全词用冷清严酷的环境烘托战斗的艰苦和激烈,用藐视困难、压倒敌人的英雄气概,表现红军英勇豪迈的精神和无坚不摧的锐气。

　　《狱中诗》是恽代英在黑暗的监狱里写下的。1930年5月,恽代英被国民党当局逮捕入狱。在狱中,面对敌人的威逼利诱,他始终坚贞不屈、誓死不降。

　　诗的第一句"浪迹江湖忆旧游",作者回首过去,自己曾为了革命事业游历于祖国的大江南北。从参加五四运动到加入中国共产党,从领导青年运动到担任黄埔军校的政治总教官,从五卅运动到革命失败后投入南昌起义和广州起义,可谓"浪迹江湖,四海为家"。在党的事业面前,恽代英不计个人得失,全身心投入工作和战斗中。虽然现在被捕入狱,但内心无愧、无怨、无悔。

　　第二句"故人生死各千秋",作者在狱中,面对即将结束的生命,想到了在革命道路上千千万万的战友、同志、朋友……也许他们还在继续战斗,也许正在狱中经受着严刑拷打,也许已经在敌人残暴的迫害下牺牲。无论结局怎样,作者始终坚定共产主义的理想信念,相信革命事业必将胜利。

第三句"已摈忧患寻常事",作者回顾自己的一生,又想到同道中人,他们在革命事业中,都能够抛弃自己的利益、不计得失,而且,在作者看来这些都是"寻常事",既是作者坦诚胸怀的流露,也体现了作者的豁达和乐观。

最后一句"留得豪情作楚囚"是全诗中心,虽然被捕,也要有革命者的豪杰气概。作者内心对革命事业无比坚定,无论敌人使用多么残酷的伎俩,都丝毫不能动摇一个革命者献身牺牲的豪情壮志。即便沦为阶下囚,也不失坚贞不屈、正气凛然的高尚人格。

思考与练习

1. 通过课前预习或者查阅相关资料,介绍《忆秦娥·娄山关》的创作背景。结合背景,分析词的内容及表达的思想主旨。

2. 红军长征是中国革命斗争史上的重大历史事件,是世界军事史上的伟大壮举,是一部团结战斗、气壮山河的英雄史诗。你从红军长征过程中学到了哪些意志品质?

3. 战争年代,无数伟大的无产阶级革命者被捕入狱,在监狱中受尽了严刑拷打,依然保守党的秘密,不怕牺牲。他们在狱中创作了无数佳作,请收集整理"狱中诗",了解他们的感人事迹,并概括他们的精神品质。

4. 有感情地朗读两首红色诗词。

 拓 展 阅 读

永远铭记和弘扬伟大的长征精神

戴立兴

1934年10月,中国工农红军从江西瑞金出发进行战略大转移,至1936年10月红一、二、四方面军在甘肃会宁胜利会师,红军走过了赣、闽、粤、湘等十一个省,跨越湘江、金沙江、乌江、大渡河以及雪山草地等千山万水,行程约两万五千里。万里长征,是世界上无与伦比的革命壮举,它创造了人类奇迹,是一部惊天地、泣鬼神的壮丽史诗,形成了伟大的长征精神。

一、长征精神的内涵

长征精神主要包括五个方面的科学内涵,即:把全国人民和中华民族的根本利益看得高于一切,坚定革命的理想和信念,坚信正义事业必然胜利的精神;为了救国救民,不怕任何艰难险阻,不惜付出一切的精神;坚持独立自主,实事求是,一切从实际出发的精神;顾全大局、严守纪律、紧密团结的精神;紧紧依靠人民群众,同人民群众生死相依、患难与共、艰苦奋斗的精神。

二、长征精神的产生

长征精神的产生,既有一定的思想渊源,又有党的领导方面的根本原因。中华民族有着五千年的悠久历史,创造了光辉灿烂的民族文化,形成了许多传统美德,诸如"天下为公"的大同理想;"国家兴亡,匹夫有责"的爱国思想;吃苦耐劳、勤俭节约、克己奉公、自强不息的坚强意志;"扶危济困、乐善好施"的道德情操;"威武不屈、舍己救人"的浩然正气;等等。长征精神是对中华民族优秀品质和传统美德的继承和发展,丰富了中华民族精神的内涵。井冈山精神是中国共产党和人民军队历史上较早的一种革命精神,中国共产党历史上的多种精神基本上都与井冈山精神有着紧密的渊源关系。井冈山红旗百折不倒、对革命胜利充满信心的信念,是红军长征中保持坚定的革命信念的源头;井冈山"工农武装割据"的求实思想为遵义会议党的军事路线的确立打下了坚实基础;井冈山时期的奋斗创业精神是长征路上红军艰苦奋斗精神的摇篮;井冈山时期各路革命力量的汇合为长征中红军团结一致奠定了良好的基础。

三、长征精神的启示

传承长征精神,重在对精髓的传承,特别是要把以下五个方面的精髓传下去。

第一,必须把坚持党的领导根本要求传下去。在长征每一个危急和困难的时刻,都能看到中国共产党力挽危局的努力,都能看到中国共产党人为维护中华民族根本利益所进行的艰难探索。实现"两个一百年"的奋斗目标和中华民族伟大复兴的中国梦,谱写新的篇章,关键在党。中国共产党的领导是中国特色社会主义最本质的特征。

第二,必须把"革命理想高于天"的灵魂传下去。如果一个政党、国家、民族失去了"精神支柱",无论物质怎样发达,也会失去凝聚力而摇摇欲坠,其所构建的强大的物质体系也会坍塌。苏联解体与东欧剧变,正说明了这一点。长征需要坚如磐石的理想信念,"四个全面"目标的实现,同样需要坚如磐石的理想信念。

第三,必须把党的宗旨和群众路线传下去。历史上,脱离群众和忽视群众工作的倾向不仅成为"左"倾教条主义错误产生的重要根源,而且是导致第五次反"围剿"斗争失败的重要原因之一。所幸,长征途中很快纠正了这种脱离群众的错误倾向,并且以实际行动丰富和发展了党的群众路线。当前大力弘扬长征精神,必须弘扬党的全心全意为人民服务的宗旨,紧紧依靠人民群众,贯彻党的群众路线。

第四,必须把艰苦奋斗的实干精神传下去。长征之所以能够以我们的胜利结束,以敌人的失败而告终,凭借的就是中国共产党人对革命理想信念的坚信不疑,以及战胜诸多艰难险阻的坚韧不拔精神。

第五，必须把关心依靠青年的好传统传下去。红军长征时，许多战士不过20岁左右。正是这些年轻战士，勇敢地托起了国家和民族的希望与未来。青年是祖国的未来，实现"两个一百年"的奋斗目标和中华民族伟大复兴的中国梦离不开他们的努力与奋斗。弘扬长征精神，有利于凝聚当代青年的共识。

一是长征精神给予当代青年以理想信念的力量。对当代青年来说，无论何时何地，要始终保持和发扬红军将士的革命热情和拼命精神，担负起时代赋予的历史使命。

二是长征精神给予当代青年以吃苦耐劳、脚踏实地的力量。当代青年要以长征精神的实事求是为典范，以脚踏实地、一切从实际出发的态度去面对挫折与困难。

三是长征精神给予当代青年以团结协作、发扬集体主义精神的力量。要克服一切以自我为中心的思想，学会与他人相处，形成思想合力和行动合力，还要遵规守纪，发扬团队合作精神，巩固好安定团结的政治局面。

四是长征精神给予当代中国青年以心系群众、甘与群众打成一片的力量。新时代的青年党员更是要甘当人民群众的"小学生"，时刻拜人民群众为师，始终践行为人民服务的宗旨，永葆与人民群众的鱼水之情，让长征精神代代相传，确保党的事业永远兴旺发达。

（选自《中国共产党精神的时代解读》，金民卿、陈绍华、吕延涛主编，
社会科学文献出版社2016年版，原文有改动）

红色家书三封

一位侦察兵的战地家书[①]

陈振华

父母亲二位大人膝下敬禀者二位大人福体康泰！

儿离家八载之久，尽忠于国家，谋全中国人民之解放，而流血流汗，誓为驱寇而奋斗，故不能亲临堂前行孝于二位大人。俗语说，尽忠不能尽孝。但儿脱离故乡亲〈人〉，舍了二位高堂，来舍身为〔成〕仁，为国家民族服务，亦是间接的[②]尽了孝顺高堂的使命。儿在外一切都很好，我觉得这数年来在社会上工作获得了不少智识[③]，对自己的民族、自己的国家均有相当的认识，这就是八年多儿的进步吧。

儿虽然身体残废了，但仍可给国家服务的，至于从前说的退伍回家之事，现已成了泡影，已不成事实了。我觉得日本鬼子死亡之时期已是不远了，明年就要全面反攻日寇了，我们下山之日子亦很快到来，儿与二位见面时候就在眼前。希不必关怀与挂念。

家庭的困难儿是清楚〈的〉，就是儿这里亦不能求到解决，甚至可能增加家中负担。儿想目前则有依〈靠〉抗日政府，按优抚条令对抗日干部家属作物质与劳力帮助。现儿又要求上级给陵高县政府寄去一封公函和这封信同去的，想政府定〈会〉给以帮助的，望你们去找他们才好。如家中十分无办法难以度日，儿父与小银[④]可来这里找个工作，剩儿母儿可想法帮助过活。

儿现在〔工作〕已决定在太岳三分区供给处工作。来信来人可到冀氏县王村（离冀氏廿里）核桃庄找即行。并问候儿姥姥与舅父居家平安。

儿 陈振华叩
阳历十月二十六日

4.4《一位侦察兵的战地家书》朗读

（选自《山西革命烈士家书：学生版》，中共山西省委"不忘初心、牢记使命"主题教育领导小组办公室，中共山西省委宣传部，中共山西省委党史研究院编著，山西教育出版社2019年版）

---

① 这是陈振华1944年10月26日写给父亲陈纪瑞、母亲祁香月的信。　② 的：地。文中同此用法不一一标注。　③ 智识：知识。　④ 小银：陈振华的二妹。

致妻子杨之华①

瞿秋白

之华：

临走的时候②，极想你能送我一站，你竟徘徊着。

海风是如此的飘漾，晴明的天日照着我俩的离怀。相思的滋味又上心头，六年以来，这是第几次呢？空阔的天穹和碧落的海光，令人深深的了解③那"天涯"的意义。海鸥绕着桅樯，像是依恋不舍，其实双双栖宿的海鸥，有着自由的两翅，还羡慕人间的鞅掌④。我俩只是少健康，否则如今正是好时光，像海鸥样的自由，像海天般的空旷，正好准备着我俩的力量，携手上沙场。之华，我梦里也不能离你的印象。

独伊想起我吗？你一定要将地名留下，我在回来之时，要去看她一趟。下年她要能换一个学校，一定是更好了。

你去那里⑤，尽心的准备着工作，见着娘家的人⑥，多么好的机会。我追着就来，一定是可以同着回来，不像现在这样寂寞。你的病怎样？我只是牵记着。

可惜，这次不能写信，你不能写信。我要你弄一本小书，将你要写的话，写在书上，等我回来看！好不好？

秋白

七月十五

4.5《致妻子
杨之华》朗读

（选自《红色家书》，《红色家书》编写组编，党建读物出版社2016年版）

---

① 这是瞿秋白1929年7月15日在旅途中写给妻子杨之华的一封信，表达了自己对妻子的浓浓爱意。　② 1929年7月，瞿秋白从苏联莫斯科前往德国法兰克福，参加国际反帝同盟大会。　③ 了解：理解。　④ 鞅掌：指事务繁忙的样子。语出《诗经·小雅·北山》："或栖迟偃仰，或王事鞅掌。"　⑤ 1929年8月，杨之华从莫斯科前往海参崴，参加太平洋劳动大会。　⑥ 娘家的人：指参加太平洋劳动大会的中国工人代表。

写给宁儿的信①

赵一曼

宁儿：

　　母亲对于你没有能尽到教育的责任，实在是遗憾的事情。

　　母亲因为坚决地做了反满抗日的斗争，今天已经到了牺牲的前夕了。

　　母亲和你在生前是永久没有再见的机会了。希望你，宁儿啊！赶快成人，来安慰你地下的母亲！我最亲爱的孩子啊！母亲不用千言万语来教育你，就用实际行动来教育你。

　　在你长大成人之后，希望你不要忘记你的母亲是为国而牺牲的！②

一九三六年八月二日

你的母亲赵一曼于车中

4.6《写给宁儿的信》朗读

（《红色家书》，《红色家书》编写组编，党建读物出版社2016年版）

作者简介

　　陈振华（1922—1947），山西晋城县（今泽州县）人，中共党员。七七事变后，参加了山西青年抗敌决死队，后转入八路军第一二九师第三八六旅。因表现英勇，屡次受奖。在一次战斗中，腿部受重伤落下残疾，仍继续跟随部队战斗。他先后在太岳军区第三军分区供给处、晋冀鲁豫野战军第四纵队独立旅（即第二十四旅）卫生处工作。1937年，15岁的陈振华离开家门，从军10年，再没有回来过。1947年8月，随部队跨越黄河天险，挺

---

①　这是赵一曼1936年8月2日牺牲前写给儿子陈掖贤的一封信，充满了母亲对儿子的歉疚和期望。标题为编者所改。　②　赵一曼当天还写下了另一份遗书，告诉儿子："母亲的死不足惜，可怜的是我的孩子，没有能给我担任教养的人。母亲死后，我的孩子要代替母亲继续斗争。自己长大成人，来安慰九泉之下的母亲！"

进豫西、陕南、郧阳等地。在湖北郧西县桑享（上香）战斗中，因保护战友壮烈牺牲，时任卫生处收容所指导员，年仅25岁。

瞿秋白（1899—1935），江苏常州人，是中国共产党早期主要领导人之一，无产阶级革命家、理论家、文学家、文学评论家和宣传家，中国革命文学事业的重要奠基者之一。

1919年参加五四爱国运动。1922年春，正式加入中国共产党。1925年1月当选为中共中央局委员。1927年5月在中共五届一中全会上当选为中共中央政治局委员，6月任中共中央政治局常委。大革命失败后，在汉口主持召开临时中央紧急会议，1927年8月至1928年7月任临时中央政治局常委，主持中央工作。1935年2月，在突围转移途中遭国民党军队包围被捕。

被捕前，瞿秋白就经常和妻子杨之华讨论被捕和牺牲的问题。他曾经说："我们的不自由是为了群众的自由，我们的死是为了群众的生。"作为中共重要人物，被捕后遭到各种逼供和劝降。面对各色人等的游说，他岸然回答："人爱自己的历史，比鸟爱自己的翅膀更厉害，请勿撕破我的历史！"6月18日早晨，瞿秋白写完绝笔诗后，神态自若地缓步走出囚室，用毕酒菜，昂首徐行，沿途高唱《国际歌》，高呼"中国共产党万岁""共产主义万岁"等口号。行至一片草地时，他席地而坐，对刽子手微笑点头说："此地甚好！开枪吧！"然后他饮弹洒血，从容就义，时年仅三十六岁。

瞿秋白既是壮烈的革命者也是儒雅书生，常年拖着病体熬夜写作，留下了500多万字的丰富著述，涉及政治、哲学、文学、史学、翻译等众多领域，代表作有《多余的话》《赤都心史》《饿乡纪程》等，主要作品收录于《瞿秋白文集》。毛泽东为文集题词，高度赞扬道："他在革命困难的年月里坚持了英雄的立场，宁愿向刽子手的屠刀走去，不愿屈服。他的这种为人民工作的精神，这种临难不屈的意志和他在文字中保存下来的思想，将永远活着，不会死去。"

赵一曼（1905—1936），出生于四川省宜宾县。原名李坤泰，参加革命后，改名李一超。赵一曼是在东北抗日联军期间所用的化名。中国共产党党员，抗日民族英雄。

"五四"时期，她接受进步思想，此后入团、入党，并前往莫斯科中山大学学习，回国后积极开展党的地下工作。"九一八"事变后，赵一曼被派往东北地区组织抗日斗争。在一次战斗中，她不幸被捕，受尽酷刑。就义前，她高唱《红旗歌》，高呼"打倒日本帝国主义！""中国共产党万岁！"视死如归，时年31岁。留有诗篇《滨江述怀》。

 作品解读

陈振华的《一位侦察兵的战地家书》，写于1944年10月26日，此时，抗日战争已经进入全面反攻阶段。开头"父母亲二位大人膝下敬禀者二位大人福体康泰"：旧时子女致父母的信，多以"父母亲大人膝下"起首。"敬禀者"是常见的启事敬辞，意思是说："我恭敬地禀告的事情如下。"接下来写自己离家的八年时间，一直在为党的事业和人民的解放奋斗。自古忠孝难两全，陈振华尽忠于国家，流血流汗，驱赶倭寇，舍小家为大家，疏于对父母的尽孝，对不能亲临堂前照顾父母深感遗憾和亏欠。但想到国兴才能家兴，自己"舍身为仁，为国家民族服务，亦是间接的尽了孝顺高堂的使命"，又有了些许的宽慰。

家书最重要的还是要报平安，禀告双亲八年在外一切都好，并有许多进步之处，对自己所坚持的国家和民族的事业充满信心的体现。下一段则表明了陈振华对抗日必将胜利的决心，他身残志坚，誓死保卫国家，也期盼着胜利之时，能与父母相见。对于家庭的困难，陈振华心知肚明，却又无能为力，他告诉父母可以依靠政府对抗日干部家属的优抚奖励，向陵高县政府寻求帮助，还可以安排小银来找自己工作贴补家用。家书最后以向亲朋问候结束。落款一个"叩"字，将家书中对父母的丰富充沛的情感表现得淋漓尽致，是儿子对父母的孝顺和尊重，是对自己不能尽孝的亏欠与自责，是期待抗日胜利后能够团聚的欣喜……

瞿秋白的《致妻子杨之华》，写于1929年7月15日。字里行间流淌着儿女情长、家长里短的细腻情怀，又展现了共产党人坚不可摧的崇高信仰和对共产主义的坚定信念。

家书以离别的场景开头，紧接着是一段景物描写，融情于景。这是分别即相思的自然流露,是离别依然不舍的纸短情长,是梦里也要有你的相亲相爱。除了表达儿女情长的爱意,"我俩只是少健康,否则如今正是好时光,像海鸥样的自由,像海天般的空旷,正好准备着我俩的力量,携手上沙场"这一句,更是表达出共产党夫妇要并肩作战,携手奋进,坚定共产主义的理想。第三段,提起自己的女儿瞿独伊,篇幅虽短,但足以看出父亲对女儿的想念。为了党的事业,为了顺利完成党的工作,瞿秋白夫妇将年幼的女儿带到莫斯科。1949年10月1日,瞿独伊通过中央人民广播电台,用俄语向全世界播报了毛泽东主席在开国大典上的讲话,这一年,她的父亲瞿秋白已牺牲14年,瞿独伊终于替父亲见证了他曾为着劳苦大众深切热盼的"光明"。最后两段,依旧写对妻子的关心。从瞿秋白简短的语句中,我们看到了他对杨之华工作的关心、身体健康的关心、情感状况的关心,细致入微,婉转动人。革命党人为了党的事业,不能时时刻刻与妻子儿女相伴,但是即便聚少离多,他们的情感也依然真挚热烈。对自己的小家,他们柔情似水,对祖国这个大家,他们鞠躬尽瘁,死而后已。

赵一曼很美,看过她的遗照的人都会对她的美丽留下深刻的印象。这位娇小、秀丽、洋溢着青春活力的女性却将自己的儿女私情全部埋藏起来,以工人斗争的领导人、妇女会的组织者、抗日游击队的女政委的形象出现在世人面前。

1931年九一八事变后,赵一曼被调到东北领导工人斗争。同年11月15日,赵一曼在珠河左撇子沟附近活动,遭到日伪军的包围攻击,赵一曼左手腕被子弹穿透,随后潜入小西北沟的一处窝棚里养伤。11月22日,敌人几天搜山无果,在一次巡视中,一个汉奸发现窝棚里冒烟火,迅速报告搜山队包围窝棚。赵一曼刚冲出窝棚,一颗子弹射进了她的左大腿骨,血流如注。坚持战斗两小时,子弹打完,她因为流血过多而昏迷被俘。

敌人将赵一曼扔进了结满冰霜的马料房里。寒风吹过来,赵一曼被鲜血浸透了的青布棉袄冻成了硬块。在连夜审讯中,赵一曼流血过多,视死如归,绝不松口,她的腿部伤口已经溃烂化脓,生命危在旦夕。为了得到重要情报,敌人于1935年12月将她送到哈尔滨市立医院监视治疗。其间,赵一曼争取同情者——看守她的警察董宪勋、韩勇义和看护她的女护士,他们帮助赵一曼逃出敌人魔掌。

6月29日,敌人发现赵一曼逃走,立即加紧检查。他们调查了给赵一曼等人开车的司机。高压之下,司机供出了赵一曼逃走的方向。次日,在离游击区只有20多里的地方,敌人追上了赵一曼等乘坐的马车,将她关进了警察厅刑事科的拘留所。

赵一曼又一次落入虎口。这次拷问她的是特高科科长、警佐、日本大特务林宽重,对她的审讯也是无所不用其极:用铁条刺她的伤口,用烧红的烙铁烙她的身体,往她的嘴里灌汽油和辣椒水,将竹签扎进她的手指,让她坐在刚从日本运来的第一把电椅上。一个月的审讯折磨,赵一曼始终没有屈服。对赵一曼,日伪军已是黔驴技穷。1936年8月2日,他们将赵一曼押上去珠河的火车,要将她处死在她战斗过的珠河,以威慑抗日爱国群众。

在押送的途中，赵一曼感觉到死亡迫近，知道为国捐躯的时刻到了，她坚信不管日本帝国主义多么凶残，抗日战争也终将胜利。因此，她丝毫没有表现出惊慌，在奔赴刑场的火车上，她从押送的职员处要了笔和纸，饱含深情地给爱子写下了遗书，要他继承遗志，接好革命的班。

"女子本弱，为母则刚"，赵一曼写给儿子的这封信，起笔便发自肺腑，感人至深。面对敌人，她从不畏惧；面对牺牲，她毫不胆怯。唯独面对自己的孩子，特别是知道自己马上就要被日寇杀害，没有办法再继续教养孩子，她深情满满，愧疚重重。

虽然是生死离别，但抗日英雄赵一曼并没有沉浸于悲伤中，她化悲痛为力量，化悲伤于坚毅，即便没有机会再用千言万语教育自己的儿子，但她用自己受尽折磨也不透露组织秘密，英勇就义也不背叛党的领导的实际行动，告诉儿子她的母亲是伟大的，是为祖国而牺牲的。正所谓言传身教，相信这是赓续红色血脉最好的教育方式。

深读赵一曼写给其儿子的信，我们仿佛置身于那段悲壮而又残酷的岁月，强烈地感受到在艰苦卓绝的革命征途中，无数革命英烈为了人民幸福、民族复兴，抛头颅、洒热血，他们抛家舍业，背井离乡，将儿女情长深埋于心，用生命和鲜血铸就共产党人的信念与忠诚，践行共产党人的初心与使命。

思考与练习

1. 家书是对亲人的思念；红色是对信仰的坚守。红色家书，穿越硝烟，纸短情长，信念永恒。请到图书馆查阅其他革命先辈的红色家书，与同学们交流、讨论理想信念的力量。

2. 三封家书分别是写给父母、妻子和儿子的，每一封都饱含着浓烈的情感。请有感情地朗读这三封家书，也为自己家中亲人写一封信吧。

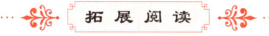

家书抵万金

张　丁

家书是写给亲人的书信，是写信人内心世界的反映。与那些宏大叙事和其他文体相比，家书里所反映的思想更真实，情感更细腻。

作为社会的先进群体，共产党员同样有着丰富的内心世界，从这些家书中可以看出，作为中华民族的杰出代表，一代又一代共产党人和革命军人是怎样克服各种困难，不断取得胜利的。他们所表现出来的对共产主义事业的坚定信念、对家人亲友的醇厚亲情、面对各种复杂环境时内心的矛盾和挣扎，都是鲜活生动、实实在在、触手可及的。

我们把他们留下的家书称为"红色家书"，家书朴实的语言、真挚的情感，体现了家书作者爱党爱国爱家的赤子之心，体现了他们为了革命胜利和祖国富强不惜英勇献身的豪情壮志。从这些家书和感人故事中，我们收获的不仅是震撼和铭记，还有奋进的力量。让我们先来撷取几段家书里的文字，感受家书作者的家国情怀：

今冬怎样？手脚没有冻坏吧？前寄的小棉衣能穿吗？经常希望着你及北北都能很好，经常希望着知道你及北北的一切。（1942年1月13日左权致妻子刘志兰）

妈妈，我们应擦干自己的眼泪。我万一不幸为人民战死，那也无须乎哭。你看，疆场上躺着的那些死尸，哪一个不是他妈妈的爱儿？（1946年4月25日冯庭楷致兄长）

为着母亲的幸福，为着全人类的自由解放，我情愿以死杀敌，我的光荣正是母亲的光荣，全家的光荣。（1948年8月20日许英致母亲）

这次我们都去锻炼，你是在战争环境锻炼，我是在空战当中锻炼，你望我当英雄，我望你争取入党称〔成〕模范。（1951年9月21日鹿鸣坤致未婚妻朱锦翔）

为了党增添了血液，为了我们弟兄永远为共产主义事业献身，我要向您祝贺，祝贺礼是给着邮局寄去款贰拾圆。（1959年4月5日张凤九致哥哥张伶九）

有着多年党龄的我和你妈衷心企望你做出正确的抉择，树立为共产主义奋斗终身〔生〕的崇高理想，早日成为中共的忠诚战士！（1994年6月21日何显斌致女儿何金慧）

捧读这些家书，我们可以感受到家书作者的热血和激情，他们对信仰的执着追求和无私奉献，面对强敌的英勇无畏和勇于牺牲，以及在平凡岗位上的勤奋坚守和鞠躬尽瘁。在轰轰烈烈的反帝反封建的大革命中，在艰苦卓绝的土地革命时期，在浴血奋战的抗日战争中，在硝烟弥漫的解放全中国的战场上，在激情满怀的新中国建设中，在改革开放的伟大实践中，无数共产党人和革命军人为挽救民族危亡而舍生取义，为救民众于水火而抛头颅洒热血，为民族富强和人民幸福而呕心沥血，谱写了许多惊天动地、可歌可泣的事迹。

红色家书是先辈留给我们的一份重要的精神遗产,从中可以看出他们对革命事业的矢志不渝、对革命理想的坚定不移。革命先辈的事迹,我们永志不忘;革命先辈的理想,我们代代承继。

　　不忘初心、继续前进,是时代赋予新时期共产党人的历史使命。今天,虽然世情、国情、党情发生了很大变化,当代共产党人、当代军人仍然需要以拳拳之心孜孜奋斗,让理想信念的旗帜高高飘扬,让追求崇高的精神代代相传,为实现中华民族伟大复兴的中国梦而努力奋斗。

　　打开岁月尘封的记忆,追寻先进群体的思想轨迹;触摸我们身边的历史,汲取继续前行的精神力量。缅怀先烈,致敬英雄,不仅在纸上,更在心里。

(选自《图说红色家书》,张丁著,中国人民大学出版社2016年版,
题目为编者所加,原文有删减)

可爱的中国

方志敏

　　朋友！中国是生育我们的母亲。你们觉得这位母亲可爱吗？我想你们是和我一样的见解，都觉得这位母亲是蛮可爱蛮可爱的。以言气候，中国处于温带，不十分热，也不十分冷，好像我们母亲的体温，不高不低，最适宜于孩儿们的偎依。以言国土，中国土地广大，纵横万数千里，好像我们的母亲是一个身体魁大、胸宽背阔的妇人，不像日本姑娘那样苗条瘦小。中国许多有名的崇山大岭，长江巨河，以及大小湖泊，岂不象征着我们母亲丰满坚实的肥肤上之健美的肉纹和肉窝？中国土地的生产力是无限的；地底蕴藏着未开发的宝藏也是无限的；废置而未曾利用起来的天然力，更是无限的，这又岂不象征着我们的母亲，保有着无穷的乳汁，无穷的力量，以养育她四万万的孩儿？我想世界上再没有比她养得更多的孩子的母亲吧。至于说到中国天然风景的美丽，我可以说，不但是雄巍的峨嵋，妩媚的西湖，幽雅的雁荡，与夫"秀丽甲天下"的桂林山水，可以傲睨一世，令人称羡；其实中国是无地不美，到处皆景，自城市以至乡村，一山一水，一丘一壑，只要稍加修饰和培植，都可以成流连难舍的胜景；这好像我们的母亲，她是一个天姿玉质的美人，她的身体的每一部分，都有令人爱慕之美。中国海岸线之长而且弯曲，照现代艺术家说来，这象征我们母亲富有曲线美吧。咳！母亲！美丽的母亲，可爱的母亲，只因你受着人家的压榨和剥削，弄成贫穷已极；不但不能买一件新的好看的衣服，把你自己装饰起来；甚至不能买块香皂将你全身洗擦洗擦，以致现出怪难看的一种憔悴褴褛和污秽不洁的形容来！啊！我们的母亲太可怜了，一个天生的丽人，现在却变成叫化的婆子！站在欧洲、美洲各位华贵的太太面前，固然是深愧不如，就是站在那日本小姑娘面前，也自惭形秽得很呢！

　　听着！朋友！母亲躲到一边去哭泣了，哭得伤心得很呀！她似乎在骂着："难道我四万万的孩子，都是白生了吗？难道他们真像着了魔的狮子，一天到晚的[1]睡着不醒吗？难道他们不知道自己伟大的团结力量，去与残害母亲、剥削母亲的敌人斗争吗？难道他们不想将母亲从敌人手里救出来，把母亲也装饰起来，成为世界上一个最出色、最美丽、最令人尊敬的母亲吗？"朋友，听到没有母亲哀痛的哭骂？是的，是的，母亲骂得对，十分对！我们不能怪母亲好哭，只怪得我们之中出了败类，自己压制自己，眼睁睁的望着我们这位挺慈祥美丽的母亲，受着许多无谓的屈辱，和残暴的蹂躏！这真是我们做孩子们的不是了，简直连一位母亲都爱护不住了！

---

[1] 的：地。文中同此用法不一一标注。

朋友，看呀！看呀！那名叫"帝国主义"的恶魔的面貌是多么难看呀！在中国许多神怪小说上，也寻不出一个妖精鬼怪的面貌，会有这些恶魔那样的狞恶可怕！满脸满身都是毛，好像他们并不是人，而是人类中会吃人的猩猩！他们的血口，张开起来，好似无底的深洞，几千几万几千万的人类，都会被它吞下去！他们的牙齿，尤其是那伸出口外的獠牙，十分锐利，发出可怕的白光！他们的手，不，不是手呀，而是僵硬硬的铁爪！那么难看的恶魔，那么狞狞可怕的恶魔！一，二，三，四，五，朋友，五个可怕的恶魔，正在包围着我们的母亲呀！朋友，看呀，看到了没有？呸！那些恶魔将母亲搂住呢！用他们的血口，去亲她的嘴，她的脸，用他们的铁爪，去抓破她的乳头，她的可爱的肥肤！呀，看呀！那个戴着粉白的假面具的恶魔，在做什么？他弯身伏在母亲的胸前，用一支锐利的金管子，刺进，呀！刺进母亲的心口，他的血口，套到这金管子上，拚命的吸母亲的血液！母亲多么痛呵，痛得嘴唇都成白色了。噫，其他的恶魔也照样做吗？看！他们都拿出各种金的、铁的或橡皮的管子，套住在母亲身上被他们铁爪抓破流血的地方，都拚命吸起血液来了！母亲，你有多少血液，不要一下子就被他们吸干了吗？

……

朋友，你们以为我在说梦呓吗？不是的，不是的，我在呼喊着大家去救母亲呵！再迟些时，她就要死去了。

朋友，从崩溃毁灭中，救出中国来，从帝国主义恶魔生吞活剥下，救出我们垂死的母亲来，这是刻不容缓的了。但是，到底怎样去救呢？是不是由我们同胞中，选出几个最会做文章的人，写上一篇十分娓娓动听的文告或书信，去劝告那些恶魔停止侵略呢？还是挑选几个最会演说、最长于外交辞令的人，去向他们游说，说动他们的良心，自动的放下屠刀不再宰割中国呢？抑或挑选一些顶善哭泣的人，组成哭泣团，到他们面前去，长跪不起，哭个七日七夜，哭动他们的慈心，从中国撒手回去呢？再或者……我想不讲了，这些都不会丝毫有效的。哀求帝国主义不侵略和灭亡中国，那岂不等于哀求老虎不吃肉？那是再可笑也没有了。我想，欲求中国民族^①的独立解放，决^②不是哀告、跪求哭泣所能济事，而是唤起全国民众起来斗争，都手执武器，去与帝国主义进行神圣的民族革命战争，将他们打出中国去，这才是中国唯一的出路，也是我们救母亲的唯一方法，朋友，你们说对不对呢？

……

不错，目前的中国，固然是江山破碎，国弊民穷，但谁能断言，中国没有一个光明的前途呢？不，决不会的，我们相信，中国一定有个可赞美的光明前途。中国民族在很早以前，就造起了一座万里长城和开凿了几千里的运河，这就证明中国民族伟大无比的创造力！中国在战斗之中一旦斩去了帝国主义的锁链，肃清自己阵线内的汉奸卖国贼，得到了自由与解放，这种创造力，将会无限的发挥出来。到那时，中国的面貌将会被我们改造一新。所有贫穷和灾荒，混乱和仇杀，饥饿和寒冷，疾病和瘟疫，迷信和愚昧，以及

_____

① 中国民族：中华民族。　② 决：绝。

那慢性的杀灭中国民族的鸦片毒物，这些等等都是帝国主义带给我们可憎的赠品，将来也要随着帝国主义的赶走而离去中国了。朋友，我相信，到那时，到处都是活跃跃的创造，到处都是日新月异的进步，欢歌将代替了悲叹，笑脸将代替了哭脸，富裕将代替了贫穷，康健将代替了疾苦，智慧将代替了愚昧，友爱将代替了仇杀，生之快乐将代替了死之悲哀，明媚的花园将代替了凄凉的荒地！这时，我们民族就可以无愧色地立在人类的面前，而生育我们的母亲，也会最美丽地装饰起来，与世界上各位母亲平等的携手了。

这么光荣的一天，决不在辽远的将来，而在很近的将来，我们可以这样相信的，朋友！

（选自《可爱的中国》，方志敏著，江苏凤凰文艺出版社2020年版，原文有删改）

作者简介

方志敏（1899—1935），江西省上饶市弋阳县人。1924年加入中国共产党，参与江西省的中国共产党、共青团组织的创建，曾任江西省农民协会常委兼秘书长。

1934年11月率领红军抗日先遣队北上抗日。据方志敏自述："大革命失败后，潜回弋阳进行土地革命运动，创造苏区和红军，经过八年的艰苦斗争，革命意志益加坚定，这次随红十军团去皖南行动，回苏区时被俘。我对于政治上总的意见，也就是共产党所主张的意见。我已认定苏维埃可以救中国，革命必能得最后的胜利，我愿意牺牲一切，贡献于苏维埃和革命。"在狱中，他坚贞不屈，视死如归，1935年8月在南昌英勇就义。

作品有《清贫》《可爱的中国》《狱中纪实》《我从事革命斗争的略述》等。

 ## 作品解读

《可爱的中国》是方志敏的著名散文，也是他的遗著，于1935年在狱中写下。作者以亲身经历概括了中国从五四运动到第二次国内革命战争以来的悲惨历史，愤怒地控诉了帝国主义肆意欺侮中国人民的种种罪行。

他满怀爱国主义激情，象征性地把祖国比喻为"生育我们的母亲"。他指出挽救祖国的"唯一出路"就是进行武装斗争，并在篇末展示了中国革命的光明前景，描绘出革命后祖国未来美好幸福的景象，表现了强烈的民族自信心。

选文开篇运用"比喻"修辞，将我们的祖国比喻成母亲，生动形象地描述着母亲的

"可爱"。温带不冷不热的气候,就像母亲的体温适宜孩子依偎;960万平方千米的土地,就像母亲宽大的身躯;崇山峻岭、江河湖海,物产丰富,有着无限的生产力,就像母亲有着无穷的乳汁与力量养育我们;秀丽的风景、绵延的海岸,就像母亲美丽的样貌。然而,这样可爱的中国,如此美丽的母亲,却在遭受着压榨和剥削,贫穷不堪、污秽至极。作者高声疾呼,运用一系列的反问句,唤醒着中国民众,呼吁大家团结起来,拯救中国。

接下来继续运用"比喻"的修辞,将"帝国主义"比喻成恶魔,恶魔丑恶的嘴脸狰狞可怕,它正用锐利的獠牙、僵硬的铁爪残暴地践踏着我们的母亲。恶魔与母亲形成了鲜明的对比,激起读者强烈的爱国热情。

作者强调要从崩溃和毁灭中拯救中国,并告诉我们进行武装斗争是唯一的出路和方法。虽然目前的中国"江山破碎,国弊民穷",但我们相信"中国一定有个可赞美的光明前途",将来的中国一定"到处都是活跃跃的创造,到处都是日新月异的进步",一定是富裕、健康、幸福、友爱的。在狱中的作者能写下这样的绝笔,又有什么能阻挡我们坚定民族自信的步伐呢?

 思考与练习

1. 你觉得中国可爱吗?哪里可爱呢?请大家交流。

2.《可爱的中国》使用了大量的修辞手法,例如把祖国比喻成母亲。请结合中国的发展变化,运用恰当的修辞手法,描绘新时代的中国。

3. 有感情地朗诵,体会作者的爱国情感。

 拓 展 阅 读

爱国的理由
——关于爱国的几个问题

梁　衡

(一)

我们为什么要爱国?一句话,国家养育了你。这好比问我们为什么要爱父母。因为父母生你养你,你与他们有了不可改变的血缘关系。同理,人与国家也是一种天然的血缘关系。你在这个国家里出生、成长,国家给了你特定的种族遗传、生活基础、社会关系、价值观念、文化修养。你的身躯,你的精神是国家塑造的。国家民族的个性已经深深地融化在你的血液里。国家的名誉、利益和你的名誉、利益紧紧地连在一起。于是你与祖国就既有了情感上的依存，又有了利益上的一致。这是我们爱国的天然的、血缘上的理由。人必须爱父母这叫孝；人又必须爱祖国这叫忠。忠孝二字是人类的基本道德，是人类对自己的母体：父母和祖国的回报，是天然的法则，属天理良心一级的最高的又是最起码道德标准，无论哪个民族概莫能外。乌鸦反哺，羔羊跪乳，动物且然，况于人乎？于是我们就有了一种无法割舍、无法忘怀，如影随形、伴我终身的恋国之情。这是爱国的第一个理由，天然的无可辩争的理由。

第二个理由是你既在国中，就要为国效力，就要关心这个"家"。当年方志敏见祖国积贫积弱，被强敌欺侮，他在《可爱的中国》中说母亲"哭得伤心得很呀！她似乎在骂着：难道我这四万万的孩子都白生了吗？"公民如果不爱国，这公民又有何用？真这样，这个国家怎能生存？国家是我们大家的家，是民族的大家庭，她也需要不断维持，不断发展。对内来说，祖国的繁荣发展得靠子女们的辛劳建设，如蜂酿蜜，如燕垒窝，不能有一时的停顿。对外来说，祖国必须有人来保卫。一国既处于世界各国之林，必然会有各种利益冲突和竞争，甚至会遭遇欺侮和侵略。任何国家的独立、发展和强盛都是靠它的全体人民，万众一心，竭力奉献换来的，每个国民都有出力费心，直至牺牲的义务。这是爱国的第二个理由。如果哪个人身处国中却漠视国运，那是最大的不忠不义。虽然各个历史时期都有汉奸、有败类，但这些人总是被人唾弃。

二

理由既立，便是爱什么？怎么爱？即爱国的内容和表现方式。

依内容而论大致有三。一爱祖国河山；二爱祖国人民；三爱祖国文化。

一要爱祖国河山。无论在哪个民族的心目中土地都享受至尊、至敬的荣誉。记得小时候每逢过年，村里必为土地神换一次春联："土能生万物，地可载山川"。我们的一切一切都是祖国这片土地所承载，所养育。主权、人民、事业、财富等都因国土而存在。希腊神话，大力士安泰其力量只源于土地，只要他不离开大地，任何人都不可能将他战胜。中国古代皇城里专建有社稷坛，用五色土拼成，皇帝每年要祭坛拜土。土即代表社稷。国土是一个国家赖以生存的根基，是它的第一物质形态，是硬件。皮之不存，毛将焉附？国土不存，国将不再。历来的侵略战争都是先侵城掠地，犯人国土。而战败国最大的屈辱就是割地赔款，是去国逃亡或在已沦陷的国土上做亡国奴。"最是仓惶辞庙日，教坊犹奏别离曲"何其凄凉。1937年起，日本全面发动侵华战争，掠我大半个国土长达八年。抗日烈士吉鸿昌临刑前赋诗曰："恨不抗日死，留作今日羞，国破尚如此，我何惜此头。"祖国的土地岂容外人蹂躏？"还我河山"这是古往今来一切爱国志士泣血而呼的口号；"爱我家乡"是一切爱国者发自内心深处的共同呼唤。爱国首先就要爱河山，爱国土。要保卫她，维护她，让她更富饶，更美丽。许多游子，去国之时身边带一把祖国的土，阔别归来，不由得跪吻祖国的热土。禾苗离土即死，国家无土难存。要热爱祖国的土地，这是我们生存的根基。

二要爱祖国人民。人民是国家的主体，人民的意志支持着国家的存在。一个爱国者首先要摆对个人和人民的位置。就是封建时代也强调民重君轻，进入资本主义更有了民本、民主意识。一国之中从国家元首到普通百姓都是人民的一分子。对治国者来说,是人民之水推举着国家之舟,敬民爱民,按照民意来决策行事,就国运兴,国事盛,国势强;轻民贱民,逆民意专横妄为,就国运衰,国事败,国势弱。从这个意义上说,凡亲民爱民,治国有成的国君、总统、元首都是伟大的爱国者;而那些玩弄民意,轻贱民心,甚至置民于水火的人,都是误国盗国者,甚至是卖国者,遍观历史无不如此。每一个生活在一定国度里的人都必须按照国中最大多数人的意志行事。没有人民的解放就没有个人的解放,没有人民的幸福就没有个人的幸福。那些握有一点权力就向人民作威作福、欺压人民、反人民的人;那些不顾人民利益暗售其奸,中饱私囊的人,都会被社会所唾弃,都会被钉在历史的耻辱柱上。所以每一个爱国者,每一个志士仁人,都把能为人民做一点贡献看做自己终生奋斗的职责。陈毅有诗:"靠人民,支援永不忘。他是重生亲父母,我是斗争好儿郎",邓小平说"我是中国人民的儿子",毛泽东将这一爱国思想提炼为精辟的五个字:"为人民服务"。虽然中外历史上曾对无数的帝王、元首喊过万岁,但只有"人民万岁"才是颠扑不破的真理,而"人民的功臣"则是历史对爱国者的最高奖赏。

三要爱祖国文化。文化是一个民族的血型,是这个民族在长期的历史演变中所积累、所认同的精神准则。国家和民族的概念不完全相同,一个国家可以是单民族也可以是多民族,但只要几个民族在一个统一的国度里生活,就可因国家的影响力和长期的融合,形成一个大的民族群体。如我国分别有56个民族,又可统称一个中华民族。这样从文化上也就会分出此国与彼国的不同。就像人的基因遗传分出不同的肤色、体形,一个国家的文化遗传也会分出不同的信仰、好恶、精神、道德等标准。文化是一个国家的魂,是祖国为她的儿子留下的精神基因。我们看海内外的中华民族子孙,尽管多少年来可能居住环境不同,政治派别不同,生活习惯不同,但还是年年要到陕北祭黄帝陵,到福建拜妈祖庙,在家里供关公,与子孙说岳飞,就是因为还有文化这条根,这个魂。一个中国人当他离乡背土在国外时,当他暂时脱离祖国人民时,他仍感到自己是一个中国人。但是假如他不认识祖国的文字,不知道祖国的历史,已没有本民族的习俗时,他纵然还是黑发黄肤也不能再算是一个中国人了。因为他精神世界中的这条文化之根已被彻底拔掉。所以历史上一切侵略者在攻城略地之后接着便是同化人家的文化。都德的小说名篇《最后一课》,就是写德国人侵入法国,从次日起学校里将不能再用法语上课。清入关强制汉人剃发,"留发不留头,留头不留发",一个发型何至于这样重要? 其目的就是不许你留一点故国痕迹。日本人一占领东北就强制推行日语,企图从根子上奴化下一代,让你几代之后竟不知自己是何人种。爱国须爱祖国的文化,因为这是国家、民族的灵魂。

国土是根,人民是本,文化是魂。一个人如果无根、无本、无魂是多么可怜,不但他的身体漂泊无定,就是灵魂也无处归宿。所以爱国,一要爱祖国的河山土地,二要爱祖国的人民,三要爱祖国的文化。有这三样,就是一个赤子,就是一个爱国者,一个有血、有种、有志的人。

(选自《爱国的理由》,梁衡主编,中国人民大学出版社2004年版,本文为《爱国的理由》一书的前言,题目为编者所加,原文有删改)

红岩（节选）

罗广斌　杨益言

"呜——"轮船起锚开航了。

江姐出了舱房，缓步走向船头。这时，雾散天晴，金色的阳光，在嘉陵江碧绿的波涛里荡漾。"山城，再见了！同志们，再见了！"江姐默默地在心头说着。这时轮船正从长江兵工总厂前面驶过，她隐约望见了成岗住的那座灰色的小砖楼。晨雾初散，嘉陵江两岸炊烟袅袅，才露面的太阳，照着江边的红岩。雄壮的川江号子，从上上下下的船队中飘来，山城渐渐被丢在船后。阵阵江风，吹动她的纱巾，她站在船头上，两眼凝望着远方，心里充满了美好的希望……

长途汽车溅着泥浆开进车站，停了下来。旅客从车上拥下、车顶上的行李也解开递下来了。在中途同江姐一道上车的华为，提起箱子，又去帮她拿行李。江姐是初次到川北来，华为做了她的向导，为了旅途的方便，他们便以姐弟相称。

"天下雨，路不好走，姐姐，这里没有力夫，我来提吧。"

"你提箱子，行李卷给我。"

就在这时候，他们忽然听见车站上的职员大声招呼着：

"请旅客们排队出站，检查行李！"

江姐愣了一下。这时汽车司机离开车子，踱到江姐身边，低语道：

"我上一趟来没有检查。这里怎么也紧起来了？"他从华为手上接过那只重要的箱子，朝汽车里司机座位上一放，轻声打了个招呼："等一会儿我给你们送来。"

江姐没有开口，她对这里的情况是陌生的。华为便机灵地点了点头，叮咛了一句："我们在城门口等着。"顺手提起了江姐那件小小的行李卷。

在车站出口处，他们遇到了严格的检查，虽然江姐拿出了证件，但是军警还是查看了行李卷，这使江姐感到意外，清楚地看出这座县城完全被一种特别严重的白色恐怖笼罩着。如果不是司机沿途保护，他们很可能刚到目的地就出事了。

出了车站，他们放心了些，但仍不便逗留。江姐一边走，心中还丢不下那只放满药品的箱子，又不知道司机要过多久才能送来，便问华为："进城有多远？"

"不远，十来分钟就走到了。"华为说着，心中倒很坦然，他到底年轻一些，并不在乎这件小小的意外。

在进城的路上，华为兴奋地望着远处，心情难免有些激动。几年以前，他在自己的故乡读中学，常常为妈妈跑腿、送信，参加过秘密活动，情况是很熟悉的。他和妈妈分手，是在考上大学以后。妈妈和同志们去年又上了山，他是在学校里知道的。能够回来参加武装斗争,他十分高兴。因此,他不愿为刚才遇到的危险担忧,放开心怀在江姐耳边轻声说道:"姐姐,你瞧,那边的山……妈妈可能还不知道我回来咧!"

出发以前,江姐听李敬原说过,华为的妈妈是个了不起的老同志,坚强而且富有斗争经验,老彭下乡以后,就和她在一起工作。因此,她对这位老妈妈有着特别亲切的印象。江姐向着华为指点的方向望去,透过飘忽的雨丝,可以看到在平坦的田野尽头,一条连绵不绝的山脉遮住了半边天,奔腾起伏的峰峦,被覆着苍翠的森林……她也不由得赞美道:

"好雄伟的气派!这就是有名的华蓥山脉?"

华为点点头,尽量抑制着心里的激动,小声说着:"我们要和游击队见面了!"

江姐笑了。一边走,一边眷恋地望着郁郁苍苍的崇山峻岭。她不知道老彭是否住在这座山上。如果真的住在这山上,这样大的山,又到哪里去找呢?上山的路华为可能知道,但她此刻不急于问。不知怎地,她总觉得老彭一定住在那一座尖尖的,像剑一样刺破天空的最高的峰顶。这种想法,连她自己也觉得好笑:"住得那么高,那才脱离群众咧!"但她却禁不住要这样猜想。

"半山上,隐隐约约的那个白点点……看见了吗?我们就是到那里去。过去川陕苏区老红军也在那里设过司令部!"

果然,和她想象的完全不同,那地方,不是在山顶,而是在半山上。江姐忍不住抿着嘴唇笑了。

"那里叫东海寺。地形险要,左边是悬崖,右边是天池,传说天池通东海,所以叫东海寺……"

"你真是个好向导。"江姐愉快地说着,加快了脚步。

"我是本地人嘛。我妈妈当时就参加了斗争,在山上打过仗……"

"你爸爸呢?"

"不知道。"华为沉默了一下,声音变低了。"我很小的时候,爸爸就被敌人捉去,恐怕早就牺牲了……"

江姐不知道华为的心上有着这段痛苦的回忆,她不愿让华为过多地回想这些,就没有再问华为为什么。过了一会儿,江姐又忍不住用和缓的声调发问:"那么,你从小就跟着妈妈?"

"嗯,一直跟着妈妈。可是我从来没见妈妈流过眼泪。妈妈常常对我说:'孩子,快长大吧!红军一定会回来的!血仇要用血来报,剩下孤儿寡妇,一样闹革命!'妈妈说得对,现在妈妈又上山打游击去了!听说她现在做了司令员咧!"

江姐仔细地听着,从华为的口中,像见到了这位久经考验的坚强战友。她的思绪已随着谈话,飞到了山上。她对华为说:"你有这样英雄的妈妈,真是了不起!真希望很快就见到她。"

"一定能见到!"华为说:"听说大家都不喊她的名字,喜欢尊称她为'老太婆'咧!"

江姐的心绪,被华为牵动了。她想象着华为的妈妈,更想念着和那英雄的老太婆战斗在一起的自己的丈夫彭松涛。分别一年了，今天就可以重逢，就可以见到他，而且在一起过着新的战斗生活。这怎能不使她兴奋激动啊！

说着话，离城不远了。路渐渐变得更溜滑难走，满地泥泞，雨又下大了。同车下来的旅客，都远远地走在他们前面，快到城门口了。江姐头上的纱巾被雨淋透了，她伸手遮住迎面的急雨，目光穿过雨丝，望见了城门边拥挤着的人群。转念之间，江姐敏感地担心进城时又会遇到检查，虽然她有证件，却不愿轻易冒险。她的目光一闪，瞥见路旁正好有一家小小的饭店。

"我们先吃饭吧。"江姐说："顺便躲躲雨。"

下雨天，小饭店里冷清清的没有顾客。在一张桌边坐下，江姐问："有什么菜？"

"来一份麻婆豆腐。"华为笑嘻嘻地说："川北凉粉又麻又辣，来两碗尝尝？"

江姐点头微笑。

华为端起凉粉尝了一口，兴高采烈地说："你尝，真好呀！乡下就是比城市好。我小时候，有一回，凉粉吃多了，又吐又泻，把妈妈急坏了。"

"你小时候一定很调皮！"

华为点点头，悄悄地说："妈妈教我打枪，我就瞄着家里的老母鸡当靶子。那回，我挨了打。哈哈！"华为扬起眉毛，望着江姐的眼睛，回味着童年生活。回到家乡，这里的事物，对他是那么熟悉，自然，可爱。眉宇之间显示着，家乡是属于他的，他也是属于自己的家乡的。

"妈妈带我吃尽了苦，我从小也受惯了苦。仔细想起来，又是那么值得留恋。我爱川北，虽然过去的日子，除了苦难，并没有留下什么值得留恋的东西，但我始终热爱这地方！"

门外的雨下过一阵，渐渐小了，屋檐上的水珠还不断地滴滴答答，华为充满自信和乐观地讲说着他的心愿：

"将来，我们要在华蓥山里开凿石油钻井！在嘉陵江上架起雄伟的铁桥，让铁路四通八达，把这里富饶的物产送到全国去！"想了想，他又在江姐耳边小声地说："还要修一座纪念碑，纪念为革命牺牲的先烈！"

江姐吃完了饭，放下筷子，目光不时地打量着周围。在学校里稳重缄默的华为，回到家乡，话也多了，人也活跃了。他毫不隐瞒回到家乡的喜悦，一路上小心翼翼的神情，随着风雨飘走了。开始，江姐还有些担心，可是当她看了看环境，饭店里除了他们两人，再没有顾客，也就放心了。

"江姐，"华为大口地扒着饭，又低声说道，"在这儿打两年游击，你一定会爱上川北！将来你就留在这里，你一定要留在川北。打下天下，再把它建设起来！"

"如果将来成瑶不肯来，你安心留在川北吗？"江姐微笑着问。

华为毫不迟疑地回答："不爱川北的人，我决不爱她！"接着，他像暴露内心的秘密似的，悄悄告诉江姐，"她告诉过我，她早就想来了！"

华为看见江姐心情愉快地笑着，突然放大胆子说道："姐姐，听说你的丈夫也在华蓥山上,要是他和我妈妈在一起,那才好咧!"他有点调皮地眨了眨眼睛:"可是,我还不知道我的'姐夫'叫什么名字。"

江姐眼里闪动着愉快的光辉,笑道:"见了面,你就会知道他是谁了。"

"还有菜,你再吃碗饭吧。"江姐见华为只顾说话,没有吃多少饭,有意改变了话题。

华为笑着,低头扒饭。江姐望望店门外的蒙蒙细雨,心里又想着进城的问题。出发前,约定的第一套联络办法是:把箱子送进城去,交给城里的秘密联络站,然后由联络站派人护送他们上山。可是从种种迹象看来,这里的情况可能发生了变化。送箱子进城,恐怕有些危险。就是在城门口等候司机同志送箱子来,也不安全,容易引起旁人注目。因此,她低声告诉华为:"我先到城门口看看。"并且叫华为慢慢吃饭,留在店里等着司机路过。

华为点头会意,放慢了扒饭的速度。

江姐走到店门口,又谨慎地向坐在柜台里的老板——一个老态龙钟的胡子老头探问:"老大爷,附近有卖伞的吗?"

随着店老板的指点,江姐从容地向城门口走去。城门口仍然挤着很多人。这情景,增添了江姐的戒心,她感到不安,渐渐加快了脚步。距城门愈来愈近,她发现在城门口聚集的人丛中,有光头赤足的挑夫,有戴着斗笠的农民,也有撑着雨伞的市民和商人。有的往城头望了望,低下头走开了;有些人,驻足瞧看着,还在交头接耳议论着。江姐心里更起了疑团。她似乎发现那雨雾蒙蒙的城楼上,像挂了一些看不清楚的东西。

又向前走了一段路,看得稍微清楚了。高高的城楼上,挂着几个木笼子。啊,这不是悬首示众吗?江姐一惊,紧走了几步,仔细一看,木笼子里,果然盛着一颗颗血淋淋的人头!

江姐趋前几步,挨近围在城墙边的人群。她听见人丛里有低沉的叹息,有愤慨的不平,这种同情和悲痛,深深注进她的心坎。又是一批革命者,为党为人民,奉献出了自己宝贵的生命。虽然还不太了解情况,但是凭着经验,她知道牺牲的定是自己的同志。她在心中喃喃地说:"安息吧,同志,我们定要为你们复仇!"

江姐想到自己的任务,尽量冷静下来,不愿久看,掉回头,默默地走开了。她刚走了几步,心里又浮现出一个念头:就这样走开,连牺牲者的姓名也不知道,这对得起死难的战友吗?应该仔细看看,了解他们的姓名,记住他们牺牲的经过,报告给党,让同志们永远纪念他们。鲜红的血,应该播下复仇的种子!

江姐转回头,再一次靠近拥挤的人群,强自镇定着脸上的表情,抑制着不断涌向心头的激怒。她的目光梭巡①着,忽然看见城墙上,张贴着一张巨幅布告。布告被雨水淋透了,字迹有些模糊,几行姓名,一一被红笔粗暴地勾画过,经过雨水浸渍,仿佛变成朵朵殷红的血花……江姐挤过了几个人,靠近布告,她的目光,突然被第一行的姓名吸引住,一动不动地死盯在那意外的名字上。

---

① 梭巡:逡巡。

是眼神晕眩？还是自己过于激动？布告上怎么会出现他的名字？她觉得眼前金星飞溅，布告也在浮动。江姐伸手擦去额上混着雨水的冷汗，再仔细看看，映进眼帘的，仍然是那行使她周身冰冷的字迹：

华蓥山纵队政委彭松涛

老彭？他不就是我多少年来朝夕相处、患难与共的战友、同志、丈夫吗！不会是他，他怎能在这种时刻牺牲？一定是敌人的欺骗！可是，这里挂的，又是谁的头呢？江姐艰难地、急切地向前移动，抬起头，仰望着城楼。目光穿过雨雾，到底看清楚了那熟悉的脸型。啊，真的是他！他大睁着一双渴望胜利的眼睛，直视着苦难中的人民！老彭，老彭，你不是率领着队伍，日夜打击匪军？你不是和我相约：共同战斗到天明！

江姐热泪盈眶，胸口梗塞，不敢也不愿再看。她禁不住要恸哭出声。一阵又一阵头昏目眩，使她无力站稳脚跟……

"姐姐！"

一个亲切的声音，响在耳边。江姐一惊，后退了一步。定定神，慢慢回过头，她看见了华为关切的目光。

"姐姐，我到处找你！"

江姐茫然的视线，骤然碰到华为手里的箱子……

"我在干什么？"一种自责的情绪，突然涌上悲痛的心头。这是什么地方？什么时候？自己肩负着党委托的任务！不！我没有权利在这里流露内心的痛苦；更没有权利逗留。江姐咬紧嘴唇，向旁边流动的人群扫了一眼，勉强整理了一下淋湿的头巾，低声地，但却非常有力地对华为说：

"走吧，不进城了。"

江姐接过行李卷，挥了挥手，叫华为快走。可是自己却站着不动，她再一次抬起头来，凝望着雨雾蒙蒙的城楼……

江姐终于离开了人群，默默地朝华为走远的方向走去，赶上了他。她的脚步，不断踏进泥泞，一路上激起的水花、泥浆，溅满了鞋袜，她却一点也不知道。这时，她正全力控制着满怀悲愤，要把永世难忘的痛苦，深深地埋进心底。渐渐地，向前凝视的目光，终于代替了未曾涌流的泪水。她深藏在心头的仇恨，比泪水更多，比痛苦更深。

江姐的脚步愈走愈急，行李在她手上仿佛失去了重量，提着箱子伴随她的华为，渐渐地跟不上了……

一个背着背篼的农民，遥遥地走在前面，沿着一条曲折的石板路，转过山坳去了。华为领着江姐，远远地跟着那农民，唯恐他的背影突然消失。

这一带地方，华为也没有走过，一路上翻山越岭，遇见村落时，还要绕道而行。已经是半下午了，那领路的农民既没有和他们说一句话，也没有停步休息。这就使得华为深深地感到：穿过敌人的封锁，是一件很不容易的事。

一路上，江姐沉默不语，像有重大的心事，也使华为感到纳闷。他记得，自己只在饭店里等了一会儿，司机同志便送箱子来了。他和江姐分手，只不过十来分钟，不知道为什么江姐的心情，竟突然变得郁悒不乐起来。找到江姐时，他看出她的神色不好，急于去招呼她，竟没有来得及细看那城门口的布告。眼见到牺牲了的同志遭受敌人的凌辱，谁的心里能不痛苦？但是江姐的感受，似乎更深，以至难以理解。他也觉得，在当时的情况下，放弃第一套联络办法，不再进城去是对的；因此，江姐一提示，他便遵照江姐的意见，改用了第二套联络办法：他们从城边转向离城三里路的白塔镇，找到了那家兴隆客栈，装作住栈房的模样进了客栈，对了接头暗号。客栈"老板"的神色也有些紧张，什么情况也没有谈，只催他们快点吃饭上路。而且他说，敌人封锁很紧，暂时不能上山去找游击队，只能把他们送到一处上级指定的秘密地方去。江姐换了衣服，变成农村妇女的打扮，箱子和小行李卷，交给客栈"老板"叫来领路的农民，装在他的大背篼里，面上还放了些零碎东西，遮掩着。临走时，"老板"一再叮咛：情况很紧，路上多加小心，莫要和领路的人说话，只远远地跟着走，要是遇到意外，才好见机行事……华为对这一切，起初倒并不觉得严重，他估计这是因为城门口的示众布告，引起了不安。直到一次次绕过敌人设在附近村落里的许多哨点，才逐渐发觉农村的情况，的确也十分紧张。

路两边，许多田地都荒芜了。已经是麦穗扬花的季节，但是田地里的麦苗，却显得稀疏萎黄，胡豆、豌豆也长得不好。全是肥沃的好地方啊，华为不禁痛苦地想：抓丁、征粮，故乡的农民被反动派蹂躏得再也活不下去了……

背着背篼的农民，从山头上一处破败的古庙边穿过丛林，脚步跨得更快了。可是江姐走过庙门时，不顾急于跟上农民的华为，渐渐站住了，一副石刻的对联，在庙门边赫然吸引了她的视线。华为见江姐驻脚，也停下来，解释道："这一带，有很多这样的遗物，都是川陕苏维埃时代的。"

江姐凝视的目光，停留在气势磅礴的石刻上，那精心雕刻的大字，带给她一种超越内心痛苦的力量：

斧头劈翻旧世界
镰刀开出新乾坤

庙门正中，还有四个代替庙匾的闪闪发光的字：

前仆后继

目睹着暴风雨年代革命先烈留下的字句，心头激起一种无限复杂而深厚的感情，江姐的眼眶不禁潮湿了。她由此得到了巨大的启示，来自革命前辈的顽强战斗的启示！

前面，成片的竹林掩映着一座大院落。领路的农民，在一株巨伞般的黄桷树下站住了。那黄桷树正长在离院落不远的山岩上，站在树下可以一眼望见前面起伏的无数山恋。那农民四边望望,然后回头暗示地看了他们一眼,背着背篓穿过竹荫,走到成片瓦房的院落附近,把背篓放在那大院落前的晒坝边,便独自向另一条路上走开了。这座院落比农村常见的院落大些,房子也要好些。院坝里喂了一群鸡,猪圈的柱头上,系着耕牛,几个农民坐在院坝里修整农具。一个农民走过来,背起背篓,向他们点了点头,引着他们进了院坝,从挂着匾额的堂屋旁边,弯弯拐拐地穿过几间房子,进到后院。

（选自《红岩》,罗广斌、杨益言著,中国青年出版社 2000 年版）

作者简介

罗广斌（1924—1967）,四川成都人,中共党员,作家。1948 年 3 月 1 日加入中国共产党;同年,由于叛徒出卖在成都被捕,先后被关押在重庆渣滓洞、白公馆集中营。1949 年 11 月 27 日,在敌人大屠杀时从白公馆越狱脱险。主要作品有:与杨益言合著长篇小说《红岩》,与刘德彬、杨益言合著革命回忆录《在烈火中永生》。

杨益言（1925—2017）,四川省广安市武胜县人,中共党员,作家。1948 年被捕,囚于重庆渣滓洞集中营。著有长篇小说《红岩》,根据自己被捕入狱的亲身经历,与罗广斌合作完成。另有长篇小说《大后方》（与刘德彬合著）、《秘密世界》,报告文学《在烈火中永生》（与罗广斌、刘德彬合著）、《红岩的故事》《雾都空劫》（与王维玲合著）等。

 作品解读

作品《红岩》中的"红岩",本指红岩村,在重庆市郊区。小说的结尾多次出现"鲜血染遍的红岩",这里的"红岩"象征着革命战士像石头一般的坚硬顽强的精神品质。

《红岩》描写了在人民解放军进军大西南的形势下,重庆的国民党当局疯狂镇压共产党领导的地下革命斗争的故事。《红岩》的作者罗广斌、杨益言,曾于1948年先后被国民党反动派逮捕,并囚禁在重庆"中美特种技术合作所"集中营里。他们和小说中的英雄人物共同经历了那些惊心动魄的斗争生活。小说中的人物许云峰、江雪琴、成岗、胡浩、华子良、双枪老太婆等,均有对应的人物原型。

读《红岩》,你会看到每一个地下党工作者,为党的胜利事业热血奋斗、鞠躬尽瘁;

你会听到在敌人的监狱"渣滓洞""白公馆"里，被捕的英雄们为保守党的秘密内心不断地呐喊。他们面对敌人的疯狂追杀，坦然自若；面对敌人的严刑拷打，咬紧牙关；面对敌人的处死决定，英勇就义，不失人格与尊严。读《红岩》，你会看到每一次地下党秘密行动，都生怕走漏风声、任务失败；你会看到在每一次国民党特务的抓捕行动中，希望总会奇迹般地出现、同志们能死里逃生。《红岩》中的中国共产党人虽然最后都惨遭屠杀，但他们在狱中所进行的英勇战斗，却充分显示了共产党人视死如归、大无畏的英雄气概。

本文选取的是江雪琴（江姐）在执行任务的过程中，目睹自己的丈夫彭松涛惨遭敌人杀害，头颅挂在城门上示众的情节。《红岩》中描述江雪琴："这个女同志是个安详稳重的人，不到三十岁，中等身材，衣着朴素，蓝旗袍剪裁得很合身。"为表现江雪琴的人物品质，小说在情节的设计上，设伏笔、做铺垫，层层深入，扣人心弦。"是眼神晕眩？还是自己过于激动？布告上怎么会出现他的名字？她觉得眼前金星飞溅，布告也在浮动。江姐伸手擦去额上混着雨水的冷汗，再仔细看看，映进眼帘的，仍然是那行使她周身冰冷的字迹：华蓥山纵队政委彭松涛。老彭？他不就是我多少年来朝夕相处、患难与共的战友、同志、丈夫吗！不会是他，他怎能在这种时刻牺牲？"突出了江雪琴坚毅的性格，以及压制悲痛继续坚持斗争的革命精神。

小说中的"江姐"江雪琴，其原型就是革命烈士江竹筠。小说中的情节真实还原了江竹筠的亲身经历，以及她在革命斗争中给其他人带来的力量和鼓舞。

小说当中还真实还原了江竹筠在面对敌人的严刑拷打时，表现出的坚贞不屈的革命精神，战友们为之钦佩，受之鼓舞。渣滓洞的难友们纷纷给江竹筠写信表达他们的敬佩之情，其中何雪松代表难友们写给她的《灵魂颂》在渣滓洞集中营里久久流传。

> 你是丹娘的化身，
> 你是苏菲亚的精灵，
> 不，你就是你，
> 你是中华儿女革命的典型。
> ……

她给难友们写了回信，表达了视死如归的革命豪情，留下了"竹签子是竹做的，共产党员的意志是钢铁"的铮铮誓言！

在"中美特种技术合作所"这个杀人魔窟中，她受尽了老虎凳、鸭儿浮水、夹手指、钉镣铐等酷刑，特务匪徒没有从她身上找到丝毫线索。她晕死三次，每次，被冷水喷醒转来时，又继续受刑。凝望着连自己也认不出来的被摧残的身体，和凝结着仇恨的遍体血污，嘴唇倔强地抽动着，她说："我是共产党员，随你怎么处置！"

的确，没有人能用肉体抵抗残忍的毒刑，但一个优秀战士的阶级仇恨和战斗意志，却应该熬过任何考验而始终不屈！江竹筠同志，就是这样一个忠诚而坚定的共产党员，在敌人面前表现了无比的英勇。

思考与练习

1. 从图书馆借阅《红岩》,交流书中革命英雄人物事迹,并讨论什么是"红岩精神"。
2. 请在网上或学习平台资源库欣赏歌剧《江姐》,并学唱歌剧选曲《红梅赞》。

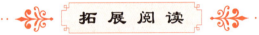

习近平讲述的故事:红岩精神

"竹签子是竹做的,共产党员的意志是钢铁!"小说《红岩》写于60余年前,它描绘了全国解放前夕,白区共产党员用热血和生命,同反动统治者进行的最后拼杀。

2019年4月,习近平总书记在重庆考察时讲道:"解放战争时期,众多被关押在渣滓洞、白公馆的中国共产党人,经受住种种酷刑折磨,不折不挠、宁死不屈,为中国人民解放事业献出了宝贵生命,凝结成'红岩精神'。"

70多年前,这栋二层小楼见证了共产党人陈然的生命抉择。当时重庆被白色恐怖阴霾笼罩,消息闭塞,陈然受命担任《挺进报》特支书记,在这里刻印《挺进报》,作为中共地下党重庆市委的机关刊物秘密发行。《挺进报》刊登了大量解放军胜利进军的消息,如一把钢刀,直插敌人心脏。

从1947年6月到1948年4月,数千份《挺进报》经陈然之手,传递到重庆乃至川东多个地区,甚至一度出现在国民党官员的办公桌上,让反动派惶惶不可终日。1948年4月22日,由于叛徒出卖,陈然被国民党特务逮捕。先后被关押在有"两口活棺材"之称的白公馆和渣滓洞集中营。面对特务的威逼利诱,严刑拷打,陈然写下诗作《我的"自白"书》表达出坚如磐石的理想信念:"任脚下响着沉重的铁镣,任你把皮鞭举得高高。我不需要什么'自白',哪怕胸口对着带血的刺刀。"

1949年10月,新中国成立的消息传到了监狱,陈然和同志们凭自己的想象,用绣花被面缝制了这面五星红旗,准备等到重庆解放那天,高举红旗冲出去。逆境之下,共产党人始终百折不挠,坚持斗争。然而,与曙光相伴而来的是牺牲。重庆解放前夕,国民党反动派制造了惨绝人寰的大屠杀,江竹筠、王朴等三百余名革命者恨饮枪弹。1949年10月28日,陈然不幸牺牲,年仅26岁。

当年,重庆很多被关押的共产党人和革命志士,都是在中共中央南方局的直接教育和间接影响下成长起来的。1939年1月16日,周恩来担任书记的中共中央南方局在重庆正式成立。当年夏天结庐红岩村,"红岩"从此与中国革命历史紧密相连。这栋小楼看似两层,实则三层,一层是公开机关八路军驻重庆办事处,二层是秘密的中共中央南方局机关办公地,三层为秘密电台。"一九四三 三一八 于红岩",这是周恩来同志1943

年3月18日的手书。那一天，也是他农历45岁的生日。晚餐时，中共中央南方局同事为周恩来多准备了几个菜肴，但是，他却端给大家，自己只是简单地吃了一碗面条，就回到了办公室，写下了这篇《我的修养要则》，表达严于律己的修身之意。

当时重庆作为国民政府战时的陪都，"前方吃紧，后方紧吃"，一大批坚守在国统区的共产党员和革命志士，始终保持着"出淤泥而不染"的高洁品格。1945年重庆谈判期间，毛泽东、周恩来就和平建国等问题，与国民党艰难商谈，还广泛接触各方面人士，体现了民主团结的统战思维。

2018年3月10日，习近平在参加十三届全国人大一次会议重庆代表团审议时强调："以周恩来为首的中共中央南方局在这里驻守8年，高举抗战民主旗帜，坚持和发展抗日民族统一战线，为争取政治民主和抗战胜利以及战后中国光明前途作出了卓越贡献。在此过程中，培育了伟大的'红岩精神'，还产生了影响几代人的《红岩》小说及相关作品背后的故事，烈士们的真实事迹，远比艺术加工更加感人。'狱中八条'作为烈士们临终前给党留下的血泪嘱托，至今仍然具有很强的现实意义。"

在风雨如磐的斗争岁月，一批革命先辈展现出坚如磐石的理想信念，不屈不挠的斗争精神，"出淤泥而不染"的政治品格和民主团结的统战思维。建党百年之际，我们要不断凝聚起走好新的赶考之路的强大精神力量。

（选自新华网，新华通讯社出品，2021年8月16日，原文有改动）

语言表达

朗诵技巧与态势语

学习目标 >>>

掌握朗诵的技巧和基本要求,掌握常用态势语,能够运用朗诵技巧和态势语有感情地进行朗诵。

知识链接 >>>

朗诵,是一种有声语言的表演艺术,含有对文学作品的再创造过程,不同于中国古代的吟诵。它在民众的觉醒、新诗的崛起、白话文的兴起、朗诵诗的出现中不断发展。

一、朗诵的定义

朗诵是朗读者用清晰、响亮的声音表达文学作品的内容,可以结合态势语等丰富多样的形式,表达文学作品思想感情的一种语言艺术。

朗诵的内容丰富,形式多样。在内容的选择上,不仅可以选择古代文学瑰宝中的唐诗宋词,也可以选择现代经典作品中的散文诗歌,还可以选择畅销的国内外文学名著。在形式的表现上,可以在朗诵过程中穿插歌曲、舞蹈、乐器演奏等,或个人或集体,通过齐读、角色朗读、配乐朗读等方式,展示一场视觉和听觉结合的艺术盛宴。

朗诵是语言表达的一种重要形式。朗诵中研读文学作品,可以提高阅读能力和鉴赏能力;朗诵中声音的输出,可以提高语言的组织能力和表达能力;朗诵经典文学作品,可以抒发内心的情感,陶冶高尚的情操。

二、朗诵的基本要求

(一)正确发音,清晰吐字

朗诵时须使用标准的普通话,注意多音字在文本中的具体发音,注意词语、句子连读时语流音变过渡自然。朗读时,保持句子完整,不能添字读多,也不能缺字读少,更不能错读,发音要清晰完整。

(二)控制语速,把握节奏

根据不同文学作品的特点,选择适合的朗诵语速,或急,或缓,或缓急结合。朗诵中节奏要流畅自然,符合作品内容的表达。

(三)变换语调,轻重得当

朗诵中使用不同的语调,准确表达文学作品的内容,注意抑扬顿挫,分出轻重缓急,以充分表现文学作品的思想感情。

三、朗诵技巧:句调、重音、停顿、语速

(一)句调

句调是指整个句子的音高升降的变化。和声调一样,都是音高的变化形式,但声调又称"字调",是指一个音节(字)的音高变化。句调在句末音节上表现得特别明显,同时也贯穿于整个句子。

句调根据表示的语气和感情态度,可分为四种:升调、降调、平调、曲调。

1. 升调(↑)

调子由平升高,常用来表示反问、疑问、惊异、号召等语气。例如:

(1)难道我们不应该热爱自己的祖国吗?(反问)

(2)今天是星期几?(疑问)

(3)这件事,是他办的?(惊异)

2. 降调(↓)

调子先平后降,常用来表示陈述、感叹、请求等语气,表示肯定、坚决、赞美、祝福等情感。例如:

(1)我们一定要坚持党的正确领导。(陈述)

(2)天安门多雄伟呀!(感叹)

(3)王老师,您再给我们讲个故事吧。(请求)

3. 平调(→)

调子始终保持同样的高度,常用来表示严肃、冷淡、叙述等语气,还可表达庄严、悲痛等情感。

(1)烈士们的英名和业绩将永垂不朽!(严肃)

(2)少说闲话,随你处理吧。(冷淡)

(3)大伙都说张老头是个厚道人。(叙述)

4. 曲调(↗↘ 或 ↘↗)

调子升高再降,或降低再升,常用来表示讽刺、含蓄、意在言外等语气。例如:

哎呀呀,你这么大的力气,山都会被你推倒呢!(讽刺)

除以上四种句调形式外,还可以借助笑语、颤音、泣诉、重音轻读等特殊的表达手段,使朗诵有声有色。

(二) 重音

语句中念得比较重,听起来特别清晰的音叫作重音,或者叫作语句重音。重音的特点表现在扩大音域和延续时间上,同时增加强度,所以听起来特别清晰完整,即使在耳语时也可以听清楚重音在哪儿。从音色的角度看,复合元音的动程延长了,尾音也念得更加清晰。一句话中,哪些词该读重音,情况是不一样的。根据产生的原因可以把重音分为两种:一种是按照语法结构的特点而重读的,叫语法重音;一种是为了突出句中的主要思想或强调句中的特殊感情而重读的,叫逻辑重音。

1. 语法重音

句子里某些语法成分常要重读。这个问题较复杂,这里仅举数例。

谓语中的主要动词常常读重音。例如:

(1)春天到了!
(2)老师已经告诉我们了。

表示性状和程度的状语常常读重音。例如:

(3)同志,不要急,慢慢地说。
(4)我们要努力学习普通话。

表示状态或程度的补语常常读重音。例如:

(5)他的话讲得十分深刻。
(6)他提的技术革新建议好极了。

表示指示和疑问的代词常常读重音。例如:

(7)这样的好事是谁做的?
(8)她什么活动都没有参加。

2. 逻辑重音

句子中某些需要突出或强调的词语常要重读。哪些词语需要突出或强调,则要依据作品或说话人的要求和情感的发展来确定。由于重音的位置不同,下面的同一句话表现出不同的意思来。

(1)我知道你会唱歌。(别人不知道你会唱歌。)
(2)我知道你会唱歌。(你不要瞒着我了。)
(3)我知道你会唱歌。(别人会不会唱我不知道。)

（4）我知道你会唱歌。（你怎么说不会呢？）

（5）我知道你会唱歌。（会不会唱戏我不知道。）

（三）停顿

停顿是指说话或朗诵时，段落之间及语句中间、后头出现的间歇。停顿一方面是出于人的生理上或句子结构上的需要，停下来换换气或使结构层次分明；另一方面是为了充分表达思想感情，并让听者有时间领会说话或朗诵的内容。一句话停顿的地方不同，往往会表达出不同的意思。例如：

我看见他/笑了。（是"我笑了"。）

我看见他笑了。（没有停顿，是"他笑了"。）

两种不同的停顿表达出两种不同的语意。因此，生理上换气需要的停顿，必须服从结构上或语意表达上的需要，否则便会割裂语意，影响说话、朗诵的效果。

从意义上的联系来看，词与词可以结合在一起，构成一个意义整体，这就叫作"意群"。意群可大可小，在较大的意群里，还可以按照疏密不同的意义关系和结构层次再划成更小一些的意义整体。这就叫作"节拍群"（在诗歌中常把一个节拍群称作一"音步"）。说话和朗诵中的停顿，大体出现在意群或节拍群后面，处理错了，就会造成意义上的割裂现象。

意群或节拍群在语法结构上往往和词、短语或句子直接联系起来，其中较显著的停顿，书面上一般都用标点符号表示出来。句中的点号表示停顿，时间长短不一，顿号最短，逗号较长，分号又比逗号长。句中的省略号和破折号也表示一定的停顿。句末点号（包括句号、问号、感叹号）表示的停顿要比分号长，章节段落之间的停顿还要更长一点。冒号是一种运用比较灵活的点号，它所表示的停顿一般比分号长，比句号短。一般地说，根据标点符号采取不同的停顿，就能够使说话顿挫有度，语意层次分明。

有时为了突出某一事物、强调某一观点或表达某种感情，而在句中没有标点符号的地方做适当的停顿，这种停顿通常叫作逻辑停顿。试看下面的停顿（文中单斜线表示短暂的停顿，双斜线表示稍长的停顿，三斜线表示较长的停顿）：

遵义会议//纠正了/在第五次反"围剿"斗争中所犯的/"左"倾机会主义性质的严重的/原则错误，//团结了/党和红军，//使得/党中央和红军主力胜利地完成了长征，//转到了/抗日的前进阵地，//执行了/抗日民族统一战线的新政策。///（毛泽东《中国共产党在民族战争中的地位》）

"遵义会议"之后没有标点符号，但为了突出这次会议的地位，强调它在我党历史上的伟大意义，就应有一个逻辑停顿，而且停顿时间要长一些。"纠正了""所犯的""性质的""严重的""团结了""使得""转到了""执行了"等词语后面也没有标点，但都要停顿,因为在读这些词之后稍有停顿可以把"遵义会议"几方面的历史意义更有层次地、突出地表达出来。

说话、朗诵时吐字快慢的不同,叫语速。语速和停顿有密切关系。一般地说,说话快的时候,停顿可以适当减少;说话慢的时候,停顿可以适当增加。上述一句如果快读,只在"遵义会议"之后稍稍停顿,其他按标点符号来停顿就可以了。

朗诵诗歌要注意节奏,诗歌的节奏主要表现在"音步"上。一般的诗行可以分为二到四拍子,即二到四个音步。一个音步往往包含着一些音节,音节多的音步,要读得紧凑些;音节少的,要读得舒缓些。音步一般用停顿表示,也有用轻微的拖腔表示的。下面以贺敬之《三门峡——梳妆台》一段为例,说明诗的节奏。

梳妆/来呵,//梳妆来!///百花/任你/戴,//春光/任你/采,//万里/锦绣/任你/裁!///三门/闸工/正/年少,//幸福/闸门/为你/开呵。///并肩/挽手/唱/高歌呵,//无限/青春//向/未来!///

(诗中的单斜线、双斜线表示句中停顿,时间较短,三斜线表示句末停顿,时间较长,下划线表示韵脚。)

(四)语速

语速在说话和朗诵中对于表达不同的情感都有重要的作用。通常在激动、欢快的时候,语速要相对快一些;而在痛苦、悲伤的时候,情绪低沉,语速往往要慢一些。对于抒情的诗文,朗读中语速不宜过快;而对于慷慨激昂的文章、激情奔放的诗歌,语速则不宜过慢。同时,在同一篇诗文的朗读中,语速的处理要随着作品中情感的变化而变化,这样,才能表现出一定的起伏,不致呆板。

以《雷雨》中周朴园和鲁侍萍的对话为例,朗诵时应根据人物心情的变化调整语速,而不应一律以一种速度读下来。如:

周:梅家的一个年轻小姐,很贤惠,也很规矩。有一天夜里,忽然地投水死了。后来,后来,——你知道么?(慢速。周朴园故作与鲁侍萍闲谈状,以便探听一些情况。)

鲁:这个梅姑娘倒是有一天晚上跳的河,可是不是一个,她手里抱着一个刚生下三天的男孩,听人说她生前是不规矩的。(慢速。鲁侍萍回忆悲痛的往事,又想极力克制怨愤,以免被周朴园认出。)

鲁:我前几天还见着她!(中速)

周:什么?她就在这儿?此地?(快速。表现周朴园的吃惊与紧张。)

鲁:老爷,您想见一见她么?(慢速。鲁侍萍故意试探。)

周:不,不,谢谢你。(快速。表现周朴园的慌乱与心虚。)

周:我看过去的事不必再提起来吧。(中速)

鲁:我要提,我要提,我闷了三十年了!(快速。表现鲁侍萍极度的悲愤以至几乎喊叫。)

四、态势语

态势语又叫体态语，是通过表情、眼神、手势、身姿等非语言因素，传达信息的一种言语辅助形式，是口语表达的辅助手段。态势语在口语表达过程中具有重要作用。心理学家通过研究发现，一条信息的表达是由“7%的语言+38%的声调+55%的表情动作”构成的。

（一）目光语

目光语又叫眼神，是用目光来表情达意的一种行为语言，是表现力最强的态势语之一。

1. 注视的方式

因为注视角度的不同，注视有仰视、平视、俯视、斜视等方式。

2. 注视的部位

因为场合对象等不同，注视的部位有所不同。

（1）公务注视区间：注视对方眼睛上部的前额三角区，显得严肃、郑重。

（2）社交注视区间：注视对方眼睛到下巴的区域，显得亲切、友好、和善。

（3）亲密注视区间：注视对方眼部到胸部的区域，尤其是眼睛、嘴巴、脖子、胸部，显得多情、亲切。

3. 注视的时长

注视的时长累计应占交谈时间的1/3～2/3。

4. 目光语训练

（1）散点柔视练习：眉目含笑，看一棵树，像用目光与树对话一样，并追寻不同的树叶。

（2）定点聚焦练习：聚精会神，目光追随一个移动的物体。

（二）微笑语

1. 微笑的基本要求

双唇微展，唇角略上挑，微露牙齿（一般是6～8颗牙）；目光柔和明亮，双眼略微睁大，眉头舒展，眉毛微扬。

要做好微笑，须注意四个结合。

一是口眼结合，即口到、眼到、神色到位。

二是笑语结合，微笑和语言完美结合。

三是微笑与精神、感情结合，动人的微笑应精神饱满、神采奕奕。

四是微笑与行为举止结合，以优雅而友好的动作配合微笑，动作与微笑相互促进。

2. 微笑的训练

要积极自我调节，保持快乐心态；要建立微笑服务理念，培养微笑自觉性；要强化微笑练习，养成魅力微笑习惯。可以通过以下两个练习进行训练。

（1）脸部瑜伽练笑肌：笑肌位于两颊嘴角部位，日常做噘嘴、抿起双唇用力向两侧牵拉的交替练习,可以有效锻炼笑肌。

（2）口含筷子练笑肌：每天选取固定时间（如早上洗漱时间）,口里横向咬住一根筷子,通过筷子的物理牵拉作用训练笑肌。

（三）手势语

1. 手势语分类

（1）情意性手势语。主要用于感情及态度的表达,表现方式丰富,感染力很强。比如,鼓掌表示欢迎和感谢;表达"我很爱你"时双手贴在胸前,给人态度真诚的感觉;双手自然摊开往往表明态度坦诚、无顾忌或者心情轻松;双拳紧握则有愤怒或决战到底的含义。

（2）指示性手势语。用来指示某种对象,如方位、地点、物体、数量、对象等。特点是动作简单、指向明确,一般不带感情色彩。合乎礼仪的做法是四指自然并拢,拇指分开,掌背与地面呈45°角,以肘关节为轴指向目标。切忌用手指代替手掌,那样比较粗鲁。

常用的指示性手势语有表达"请这边走""在这里""请进"等含意的手势语。

（3）象征性手势语。用手势表示某种抽象的含义。在不同民族、不同国家,相同的手势语含义往往大相径庭,在涉外交往中要慎重使用。

① 竖大拇指：在我国表赞美;在欧洲一些国家伸出手臂且拇指上挑是搭便车之意;在希腊急速竖起大拇指则含有让对方滚开之意。

② "OK"手势：在美国有赞美、顺利、认同之意;在日本代表钱;在南美和欧洲部分地区则有下流、侮辱的含义。

③ "V"手势：是英文"victory"的简写,表达获胜。这个手势一定要手心向外;若手心向内,在英国、希腊等地则有"下贱"的含义。

④ 伸食指：在亚洲一些国家代表数字"1";在法国、缅甸则有"请求、拜托"的含义。

⑤ 伸出手臂,手掌向下挥动：在中国、日本常用来招呼人;在美国则只能用来唤狗等宠物。

⑥ 双手背在身后：有一定的镇静作用,可以树立权威、自信感,但用在长者、位高者面前就有狂妄之意。

（4）形象性手势语。即用手势模拟实物的形状、大小等,以引起对方的联想,给人明确具体的印象。如用手臂平伸的高度模拟孩子的身高,以双臂伸展上下振动模拟飞行等。

2. 手势语的原则

（1）要简洁明快,不可拖泥带水,表意不明,也不可过烦,喧宾夺主。

（2）要大方自然,姿态优雅。拘束、粗俗的手势会损害交际者的个人形象、影响人际关系。

（3）要注意协调一致：手势要与身体其他动作协调;手势与表达的情感协调;手势

与有声语言协调；手势语因人而异,不可要求人们做千篇一律的动作。

能力训练 >>>

1. 句调练习

朗诵叶挺同志的《囚歌》,注意句调的处理。

为人进出的门紧锁着,(→平调)(冷眼相看)

为狗爬出的洞敞开着,(→平调)

一个声音高叫着:(↗曲调)(嘲讽)

——爬出来吧,给你自由! (↘)曲调(诱惑)

我渴望自由,(→)(庄严)

但我深深地知道——(→平调)

人的身躯怎能从狗洞子里爬出! (↑升调)(蔑视、愤慨、反击)

我希望有一天,(→平调)

地下的烈火,(稍向上扬)(语意未完)

将我连这活棺材一齐烧掉! (↓降调)(毫不犹豫)

我应该在烈火与热血中得到永生! (↓降调)(沉着、坚毅、充满自信)

2. 重音练习

(1) 读出下列句子中的语法重音:

① 东风来了,春天的脚步近了。

② 一切都像刚睡醒的样子,欣欣然张开了眼。

③ 手势之类,距离大了看不清,声音的有效距离大得多。

(2) 读出下列文段中的逻辑重音:

　　于是有人慨叹曰:"中国人失掉自信力了。"如果单据这一点现象而论,自信其实是早就失掉了的。先前信"地",信"物",后来信"国联",都没有相信过"自己"。假使这也算一种"信",那也只能说中国人曾经有过"他信力",自从对国联失望之后,便把这他信力都失掉了。

3. 停顿练习

朗读郭小川《团泊洼的秋天》这首诗的最后三段,注意停顿。

请听听吧,这就是战士/一句句从心中//掏出的话。

团泊洼,团泊洼,你真是那样/静静的吗?

是的,团泊洼是静静的,但那里/时刻都会//轰轰爆炸!

不,团泊洼是喧腾的,这首诗篇里/就充满着//嘈杂。

不管怎样,且把这矛盾重重的诗篇/埋在坝下,

它也许不合你秋天的季节,但到明春//准会/生根发芽……

4. 语速练习

下面是鲁侍萍回忆往事、揭露周朴园罪恶的两段话,一段是相认前、一段是相认后,相认前后,鲁侍萍的怨愤之情由克制到逐渐显露,说话的语气和态度也起了变化,试用不同的语速加以表达。

（1）相认以前:

她是个下等人,不很守本分的。听说她跟那时周公馆的少爷有点不清白,生了两个儿子。生了第二个,才过三天,忽然周少爷不要她了。大孩子就放在周公馆,刚生的孩子抱在怀里,在年三十夜里投河死的。

（2）相认以后:

哼,我的眼泪早哭干了,我没有委屈,我有的是恨,是悔,是三十年一天一天我自己受的苦。你大概已经忘了你做的事了！三十年前,过年三十的晚上我生下你的第二个儿子才三天,你为了要赶紧娶那位有钱有门第的小姐,你们逼着我冒着大雪出去,要我离开你们周家的门。

5. 综合练习

运用所学的朗诵技巧和态势语相关知识,对舒婷的诗歌《祖国啊,我亲爱的祖国》进行句调、重音、停顿和语速分析,设计态势语,练习朗诵,录制朗诵视频。

符号使用说明

句调:升调↑、降调↓、平调→、曲调↗↘或↘↗

重音:着重号 ·

停顿:短暂停顿/、稍长停顿//、较长停顿///

语速:快速—、中速——、慢速———

第五单元

品味妙语　练就口才

　　语言文字是人际交往中不可缺少的工具，承担着传递信息、表情达意的重要作用。你是否能运用好语言工具呢？品味妙语，练就口才，成就精彩人生。

　　战国纵横家苏秦周旋各国，游说"合纵"之策，叱咤风云，唇齿吐纳间左右着天下的局势，彰显了语言的威力；三国时的智慧化身诸葛亮，凭借绝佳口才，舌战群儒，从容应答东吴一众谋臣诘难，最终促成了孙刘联盟，诠释了什么是"三寸之舌强于百万雄兵"；语言表达中，一字之差，境界大变，近代美学家朱光潜，不肯放松对每个字的推敲，"咬文嚼字"的谨严态度让人深受教益；与人沟通时，言语艺术，颇可玩味，英国哲学家培根用短小精悍的格言，揭示了交流对话舒适自然、张弛有度的奥义，掌握一定的辞令技巧，人人都可成为"交谈的指挥"。品味每一句妙语，揣摩每一个用词，让口才在齿间锻炼，思想在齿间升华！

　　妙趣横生的语言绝不是插科打诨，语惊四座的口才也绝不是咄咄逼人。端正态度、尊重他人、虚心学习、细心揣摩，是锤炼语言能力的不二法门。在实训中学会辩论的技巧，在辩论赛上充满自信，勇于展示，绽放属于自己的舌灿莲花般的光彩吧！

5.1　第五单元导语

苏秦始将连横

《战国策》

苏秦始将连横说秦惠王曰①："大王之国，西有巴、蜀、汉中之利②，北有胡貉、代马之用③，南有巫山、黔中之限④，东有肴、函之固⑤。田肥美，民殷富，战车万乘，奋击⑥百万，

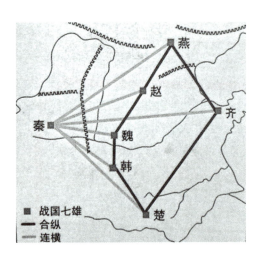

沃野千里，蓄积饶多，地势形便⑦，此所谓天府⑧，天下之雄国也。以大王之贤，士民之众，车骑之用，兵法之教⑨，可以并诸侯，吞天下，称帝而治。愿大王少留意，臣请奏其效⑩！"

秦王曰："寡人闻之，毛羽不丰满者，不可以高飞；文章⑪不成者，不可以诛罚；道德不厚者，不可以使民；政教不顺者，不可以烦大臣⑫。今先生俨然不远千里而庭教之⑬，愿以异日⑭！"

苏秦曰："臣固疑大王之不能用也。昔者神农伐补遂⑮，黄帝伐涿鹿而禽蚩尤⑯，尧

① "苏秦"句：苏秦，洛阳人，与张仪俱从鬼谷子学纵横术，初说秦惠王以连横，不见用，往说燕、赵，合六国之纵，同盟拒秦，苏秦为纵长，后纵约为张仪所破。关东地长为纵，楚、燕、赵、魏、韩、齐居之；关西地广为横，秦独居之，以六攻一为纵，以一离六为横，故纵曰合，横曰连。说(shuì)：以言劝诱。秦惠王：谥惠文，亦称惠文君，秦自他开始称王。　② 巴、蜀：二国名。巴，今四川东部及重庆一带；蜀，今四川成都一带。秦置巴、蜀二郡，即今四川、重庆一带。汉中：汉水流域之地，秦置汉中郡。　③ 胡貉(mò)：胡，楼烦、林胡之属，在今山西北部，出貉，貉形似狸，皮可制裘；代：今山西北部代具等地，出马。　④ 巫山：在今重庆巫山县东。黔中：故楚地，今湖南北部、西部。　⑤ 肴：山名，一作"殽"，在今河南洛宁县北；函：即函谷关，在今河南灵宝市北，为秦要塞。　⑥ 奋击：善战、敢于冲锋陷阵的士卒。　⑦ 地势形便：便于攻守。　⑧ 天府：肥沃险固、物产饶多之城。　⑨ 教：熟习。　⑩ 奏：进言。效：功效。请奏其效：请进言其功效。　⑪ 文章：礼乐；一说，法令。　⑫ 烦大臣：劳大将于外。烦：劳烦。　⑬ 俨然：矜庄貌。不远：不以为远。庭教：来庭指教。　⑭ 愿以异日：改日再承教。　⑮ 神农：古帝名，始兴农业，故称神农氏；以火德王，故又称炎帝；起于烈山，亦曰烈山氏。补遂：国名。补，同"补"。　⑯ 黄帝：古帝名，姓公孙，生于轩辕之丘，故曰轩辕氏；国于有熊，亦曰有熊氏；以土德王，故号黄帝。涿(zhuō)鹿：山名，在今河北涿鹿县东南。禽：同"擒"。蚩尤：九黎君；一云，庶人之贪者。蚩尤暴虐天下，兼并诸侯，黄帝与他战于涿鹿之野并诛杀了他。

伐驩兜①，舜伐三苗②，禹伐共工③，汤伐有夏④，文王伐崇⑤，武王伐纣⑥，齐桓任战而伯天下⑦。由此观之，恶有不战者乎？

"古者使车毂击驰⑧，言语相结，天下为一；约从连横，兵革不藏；文士并饬⑨，诸侯乱惑；万端俱起，不可胜理；科条⑩既备，民多伪态；书策稠浊⑪，百姓不足；上下相愁，民无所聊⑫；明言章理，兵甲愈起⑬；辩言伟服⑭，战攻不息⑮；繁称文辞，天下不治；舌敝耳聋，不见成功，行义约信，天下不亲。于是乃废文任武，厚养死士⑯，缀甲厉兵⑰，效胜于战场。夫徒处而致利，安坐而广地，虽古五帝、三王、五伯⑱明主贤君，常欲坐而致之，其势不能，故以战续之。宽则两军相攻，迫则杖戟相橦⑲，然后可建大功。是故兵胜于外，义强于内，威立于上，民服于下。今欲并天下，凌万乘，诎⑳敌国，制海内，子元元㉑，臣诸侯，非兵不可。今之嗣主，忽于至道，皆惛㉒于教，乱于治，迷于言，惑于语，沉于辩，溺于辞。以此论之，王固不能行也㉓。"

说秦王书十上而说不行。黑貂之裘弊，黄金百斤尽，资用乏绝，去秦而归㉔。赢縢覆蹻㉕，负书担橐㉖，形容枯槁，面目犁㉗黑，状有［归］愧色。归至家，妻不下纴㉘，嫂不为炊，父母不与言。苏秦喟然叹曰㉙："妻不以我为夫，嫂不以我为叔，父母不以我为子，是皆秦之罪也！"乃夜发书，陈箧数十，得太公《阴符》之谋㉚，伏而诵之，简练以为揣摩㉛。读书欲睡，引锥自刺其股，血流至足，曰："安有说人主不能出其金玉锦绣，取卿相之尊者乎？"期年㉜，揣摩成，曰："此真可以说当世之君矣。"

①尧：姬姓，高辛氏次子，曰放勋，封于陶，国号唐，故曰陶唐氏。伐：流放。驩（huān）兜：尧时司徒，当时称为凶人，尧从舜言，放之于崇山。　②舜：姚姓，曰重华，尧禅以天下，其先国于虞，故曰有虞氏。三苗：国名，即今湖南溪峒诸苗，其种不一，故号三苗。　③禹：姒姓，治水有功，舜禅以天下，国号夏。共工：水官名，子孙世守其官，至舜时，为此官者甚凶横（其人姓名不传），舜流之，此官始易他氏。　④汤：子姓，名履。夏桀无道，汤放之南巢，即天子位，国号商。　⑤文王：名昌，为纣时西方诸侯之长。崇：国名，今陕西户县。崇侯虎谮纣为恶，文王伐之。　⑥武王：名发，文王子。纣淫虐，武王灭之，即天子位，国号周。　⑦齐桓任战而伯天下：言齐桓公用战而霸天下。齐桓公：名小白，春秋五霸之一。任：任用。伯：通"霸"。　⑧车毂击驰：车毂相击而驰，言其众。毂（gǔ）：辐所凑也。　⑨饬（chì）：通"饰"，巧，矫饰之意。　⑩科条：犹言章程条件。　⑪书策稠浊：言书策多则阅者昏乱。策：竹简。稠：众多。浊：昏乱。　⑫民无所聊：言民无所依靠。聊：依靠。　⑬"明言"句：空洞的道理讲得再明白，战争反而越频繁。　⑭伟服：奇装异服。　⑮战攻不息：言尚文徒足以致乱也。　⑯死士：敢死之士。　⑰缀甲厉兵：利其兵器而作战。缀：缝缀。厉：磨利。　⑱五帝：一般指黄帝、颛顼、帝喾、唐尧、虞舜。三王：夏禹、商汤、周文武。五伯：齐桓公、晋文公、宋襄公、秦穆公、楚庄王。　⑲橦：通"撞"。相橦，相击刺。　⑳诎：同"屈"，使屈服。　㉑元元：指百姓。　㉒惛（hūn）：心不明。　㉓王固不能行也：言固不能行霸事。　㉔去秦而归：归洛阳。　㉕赢：通"缧"：缠绕。縢：绑腿布。蹻（qiāo）：同"跷"，草履。　㉖橐（tuó）：囊。　㉗犁：通"黧"，黑色。　㉘纴（rèn）：机织。妻不下机而织自若。　㉙喟（kuì）然：叹声。　㉚太公：姜尚，佐周得天下，周文王得之于渭滨，曰："吾太公望子久矣！"故称曰太公望。《阴符》：太公兵法。　㉛简：选择。练：习熟。揣摩：《鬼谷子》篇章名《揣情》《摩意》，相传为苏秦所写。　㉜"安有"句：言使人之出其金玉锦绣而自致其身于卿相之位。　㉝期（jī）年：一周年。

于是乃摩燕乌、集阙①，见说赵王于华屋之下②，抵掌而谈③。赵王大悦，封为武安君④，受相印；革车⑤百乘，锦绣千纯⑥，白璧百双，黄金万溢⑦，以随其后，约从散横⑧，以抑强秦。故苏秦相于赵而关不通⑨。

当此之时，天下之大，万民之众，王侯之威，谋臣之权，皆欲决苏秦之策。不费斗粮，未烦一兵，未战一士，未绝一弦，未折一矢，诸侯相亲，贤⑩于兄弟。夫贤人在而天下服，一人用而天下从。故曰："式于政⑪，不式于勇；式于廊庙之内，不式于四境之外。"当秦之隆，黄金万溢为用，转毂连骑，炫熿⑫于道，山东之国⑬，从风而服，使赵大重⑭。

且夫苏秦，特穷巷掘门，桑户棬枢之士耳⑮。伏轼撙衔⑯，横历天下，廷说诸侯之王，杜左右之口，天下莫之能伉⑰。将说楚王，路过洛阳⑱，父母闻之，清宫除道⑲，张乐设饮，郊迎三十里；妻侧目而视，倾耳而听；嫂蛇行匍伏⑳，四拜自跪而谢㉑。苏秦曰："嫂何前倨而后卑也？"嫂曰："以季子㉒之位尊而多金。"苏秦曰："嗟乎！贫穷则父母不子，富贵则亲戚畏惧。人生世上，势位富贵，盖可忽乎哉㉓？"

5.2《苏秦始将连横》朗读

（选自《战国策》，臧励龢选注；雷黎明校订，商务印书馆2019年版）

 作品解读

《战国策》又称《国策》，原篇作者已经无法查考，现在流行的版本，由西汉刘向根据战国末年纵横家的著作汇辑整理而成。所载史实，上起公元前458年知伯灭范、中行氏，下迄公元前221年秦统一天下后，高渐离以筑击秦始皇，记录了这一时期诸侯各国在政治、军事、外交等方面的一些重大事件，纂辑了诸多谋臣策士纵横捭阖的斗争活动及其有关的谋划或说辞，反映了战国时代各个国家、各个阶级之间尖锐复杂的矛盾和斗争，展现了战国时期的历史情状和社会风貌，具有较高的史料价值。

---

① 摩：切近过之。燕乌、集阙：地名。　② 见说：见而说之。赵王：赵肃侯，名语。华屋：高大之屋。　③ 抵掌而谈：即"抵掌而谈"，谈得很融洽。抵掌，侧击手掌。　④ 武安：赵邑，故城在今河北武安市西南。　⑤ 革车：兵车。　⑥ 纯（tún）：束，匹。　⑦ 溢：同"镒"，二十两为一镒；一说三十两。　⑧ 约从散横：约六国之纵以散秦之横。　⑨ 关不通：六国之关不通秦。　⑩ 贤：胜过。　⑪ 式：用。　⑫ 炫熿（xuàn huáng）：光辉。　⑬ 山东之国：战国时称六国为山东诸侯，以其在崤函之东。　⑭ 使赵大重：使诸侯尊重赵王。重，尊重。　⑮ 掘（kū）：通"窟"，掘门，凿垣为门。桑户，以桑木为户。棬（quān）枢，揉木以为户枢。皆极言其贫贱。　⑯ 轼：车前横木。撙（zǔn）：犹停顿也。衔：勒，马嚼子。撙衔：停辔之意。　⑰ 伉：抗衡；一作"抗"。　⑱ 洛阳：苏秦故乡，今河南洛阳市。　⑲ 清：清扫。宫：古时房屋的通称。　⑳ 蛇行匍伏：手足并行。　㉑ 谢：请罪，谢前不炊之过。　㉒ 季子：嫂对小叔的称呼。　㉓ 盖（hé）：通"盍"，何。

本文选自《战国策·秦策》，记述的是著名策士苏秦说秦连横失败后发奋研读，转而说赵合纵，终于大获成功的故事，具有较高的文学价值。

5.3 苏秦

苏秦（？—前284），战国时期著名的纵横家、外交家和谋略家，早年投入鬼谷子门下，与张仪同为鬼谷子的学生。苏秦起初在外游历，行至秦国，试图游说秦惠王兼并列国，称帝而治，却未被采纳，潦倒而归。随后，刻苦攻读《周书·阴符》，学成后出使赵国，提出"合纵"六国以抗强秦的战略思想，最终组建合纵联盟，任"从约长"，兼佩六国相印，使秦国十五年不敢出兵函谷关。苏秦先主"连横"、后主"合纵"，都是为了博取功名富贵，这代表了战国策士谋利投机的共同心态。文章以渲染夸饰之笔突出显示了人物特点及命运变化，同时也从侧面反映了当时社会人情冷暖、世态炎凉的现实，颇具讽刺性。

由于苏秦对列国的政治形势有深入的钻研，对天下政局及其变化趋势的熟悉程度远在各国君王之上，因此，能在游说中纵横捭阖，敏捷地选取各种所需要的材料和论据，分析利害，摆出优势，并指出希望与美好前景，以利导之，大大增强了说服力。他游说的言辞往往热情饱满，富于气势，注重渲染，极尽铺张，加之论辩周密精辟，又善用对比反差，夹杂了相应的激将法，这就形成了他特有的游说风格，有助于促使对方下定决心采纳自己的主张。

思考与练习

1. 文章前半部分以记言为主，语言文辞具有什么样的特点？请联系历史上的策士游说活动，谈一谈这种语言风格的优缺点。

2. 文章后半部分以记事为主，记录了哪些事件？采用了什么样的写作手法？这种写法对于表情达意有何作用？

3. 文章传递出纵横家什么样的价值取向？与儒家的价值取向有何区别？你如何看待这两种不同的价值取向？

4. 战国末年，诸侯间的胜负虽然在很大程度上取决于武力，但也与纵横势力的消长密不可分。所谓"横成则秦帝，纵成则楚王"。请查阅相关资料，了解"合纵"与"连横"在被各路纵横家提出后的具体践行情况，分小组讨论这如何影响了战国局势走向。

拓展阅读

纵横家史话

白立超

　　纵横家是先秦"九流十家"之一,也是先秦时期有重要影响力的一个学派。"纵横"一词最早出自《韩非子》一书,纵横即合纵连横,根据韩非的说法,合纵就是众弱合攻一强,连横就是以一强为核心结成联盟攻打弱国。一般而言,我们将致力于合纵连横活动的人称为纵横家,同时也将致力于合纵连横理论的研究者称为纵横家。当然后来人们往往将那些能够以三寸不烂之舌去对抗百万雄师的智谋之士都称为纵横家。纵横家的出现与兴盛一方面可能与夏商周三代的行人之官有一定的关联,另一方面也与春秋战国、楚汉之争的形势有关。纵横家个个能言善辩、智勇双全、通权达变、深谙人心、谋略出众,往往能根据天下形势,利用各种势力之间千丝万缕的矛盾以及合作中的狐疑不定,以三寸之舌穿梭于各种势力之间,甚至通过威逼利诱、充当间谍等手段,顺利实现"不战而屈人之兵""上兵伐谋"的战略目标。纵横家个个权倾天下,代表着那个时期外交智慧的高度,当然他们朝秦暮楚、反复无常的特征也常常遭到后世的诟病。

　　与其他先秦诸子相比而言,纵横家在理论建设上相对较为薄弱。同时,传统儒家的主流形态也导致纵横家本来不多的一些理论著作的流传遇到了很多不利的因素。因此,纵横家作为诸子之一,其现仅存的理论代表作就是著名谋略奇书《鬼谷子》,此书充分体现了纵横家的权谋策略和论辩技巧。

　　纵横家更多重视实践,是先秦诸子中实践性非常强的一个学派,事实上也对中国早期的历史产生了非常深远的影响。纵横家可以说是中国历史上最早的一批外交家、战略家。他们在春秋时期一出现就对历史产生了影响,如孔门高足子贡的一次出使,鲁国保全,齐国削弱,吴国破灭,晋国强盛,越国称霸,五国的固有形势发生了改变。短短十年之间,齐国、鲁国、吴国、晋国、越国五国都发生了翻天覆地的变化,历史也进入了战国时期。

　　当然,纵横家最好的时代就是在战国时期。这一时期涌现出了中国最杰出的纵横家,他们每个人的际遇堪称传奇,难以复制,如淳于髡、苏秦、张仪、公孙衍、陈轸、郭隗、蔡泽、鲁仲连、毛遂、虞卿、信陵君等。这些纵横家出身各异,命运也各有不同,但是毫无疑问,他们的出现都对历史进程产生了不可估量的影响。比如,针尖对麦芒的张仪与公孙衍、身佩六国相印的苏秦、睚眦必报的范雎、自荐的毛遂、窃符救赵的信陵君。他们不仅在历史的关键点上对历史继承产生了深远的影响,而且个个叱咤风云,成为大多数士人崇拜的对象,如亚圣孟子的弟子景春就曾说:"公孙衍、张仪岂不诚大丈夫哉?一怒而诸侯惧,安居而天下熄。"足见这些纵横策士对当时天下时势的影响。刘向在整理记录纵横策士活动《战国策》一书时，在《战国策书录》中高度评价了纵横家对当时局势的影响，"是以苏秦、张仪、公孙衍、陈轸、苏代、苏厉之属，生纵横长短之说，左右倾倒。苏秦为纵，张仪为横。横则秦帝，纵则楚王，所在国重，所去国轻"。

当然，秦国短暂统一之后，很快天下大乱，刘邦和项羽逐鹿中原，天下各种势力又纷纷登上历史舞台。这时，蛰伏的纵横策士又登上了历史的舞台。随何说服九江王英布降汉，有力地改变了楚汉局势；高阳酒徒郦食其使齐，成功说服齐王归附汉王；蒯彻一说而丧三俊；陆贾两入南越，为刘汉江山安定南方边境。他们都是楚汉之间和汉初叱咤一时的纵横家。

纵横家在春秋晚期、战国争雄、楚汉相争的历史中曾经显赫一时。汉武帝罢黜百家，独尊儒术，儒家思想逐渐占据中国文化的主流，儒家忠、信、仁、义逐渐成为主流社会思潮。这些以翻云覆雨、事无定主、巧言令色、权谋诈智为特点的纵横家逐渐淡出历史舞台，纵横家的著作流传不广，之后再无理论建树。同时，大一统帝国渐趋稳定，纵横家失去了他们叱咤风云的历史际遇，再也没能出现张仪、苏秦那样足以左右天下局势的纵横家。那么我们不禁要问，纵横家是不是在中国历史上就彻底消失了呢？显然不是。纵横家的理论作为历史演进的一股暗流，作为文化因子融入中国传统文化体系当中。同时，纵横家的思想也显现在那些尚有建功立业抱负的豪杰身上，尤其是在和平时期的外交领域和战乱时代的争雄斗争中，时时能看到纵横家的影子，发挥着举足轻重的作用。

（选自《纵横家史话》，白立超著，社会科学文献出版社2017年版）

诸葛亮舌战群儒

——《三国演义》第四十三回（节选）

罗贯中

张昭等见孔明丰神飘洒，器宇轩昂①，料道此人必来游说。张昭先以言挑之曰："昭乃江东微末之士，久闻先生高卧隆中，自比管、乐。此语果有之乎？"孔明曰："此亮平生小可之比也。"昭曰："近闻刘豫州三顾先生于草庐之中，幸得先生，以为'如鱼得水'，思欲席卷荆襄。今一旦以属曹操，未审是何主见？"孔明自思张昭乃孙权手下第一个谋士，若不先难倒他，如何说得孙权，遂答曰："吾观取汉上之地，易如反掌。我主刘豫州躬行仁义，不忍夺同宗之基业，故力辞之。刘琮孺子，听信佞言，暗自投降，致使曹操得以猖獗。今我主屯兵江夏，别有良图，非等闲可知也。"昭曰："若此，是先生言行相违也。先生自比管、乐——管仲相桓公，霸诸侯，一匡天下；乐毅扶持微弱之燕，下齐七十余城。此二人者，真济世之才也。先生在草庐之中，但笑傲风月，抱膝危坐。今既从事刘豫州，当为生灵兴利除害，剿灭乱贼。且刘豫州未得先生之前，尚且纵横寰宇，割据城池；今得先生，人皆仰望。虽三尺童蒙，亦谓彪虎生翼，将见汉室复兴，曹氏即灭矣。朝廷旧臣，山林隐士，无不拭目而待：以为拂高天之云翳②，仰日月之光辉，拯民于水火之中，措天下于衽席之上，在此时也。何先生自归豫州，曹兵一出，弃甲抛戈，望风而窜。上不能报刘表以安庶民，下不能辅孤子而据疆土。乃弃新野，走樊城，败当阳，奔夏口，无容身之地。是豫州既得先生之后，反不如其初也。管仲、乐毅，果如是乎？愚直之言，幸勿见怪！"

孔明听罢，哑然而笑曰："鹏飞万里，其志岂群鸟能识哉？譬如人染沉疴，当先用糜粥以饮之，和药以服之；待其腑脏调和，形体渐安，然后用肉食以补之，猛药以治之，则病根尽去，人得全生也。若不待气脉和缓，便投以猛药厚味，欲求安保，诚为难矣。吾主刘豫州，向日军败于汝南，寄迹刘表，兵不满千，将止关、张、赵云而已，此正如病势尪羸③已极之时也。新野山僻小县，人民稀少，粮食鲜薄，豫州不过暂借以容身，岂真将坐守于此耶？夫以甲兵不完，城郭不固，军不经练，粮不继日，然而博望烧屯，白河用水，使夏侯惇、曹仁辈心惊胆裂：窃谓管仲、乐毅之用兵，未必过此。至于刘琮降操，豫州实出不知。且又不忍乘乱夺同宗之基业，此真大仁大义也。当阳之败，豫州见有数十万赴义之民，扶老携幼相随，不忍弃之，日行十里，不思进取江陵，甘与同败，此亦大仁大义也。寡不敌众，胜负乃其常事。昔高皇数败于项羽，而垓下一战成功，此非韩信之良谋

---

① 器宇轩昂：气宇轩昂。　② 翳（yì）：遮蔽。　③ 尪羸（wāng léi）：瘦弱。

乎？夫信久事高皇，未尝累胜。盖国家大计，社稷安危，是有主谋。非比夸辩之徒，虚誉欺人：坐议立谈，无人可及；临机应变，百无一能。诚为天下笑耳！"这一篇言语，说得张昭并无一言回答。

座上忽一人抗声[1]问曰："今曹公兵屯百万，将列千员，龙骧虎视，平吞江夏，公以为何如？"孔明视之，乃虞翻也。孔明曰："曹操收袁绍蚁聚之兵，劫刘表乌合之众，虽数百万不足惧也。"虞翻冷笑曰："军败于当阳，计穷于夏口，区区求救于人，而犹言'不惧'，此真大言欺人也！"孔明曰："刘豫州以数千仁义之师，安能敌百万残暴之众？退守夏口，所以待时也。今江东兵精粮足，且有长江之险，犹欲使其主屈膝降贼，不顾天下耻笑。由此论之，刘豫州真不惧操贼者矣！"虞翻不能对。

座间又一人问曰："孔明欲效仪、秦之舌，游说东吴耶？"孔明视之，乃步骘也。孔明曰："步子山以苏秦、张仪为辩士，不知苏秦、张仪亦豪杰也。苏秦佩六国相印，张仪两次相秦，皆有匡扶人国之谋，非比畏强凌弱，惧刀避剑之人也。君等闻曹操虚发诈伪之词，便畏惧请降，敢笑苏秦、张仪乎？"步骘默然无语。

忽一人问曰："孔明以曹操何如人也？"孔明视其人，乃薛综也。孔明答曰："曹操乃汉贼也，又何必问？"综曰："公言差矣。汉传世至今，天数将终。今曹公已有天下三分之二，人皆归心。刘豫州不识天时，强欲与争，正如以卵击石，安得不败乎？"孔明厉声曰："薛敬文安得出此无父无君之言乎！夫人生天地间，以忠孝为立身之本。公既为汉臣，则见有不臣之人，当誓共戮之：臣之道也。今曹操祖宗叨食汉禄，不思报效，反怀篡逆之心，天下之所共愤；公乃以天数归之，真无父无君之人也！不足与语！请勿复言！"薛综满面羞惭，不能对答。

座上又一人应声问曰："曹操虽挟天子以令诸侯，犹是相国曹参之后。刘豫州虽云中山靖王苗裔，却无可稽考，眼见只是织席贩屦之夫耳，何足与曹操抗衡哉！"孔明视之，乃陆绩也。孔明笑曰："公非袁术座间怀橘之陆郎乎？请安坐，听吾一言：曹操既为曹相国之后，则世为汉臣矣；今乃专权肆横，欺凌君父，是不惟无君，亦且蔑祖，不惟汉室之乱臣，亦曹氏之贼子也。刘豫州堂堂帝胄，当今皇帝按谱赐爵，何云'无可稽考'？且高祖起身亭长，而终有天下；织席贩屦，又何足为辱乎？公小儿之见，不足与高士共语！"陆绩语塞。

座上一人忽曰："孔明所言，皆强词夺理，均非正论，不必再言。且请问孔明治何经典？"孔明视之，乃严畯也。孔明曰："寻章摘句，世之腐儒也，何能兴邦立事？且古耕莘伊尹，钓渭子牙，张良、陈平之流，邓禹、耿弇之辈，皆有匡扶宇宙之才，未审其生平治何经典。——岂亦效书生，区区于笔砚之间，数黑论黄，舞文弄墨而已乎？"严畯低头丧气而不能对。

忽又一人大声曰："公好为大言，未必真有实学，恐适为儒者所笑耳。"孔明视其人，乃汝南程德枢也。孔明答曰："儒有君子小人之别。君子之儒，忠君爱国，守正恶邪，务

---

[1] 抗声：高声。"抗"同"亢"。

使泽及当时，名留后世。若夫小人之儒，惟务雕虫，专工翰墨，青春作赋，皓首穷经；笔下虽有千言，胸中实无一策。且如杨雄以文章名世，而屈身事莽，不免投阁而死，此所谓小人之儒也。虽日赋万言，亦何取哉！"程德枢不能对。众人见孔明对答如流，尽皆失色。

（选自《三国演义》，罗贯中著，商务印书馆2016年版）

作者简介

罗贯中（约1330—约1400），名本，字贯中，号湖海散人，山西太原人。关于其生平，目前所知甚少。明人王圻在《稗史汇编》称罗贯中元末"有志图王"，明人胡应麟在《少室山房笔丛》说他是施耐庵的"门人"，清人顾苓在《跋水浒图》说他"客霸府张士诚"，但都无法考证。

罗贯中的《三国志通俗演义》约成书于明初，现存最早的刊本是明嘉靖壬午年（1522）刊刻本，该书24卷，240则，每则前有七言单句小目。后出的刊本将240则合并为120回，回目也由单句变为双句。清康熙年间，毛纶、毛宗岗父子对回目和正文进行了较大的修改，并做了详细的评点，增强了文学性与可读性，成为后来最流行的本子，近人常将其简称为《三国演义》。

除了《三国志通俗演义》，罗贯中还加工增补了施耐庵的《水浒传》，田汝成在《西湖游览志馀》中说他"编撰小说数十种"，虽不免有夸大之嫌，但仍可见其高产。《录鬼簿续编》还著录了罗贯中所作的三部杂剧作品，今存其中一部——《赵太祖龙虎风云会》，作品以赵匡胤、赵普为中心，歌颂了贤君明相，与《三国志通俗演义》在精神上有相通之处。

 作品解读

《三国志通俗演义》，简称《三国演义》，是我国第一部长篇章回小说，也是历史演义小说的开山之作。它在民间传说的基础上，根据陈寿《三国志》和裴松之注，以及元代评话、杂剧等资料编写而成。罗贯中采用"依史以演义"的独特文学样式，描写了从黄巾起义至西晋统一的近百年历史。"依史"，就是对历史的事实有所认同，有所选择，有所加工；"演义"，则渗透着作者主观的价值判断，用一种自认为理想的"义"，泾渭分明地去褒贬人物，重塑历史，评价是非，以此表明一定的政治思想、道德观念和美学理想。全书以儒家政治道德观念为核心，同时也糅合千百年来广大民众的心理，表现了对于创造清平世界的明君良臣的渴慕。而作为明君良臣的主要标志,就是能在政治上行仁政,人格上重道德,才能上尚智勇。

小说中的诸葛亮,不但是忠义的典范,而且还是智慧的化身。他初出茅庐,就为刘备提出了据蜀、联吴、抗曹的战略思想,在深切掌握敌方心理特点的情势下,巧妙使用了骄兵计、疑兵计、伏兵计等各种计谋获得军事斗争的胜利。特别是在对东吴方面,采取了既团结又斗争的方针,随机应变、趋利避害,获得了极大的成功。

作者在描写战争时突出智斗,重视写谋臣的运筹帷幄、战略部署及战术运用。本文即展示了诸葛亮在联吴抗曹过程中的经典智斗场面,在与东吴谋臣论辩问答之间,其惊人智慧和绝世才能得到淋漓尽致的展现。面对诸儒的诘难,诸葛亮神态自若,从容应答,语带双机,各个击破,既曲尽事理,又详陈事实,将对方的诘问一一化解;又因群儒来者不善,多有恶意,在守住论辩阵地后又择时发起反攻,使整场舌战攻防有秩,精彩纷呈。作者由此将论辩艺术与错综复杂的政治斗争、外交斗争等融合在一起,使得赤壁之战呈现出一种英雄史诗的格调,且有张有弛,富有节奏感。

 思考与练习

1. 查阅相关资料,了解诸葛亮舌战群儒的背景,以及刘备、孙权、曹操三方势力情况。

2. 诸葛亮与东吴群儒论辩的中心论点是什么? 共进行了几次交锋? 每次交锋的争论焦点又是什么?

3. 舌战也是心战,这场论辩体现出诸葛亮良好的心理素质。请结合原文,讨论分析诸葛亮是如何展现气势上的优势,在心理上给对方造成压力,从而取得论辩的胜利的。

4. 在这场论辩中,论辩双方都不是等闲之辈,各种论辩方法运用娴熟。请归纳总结双方的论辩方法,并采用小组模仿演绎的方式,体会不同辩论方法的特色。

 拓 展 阅 读

以心战为舌战基础

罗吉甫

说某人口才很好,指的不外乎口语表达能力不错,口齿清晰,思路清楚。但口才好,不见得具有说服力。要说动对方改变主意,不能光靠嘴皮,还得懂得心理战术,了解对方要的是什么,不要的是什么;了解对方喜欢什么,不喜欢什么;了解对方怕什么，不怕什么。以理性分析为包装，以感性诉求为卖点，动之以情，说之以理，才能说服成功。

《三国演义》好看也在这里，透过小说家的想象，把历史学者无法现场转播的，加以渲染铺陈。就以张辽劝说关羽投降来看，可以观察如何说服一个人去做原本不可能的事。

劝 降 关 羽

《三国演义》第二十五回，写曹操击败刘备、张飞，只留关羽保护刘备的妻小，死守下邳，张辽自愿前往，说服关羽降曹。

于是程昱献计，以送回的刘备降兵为内应，并诱使关羽出城，内外切断，将关羽困于土山。此时张辽凭着和关羽旧识，来到土山。

关羽问清张辽的来意，发现既不是来决战，也不是来说服，更不是来助阵。那来做什么？

张辽表示，他只是来做战况报导，告诉关羽，刘备、张飞生死不明，曹操已攻破下邳，并派人护卫刘备的家眷。

关羽一听，这不是来说服我，是什么？当下大怒，表明下山冲杀、视死如归的决心。

张辽大笑说："你说这种话，岂不为天下所嘲笑？"

"我以忠义而死，怎会为天下所笑？"关羽不解。

这一问一答，关羽已经堕入张辽的设计当中。这是张辽的计策，用超乎逻辑的反话，让关羽大感不解，在关羽主动提问下，步步说动关羽。

张辽说："大兄今天若这么死了，有三大罪状。"

关羽更加疑惑，问有哪三罪。

张辽说，这三个罪名是：

一、当初刘关张结义，誓同生死。如今关羽战死，设若刘备复出，求关羽相助而不可复得，有违盟誓，其罪一也。

二、关羽一死，刘备所付托的家眷无所依赖，有违所托，其罪二也。

三、关羽求死，以匹夫之勇，置匡扶汉室的大任不顾，其罪三也。

到此为止，关羽已经落于下风。他自以为殉难是义，不料取义不成，反而有罪。原来的求死意志动摇，此时茫然不知下一步该当如何，给予了张辽游说的最大空间。

关羽问张辽，该如何是好？张辽说，如今四面都是曹操兵力，你若不投降，必死无疑，不如投降，再设法打听刘备音信，打听到了，再去投靠。一来可以保护二位夫人，二来不违背桃园结义的盟约，三来可留着有用之身，再做打算。

关羽的原则也很明确，愿和曹操约法三章，如果曹操不答应，宁可犯下以上三项罪名而死：

一、只降汉帝，不降曹操。

二、两位刘夫人给与俸禄养赡，不许干扰。

三、探知刘备去向，不管千里万里，便当辞去。

三个原则,把君臣之分、男女之别、兄弟之义,区分得清清楚楚。曹操对第三个条件难免有挣扎,但后来还是答应,并且赠袍、赠金、赠马,施厚恩,希望收买关羽的心。而张辽也达成游说的使命。

张辽毕竟了解关羽,知道关羽义薄云天,视死如归,要劝服他不但不能以死相逼,反倒必须点明赴死就义的不是,软化关羽宁死不屈的决心。

劝 降 马 超

如果对象换成马超,在张鲁手下很不得志的马超,所要采取的说服策略,就完全不一样了。

《三国演义》第六十五回,写李恢说服马超归降。

当时马超投靠张鲁,帮助刘璋对抗来犯的刘备军队。刘备知道马超骁勇善战,硬取不易,最好招降。这事由李恢负责。

李恢来到马超帐下。马超分析李恢这名辩士要来游说,便派二十名刀斧手埋伏,伺机砍杀。

一般说客和推销员一样,通常会稍加包装,包藏游说的企图。但是李恢开门见山,直接表明来意,就是要来当说客。

马超虽不客气,但还是给李恢机会,明白告诉李恢,有本事来游说没关系,如果说得不合意,不中听,格杀勿论。

李恢笑着说:"将军的祸害不远了!"

一句话激起马超的危机意识,忙问:"我有什么祸害?"

李恢分析马超的处境。马超的窘态在于,四面楚歌,无路进退。他先是起兵反抗曹操,连累父亲致死;后又用兵陇西,妻小尽遭杀害;而今,投靠张鲁,却遭张鲁手下杨松屡进谗言,正是"四海难容,一身无主"。

李恢推荐马超投奔刘备,可以"上报父雠,下立功名"。

须知马超当时已如惊弓之鸟,一点风吹草动,都会紧张,因此李恢以祸不远矣来刺激马超,让马超疑惧,进而分析祸害临头的理由,以及避凶趋吉之道。避凶趋吉之道,当然就是改投刘备。马超颇多跳槽记录,和关云长忠贞不贰的作风恰好相反。李恢掌握马超这项特性采用和张辽说服关羽相反的技巧,就这样成功地劝降了马超。

(选自《卧虎藏龙三国智》,罗吉甫著,中华书局2005年版,原文有改动)

咬 文 嚼 字

朱光潜

　　郭沫若先生的剧本《屈原》里婵娟骂宋玉说:"你是没有骨气的文人!"上演时他自己在台下听,嫌这话不够味,想在"没有骨气的"下面加"无耻的"三个字。一位演员提醒他把"是"改为"这","你这没有骨气的文人!"就够味了。他觉得这字改得很恰当,他研究这两种语法的强弱不同,以为"你是什么"只是单纯的叙述语,没有更多的意义,有时或许竟会"不是";"你这什么"便是坚决的判断,而且附带语省略去了。根据这种见解,他把另一文里"你有革命家的风度"一句话改为"你这革命家的风度"。(参见《文学创作》第四期郭沫若《札记四则》)

　　这是炼字的好例。我们不妨借此把炼字的道理研究一番。那位演员把"是"改为"这",确实改得好,不过郭先生如果记得《水浒》,就会明白一般民众骂人,都用"你这什么"式的语法。石秀骂梁中书说:"你这与奴才做奴才的奴才!"杨雄醉骂潘巧云说:"你这贱人!你这淫妇!你这你这大虫口里流涎!你这你这……"一口气就骂了六个"你这"。看看这些实例,"你这什么!"倒不仅是"坚决的判断",而是带有极端憎恶的惊叹语,表现着强烈的情感。"你是什么"便只是不带情感的判断,纵有情感也不能在文字本身上见出。不过它也不一定就是"单纯的叙述语,没有更多的含义"。《红楼梦》里茗烟骂金荣说:"你是个好小子,出来动一动你茗大爷!"这里"你是"含有假定语气,也带"你不是"一点讥刺的意味。如果改成"你这好小子!"神情就完全不对了。从此可知"你这"式语法并非在任何情形之下都比"你是"式语法来得更有力。其次,郭先生援例把"你有革命家的风度"改为"你这革命家的风度",似乎改得并不很妥。一、"你这"式语法大半表示深恶痛疾,在赞美时便不适宜。二、"是"在逻辑上是连接词(copula),相当于等号。"有"的性质完全不同。在"你有革命家的风度"一句中"风度"是动词的宾词;在"你这革命家的风度"中"风度"便变成主词,和"你(的)"平行,根本不成一句话。

　　这番话不免啰唆,但是我们原在咬文嚼字,非这样锱铢必较不可。咬文嚼字有时是一个坏习惯,所以这个成语的含义通常不很好。但是在文学,无论阅读或写作,我们必须有一字不肯放松的谨严。文学借文字表现思想情感;文字上面有含糊,就显得思想还没有透彻,情感还没有凝练。咬文嚼字,在表面上像只是斟酌文字的分量,在实际上就是调整思想和情感。从来没有一句话换一个说法而意味仍完全不变。例如《史记》李广射虎一段:"李广见草中石,以为虎而射之,中石没镞,视之,石也。因更复射,终不能入石矣。"这本是一段好文章,王若虚在《史记辨惑》里说它"凡多三石字"，当改为："以为虎而射之，没镞，既知其为石，因更复射，终不能入"。或改为"尝见草中有虎，射之，没镞。视之，石也。"在表面上改得似乎简洁些，却实在远不如原文。"见草中石，以为虎"并非"见草中有虎"。原文"视之，石也"，有发现错误而惊讶的意味，改为"既知其为石"便失去这意味。原文"终不能复入石矣"有失望而放弃得很斩截的意味，改为"终不能入"便觉索然无味。这种分别稍有文字敏感的人细心玩索一番，自会明白。

一般人根本不了解文字和思想情感的密切关系，以为更改一两个字不过是要文字顺畅些或是漂亮些。其实更动了文字，就同时更动了思想情感，内容和形式是相随而变的。姑举一个人人皆知的实例。韩愈在月夜里听见贾岛吟诗，有"鸟宿池边树，僧推月下门"两句，劝他把"推"字改为"敲"字。这段文字因缘古今传为美谈，于今人要把咬文嚼字的意思说得好听一点，都说"推敲"。古今人也都赞赏"敲"字比"推"字下得好，其实这不仅是文字上的分别，同时也是意境上的分别。"推"固然显得鲁莽一点，但是它表示孤僧步月归寺，门原来是他自己掩的，于今他"推"。他须自掩自推，足见寺里只有他孤零零的一个和尚。在这冷寂的场合，他有兴致出来步月，兴尽而返，独往独来，自在无碍。他也自有一副胸襟气度。"敲"就显得他拘礼些，也就显得寺里有人应门。他仿佛是乘月夜访友，他自己不甘寂寞，那寺里如果不是热闹场合，至少也有一些温暖的人情。比较起来，"敲"的空气没有"推"的那么冷寂。就上句"鸟宿池边树"看来，"推"似乎比"敲"要调和些。"推"可以无声，"敲"就不免剥啄有声。惊起了宿鸟，打破了岑寂，也似乎频添了搅扰。所以我很怀疑韩愈的修改是否真如古今所称赏的那么妥当。究竟哪一种意境是贾岛当时在心里玩索而要表现的，只有他自己知道。如果他想到"推"而下"敲"字，或是想到"敲"而下"推"字，我认为那是不可能的事。所以问题不在"推"字和"敲"字哪一个比较恰当，而在哪一种境界是他当时所要说的而且与全诗调和的。在文字上"推敲"，骨子里实在是在思想情感上"推敲"。

无论是阅读或是写作，字的难处在意义的确定与控制。字有直指的意义，有联想的意义。比如说"烟"，它直指的意义见过燃烧体冒烟的人都会明白，只是它的联想的意义迷离不易捉摸，它可以联想到燃烧弹，鸦片烟榻，庙里焚香，"一川烟水""杨柳万条烟""烟光凝而暮山紫""蓝田日暖玉生烟"……种种境界。直指的意义载在字典，有如月轮，明显而确实；联想的意义是文字在历史过程上所累积的种种关系，有如轮外圆晕，晕外霞光。其浓淡大小随人、随时、随地而各个不同，变化莫测。科学的文字愈限于直指的意义就愈精确，文学的文字有时却必须顾到联想的意义，尤其是在诗方面。直指的意义易用，联想的意义却难用，因为前者是固定的，后者是游离的；前者偏于类型，后者偏于个性。既是游离的，个别的，它就不易控制。而且它可以使意蕴丰富，也可以使意思含糊甚至于支离。比如说苏东坡的《惠山烹小龙团》诗里三、四两句"独携天上小团月，来试人间第二泉"，"天上小团月"是由"小龙团"茶联想起来的，如果你不知道这个关联，原文就简直不通；如果你不了解明月照着泉水和清茶泡在泉水里那一点共同的情沁肺腑的意味，也就失去原文的妙处。这两句诗的妙处就在不即不离若隐若现之中。它比用"惠山泉水泡小龙团茶"一句话来得较丰富，也来得较含混有蕴藉。难处就在于含混中显得丰富。由"独携小龙团，来试惠山泉"变成"独携天上小团月，来试人间第二泉"，这是点铁成金。文学之所以为文学就在这一点生发上面。

这是一个善用联想意义的例子。联想意义也最易误用而生流弊。联想起于习惯，习惯老是喜欢走熟路。熟路抵抗力最低，引诱性最大，一人走过，人人就都跟着走，愈走就愈平滑俗滥，没有一点新奇的意味。字被人用得太滥，也是如此。从前作诗文的人都依靠《文料触机》《幼学琼林》《事类统编》之类书籍，要找词藻典故，都到那里去乞灵。美人都是"柳腰桃面""王嫱、西施"，才子都是"学富五车，才高八斗"；谈风景必是"春花秋月"，叙离别不外"柳岸灞桥"；做买卖都有"端木遗风"，到现在用铅字排印书籍还是"付梓""杀青"。像这样例子举不胜举。它们是从前人所谓"套语"，我们所谓"滥调"。一件事物发生时立即使你联想到一些套语滥调，而你也就安于套语滥调，毫不斟酌地使用它们，并且自鸣得意。这就是近代文艺心理学家们所说的"套板反应"（stock response）。一个人的心理习惯如果老是倾向于"套板反应"，他就根本与文艺无缘。因为就作者说，"套板反应"和创造的动机是仇敌；就读者说，它引不起新鲜而真切的情趣。一个作者在用字用词上面离不掉"套板反应"，在运思布局上面，甚至于在整个人生态度方面也就难免如此。不过习惯力量的深广非我们意料所及，沿着习惯去做，总比新创较省力，人生来有惰性，常使我们不知不觉地一滑就滑到"套板反应"里去。你如果随便在报章杂志或是尺牍宣言里面挑一段文章来分析，你就会发现那里面的思想情感和语言大半都由"套板反应"起来的。韩愈谈他自己作古文"惟陈言之务去"。这是一句最紧要的教训。语言跟着思维情感走，你不肯用俗滥的语言，自然也就不肯用俗滥的思想情感，你遇事就会朝深一层去想，你的文章也就真正是"作"出来的。不致落人下乘。

以上只是随便举几个实例，说明咬文嚼字的道理。例子举不尽，道理也说不完。我希望读者从这粗枝大叶的讨论中，可以领略运用文字所应有的谨严精神。本着这个精神，他随处留心玩索，无论是阅读或写作，就会逐渐养成创作和欣赏都必需的好习惯。他不能懒，不能粗心，不能受一时兴会所生的幻觉迷惑而轻易自满。文学是艰苦的事，只有刻苦自勉，推陈翻新，时时求思想情感和语文的精炼与吻合，他才会逐渐达到艺术的完美。

（选自《万物有灵且美：朱光潜精选集》，朱光潜著，
江苏凤凰文艺出版社2019年版，原文有改动）

作者简介

朱光潜（1897—1986），别名孟实，安徽桐城人，是我国现当代著名美学家、文艺理论家、教育家、翻译家。1922年肄业于香港大学文学院，1925年留学英国爱丁堡大学，后在法国斯特拉斯堡大学获哲学博士学位。1933年回国后，历任四川大学、武汉大学、北京大学教授。1946年后一直在北京大学任教，为北京大学一级教授，讲授美学与西方文学。主要编著有《文艺心理学》《悲剧心理学》《谈美》《诗论》《谈文学》《克罗齐哲学述评》《西方美学史》《美学批判论文集》《谈美书简》《美学拾穗集》等，并翻译了《歌德谈话录》、柏拉图的《文艺对话集》、莱辛的《拉奥孔》、黑格尔的《美学》、克罗齐的《美学原理》、维柯的《新科学》等。

朱光潜不仅著述甚丰，他本人更具有崇高的治学精神和高尚的学术品格。他勇于批判自己，执着地求索真理。当他认识到以往在唯心主义体系下研究美学“是在迷径里使力绕圈子”，就开始用更先进的马克思主义指导自己的研究，使自己的美学思想向真理趋近；他反对老化、僵化，提倡不断进取。为方便研究马列主义原著，他在花甲之年开始自学俄语，更在八十高龄之际写出《谈美书简》和《美学拾穗集》，翻译近代第一部社会科学著作——维柯的《新科学》，学习研究一生不辍。

作品解读

《咬文嚼字》出自朱光潜1946年出版的论文集《谈文学》。《汉语大词典》将“咬文嚼字”这个词语解释为“过分推敲字句”。而在本文里，朱光潜先生贬词褒用，赋予了这个词新的意义，那就是在文字运用上不能懒惰，不能粗心，不能受到“套板反应”的桎梏，不能轻易流于俗套而感到满足，“必须有一字不肯放松的谨严”。文学借文字表现思想情感，文字上面含糊，就显得思想还没有透彻，情感还没有凝练。朱光潜所理解的“咬文嚼字”，在表面上像只是斟酌文字的分量，实际上则是调整思想情感的表达。

文章旁征博引，实例充分，将抽象的概念形象化。尽管郭沫若、王若虚、韩愈等人都是名人，但本着“咬文嚼字”的谨严态度，朱光潜没有盲从，而是发表了与他们不同的见解。尤其韩愈对“推敲”的意见，似乎已成为后世定论，获得了许多人的认同，对此，朱光潜并没有因为韩愈的名声就轻易认同"敲"比"推"更好的观点,而是进行了一番深入的思考和探究,提出了相反的看法。

作者对文字和文学的探讨本身便契合了"咬文嚼字"的内核,正是秉持这种不迷信名人权威,打破惯常思维的观念,才会在行文中有如此独到的创新和意趣。这也启发我们在作文时推陈出新,追求语言的精确和情感的生发,这样才能呈现出文学艺术之美。这不但是对文学工作者的谆谆教诲,其实,对从事任何工作的人来说,也都具有指导意义。只有刻苦自勉、勤于动脑,才能使事业趋向完美的境界。

思考与练习

1. 结合你所熟悉的文学作品,谈一谈在文学创作过程中有哪些"咬文嚼字"的例子。

2. 陶渊明在《五柳先生传》中提出"好读书,不求甚解;每有会意,便欣然忘食"。陶渊明所推崇的"不求甚解"与朱光潜所提倡的"咬文嚼字"二者是否矛盾?我们应该如何理解二者的关系?请以学习小组为单位,谈一谈你的看法。

3. 结合文中对"套板反应"的解释,探讨在文艺创作领域有哪些常见的"套板反应"?为冲破"套板反应"的桎梏,除了"咬文嚼字",我们还可以采取哪些策略?试举例说明。

 拓 展 阅 读

说　　话

朱自清

谁能不说话,除了哑子?有人这个时候说,那个时候不说;有人这个地方说,那个地方不说;有人跟这些人说,不跟那些人说;有人多说,有人少说;有人爱说,有人不爱说;哑子虽然不说,却也有那咿咿呀呀的声音,指指点点的手势。

说话并不是一件容易事。天天说话,不见得就会说话;许多人说了一辈子话,没有说好过几句话。所谓"辩士的舌锋""三寸不烂之舌"等赞词,正是物以稀为贵的证据;文人们讲究"吐属",也是同样的道理。我们并不想做辩士、说客、文人,但是人生不外言动,除了动就只有言,所谓人情世故,一半儿是在说话里。古文《尚书》里说,"唯口,出好兴戎",一句话的影响有时是你料不到的,历史和小说上有的是例子。

说话即使不比作文难,也绝不比作文容易。有些人会说话不会作文,但也有些人会作文不会说话。说话像行云流水,不能够一个字一个字推敲,因而不免有疏漏散漫的地方，不如作文的谨严。但那些行云流水般的自然，却绝非一般文章所及——文章有能到这样境界的，简直当以说话论，不再是文章了。但是这是怎样一个不易到的境界！我们的文章，哲学里虽有"用笔如舌"一个标准，古今有几个人真能"用笔如舌"呢？不过文章不甚自然，还可成为功力一派，说话是不行的；说话若也有功力派，你想，那怕真够瞧的！

说话到底有多少种，我说不上。约略分别：向大家演说，讲解，乃至说书等是一种，会议是一种，公私谈判是一种，法庭受审是一种，向新闻记者谈话是一种——这些可称为正式的。朋友们的闲谈也是一种，可称为非正式的。正式的并不一定全要拉长了面孔，但是拉长了的时候多。这种话都是成片段的，有时竟是先期预备好的。只有闲谈，可以上下古今，来一个杂拌儿；说是杂拌儿，自然零零碎碎，成片段的是例外。闲谈说不上预备，满是将话搭话，随机应变。说预备好了再去"闲"谈，那岂不是个大笑话？这种种说话，大约都有一些公式，就是闲谈也有——"天气"常是闲谈的发端，就是一例。但是公式是死的，不够用的，神而明之还在乎人。会说的教你眉飞色舞，不会说的教你昏头奄脑，即使是同一个意思，甚至同一句话。

中国人很早就讲究说话。《左传》《国策》《世说》是我们的三部说话的经典。一是外交辞令，一是纵横家言，一是清谈。你看他们的话多么婉转如意，句句字字打进人心坎里。还有一部《红楼梦》，里面的对话也极轻松、漂亮。此外汉代贾君房号为"语妙天下"，可惜留给我们的只有这一句赞词；明代柳敬亭的说书极有大名，可惜我们也无从领略。近年来的新文学，将白话文欧化，从外国文中借用了许多活泼的、精细的表现，同时暗示我们将旧来有些表现重新咬嚼一番。这却给我们的语言一种新风味、新力量。加以这些年说话的艰难，使一般报纸都变乖巧了，他们知道用侧面的、反面的、夹缝里的表现了。这对于读者是一种不容避免的好训练；他们渐渐敏感起来了，只有敏感的人，才能体会那微妙的咬嚼的味儿。这时期说话的艺术确有了相当的进步。论说话艺术的文字，从前著名的似乎只有韩非的《说难》，那是一篇剖析入微的文字。现在我们却已有了不少的精警之作，鲁迅先生的《立论》就是这样的。这可以证明我所说的相当的进步了。

中国人对于说话的态度，最高的是忘言，但如禅宗"教"人"将嘴挂在墙上"，也还是免不了说话。其次是慎言、寡言、讷于言。这三样又有分别：慎言是小心说话，小心说话自然就少说话，少说话少出错儿。寡言是说话少，是一种深沉或贞静的性格或品德。讷于言是说不出话，是一种浑厚诚实的性格或品德。这两种多半是生成的。第三是修辞或辞令。至诚的君子，人格的力量照彻一切的阴暗，用不着多说话，说话也无须乎修饰。只知讲究修饰，嘴边天花乱坠，腹中矛戟森然，那是所谓小人；他太会修饰了，倒叫人不信了。他的戏法总有让人揭穿的一日。我们是介在两者之间的平凡的人，没有那伟大的魄力，可也不至于忘掉自己。只是不能无视世故人情，我们看时候，看地方，看人，在礼貌与趣味两个条件之下，修饰我们的说话。这儿没有力，只有机智；真正的力不是修饰所可得的。我们所能希望的只是：说得少，说得好。

（选自《话亦有道》，鲁迅等著，姚宏越编，辽宁人民出版社2011年版，原文有改动）

谈 辞 令

弗兰西斯·培根

某些人在言谈中更欣赏能自圆其说的趣言妙语,而不注重可辨明真伪的判断能力,仿佛值得赞赏的应该是知其所言,而不应该是知其所思。某些人熟谙一些老生常谈,并善于就此高谈阔论而少有发挥,这种贫乏之辞多半都单调沉闷,而且一经察觉会显得荒唐可笑。善于辞令者的可贵之处在于能提起话头,缓和话锋并转移话题,这种人可谓交谈的指挥。

言谈话语最好能有抑扬张弛,如在时事中加以论证,在铺叙中夹以推理,忽而提问忽而酬答,有时调侃有时认真,因为老用一种腔调平铺直叙会令人感到乏味,就如人们时下爱说的"简直没劲儿"。说到调侃,须注意有些事不可成为调侃的对象,如宗教、国务、伟人,以及任何人的当务之急和任何值得同情的病症;然而有些人以为言辞不刻薄就不足以显示其风趣,这是一种应加以制止的倾向,

> 小伙子哟,请少用鞭子,多拉缰绳。①

况且一般说来,听话人应该能辨出何为风趣何为尖刻。所以好冷嘲热讽者固然会使别人怕他的妙语,但他也肯定有必要担心人家的记忆。交谈中善于提问者不仅自己会获益匪浅,而且可使他人也得到满足,尤其是当他针对别人的专长提问之时,因这样他就使别人乐于开口,而他自己则可不断地获取知识;但所提的问题不可太难,因为太难的问题只适合老师考学生。

若作为席谈的主人,务必保证让人人都有说话的机会,如果有人谈锋过健,悬河滔滔而不绝,就应设法转移话题,引其他人加入交谈,就像当年乐师们对付加利亚舞②舞迷所做的那样。若对别人确信你懂得的事偶尔佯装不知,那下次你对不懂之事保持沉默别人也会以为你懂。交谈中应少提自己,提及时应出言谨慎。我曾认识的某人爱说一句风凉话,曰:过多言及自己的人肯定是智者。只有在一种情况下人可以既称赞自己又不失体面,那就是在谈另一个人的优点之时,尤其是所谈的那种优点说话人本身也具有。议论应尽量避免针对具体的个人,因为交谈应像一片原野纵横阡陌,没有直达某人家的专道。我曾认识两位贵族,都是英格兰西部人,其中一位有嘲弄人的癖好,但却爱在家中设华宴款待宾客;而另一位则爱问去过他家的赴宴者:"请说实话,难道

---

① 语出奥维德《变形记》。　② 加利亚舞(galliard)是一种轻快活泼的三节拍双人舞,于1541年从法国传入英国,在伊丽莎白时代曾风靡一时,跳此舞者往往乐而不倦,故乐师们常主动变换舞曲以照顾他人。

席间没人被他讽刺挖苦？"客人们常常回答有诸如此类的事情发生，于是问话的一位常说："我早料到他会糟践那桌佳肴。"

慎言胜过雄辩，所以与人交谈时，话语中听比妙语如珠或有板有眼更为重要。善滔滔大论而不善酬答显反应迟钝；善应答酬对而不善侃侃长谈则显浅陋单薄。就像世人在动物界所见，不善久奔者多敏于腾挪转身，一如猎犬和野兔之分别。谈要点之前铺陈太多会令人生厌，但毫无铺陈又显得生硬。

（选自《培根随笔集》，培根著，曹明伦译，人民文学出版社2006年版，原文有改动）

作者简介

弗兰西斯·培根（1561—1626），英国文艺复兴时期散文家，唯物主义哲学家，实验科学的创始人，是近代归纳法的创始人，又是给科学研究程序进行逻辑组织化的先驱，被马克思称为"英国唯物主义和整个现代实验科学的真正始祖"。

培根12岁入剑桥大学，后担任女王特别法律顾问及朝廷的首席检察官、掌玺大臣等。晚年，他遭受宫廷阴谋被逐出宫廷，脱离政治生涯，专心从事学术研究和著述活动，写成了一批在近代文学思想史上具有重大影响的著作，如《学术的进展》《新工具》《培根论说文集》。培根指出，知识并不是我们推论中的已知条件，而是要从条件中归纳出结论性的东西。人要了解世界，就必须观察世界，先要收集事实，再用归纳推理的手段从这些事实中得出结论。培根认为，这套方法可以告诉我们如何整理科学必须依据的观察资料。他说，我们既不应该像蜘蛛，从自己肚里抽丝结网，也不可像蚂蚁，单只采集，而必须像蜜蜂一样，又采集又整理。可见，培根主张理论与技术应相辅相成。此外，培根还以哲学家的眼光，思考了广泛的人生问题，写出了许多形式短小、风格活泼的小品文，并集结为《培根随笔集》发表，为后世留下了诸多隽永深沉、意味悠长的哲言警句。

作品解读

本文选自培根的《培根随笔集》，最初发表于1597年，以后又逐年增补。该书文笔言简意赅、智睿夺目，包含了许多洞察秋毫的经验之谈，内容涉及政治、经济、伦理、艺术和教育等诸多领域，语言简洁，文笔优美，说理透彻，警句迭出，从字里行间透露出作

5.4 培根随笔

者的人生态度和处事方式,蕴含着培根的思想精华。

交谈是人们表达思想、交流信息、传递情感最直接、最迅速的方式。言谈交流是一门艺术,可以反映出一个人的综合素养。舒适的言谈,能让我们更快地建立良好的人际关系,不当的言谈,则会让我们在对方心里留下不好的印象,导致人际关系一落千丈。因此,交谈中的辞令至关重要。

在《谈辞令》一文中,培根先是谈论了善于辞令者的可贵特质,即在内容上应辨明真伪、具备深度,在节奏上要缓和话锋、张弛有度,如此才能成为"交谈的指挥",让整场对话舒适自然、意趣横生。他之后指出了尖刻和风趣的区别,注明了调侃的禁忌对象,这也是交谈过程所应展现出的基本礼貌。每个人都有自尊,只有去尊重别人,才会赢得别人的尊重,才有利于沟通,因此,尽量规避尖刻的言辞,尊重他人,是与他人沟通交流的要义。一个重要的言谈技巧就是善于在交谈中提问,特别是针对别人的专长提问,这样既可以让自己获得知识,又可以让他人获得倾吐的满足,但对问题的难度须有所把控。在交谈中涉及自己时,特别需要出言谨慎,慎言胜于雄辩。另外,议论也应尽量避免针对具体的人,否则可能会陷入讽刺嘲弄的场面。最后提及,在与人交谈时要把握"度"的原则,在要点铺陈长度上恰如其分、适可而止,在滔滔大论和酬答应和之间辗转腾挪、找寻平衡。

 思考与练习

1. 培根在《培根随笔集》中说:"慎言胜过雄辩",《格言联璧》也有"修己以清心为要,涉世以慎言为先"一话。你是如何理解的"慎言"呢?慎言是不是"不关己事不张口,一问摇头三不知"? 请以学习小组为单位进行分析,并发表你的感想。

2. 言谈举止是一个人修养的外在表现,可以通过后天的自制和不断学习来获得提升。请结合所学文章,谈一谈你认为可以从哪些方面提升自己言谈举止间的修养。

 拓 展 阅 读

谬 误 与 诡 辩

李衍华

读史使人明智,读诗使人聪慧,演算使人精密,哲理使人深刻,伦理使人有修养,逻辑使人善辩。

——培根

谬误是指在思维和语言表达中所产生的一切逻辑错误。诡辩,也属于谬误,但它是故意违反事理而又貌似合乎逻辑的一种谬误论证。诡辩是谬误,而谬误并不都是诡辩。诡辩的特点在于"貌似合乎逻辑",具有故意欺骗性。在日常语言交流或论辩中,常会遇到各种不同类型的诡辩。由于它们常披以逻辑外衣,因而更需要用逻辑来破解。

　　下面介绍一些谬误和诡辩。

1. 诉诸人身

　　——为什么不能推出"陈某不能被提拔"?

　　诉诸人身,也称"以人为据":根据某人的身份、经历、言行等方面的某些情况,证明其人是否可信的谬误。例如:

　　某公司职员张某向公司经理说:"陈某不能被提拔,因为他性格急躁,过去犯过错误,所以不能提拔。"

　　张某的论证过程是:论题是"陈某不能被提拔",论据是"他性格急躁,过去犯过错误",结论是"不能提拔"。论证方式是"充分条件假言推理的演绎论证",其中省略了大前提"如果是性格急躁,过去犯过错误的人,就不能被提拔",但这是一个不真实的判断,不能推出必然为真的结论。人有某些缺点,甚至过去有某些错误,并不能成为不能提拔的充分理由。

2. 同语反诉

　　——为什么不能推出"你没有权利指责别人"?

　　同语反诉:用对方与自己相同的错误反推对方无权指责的谬误。例如:

　　林某指责高某说:"你登在学报上的那篇文章是抄袭别人的,不该这样做。"高某对林某说:"你没有权利指责别人,因为你去年也发过一篇抄袭别人的文章。"

　　高某认为"你没有权利指责别人"的理由,是"你去年也发过一篇抄袭别人的文章"。这种用对方的错误否认对方指责的说法,只能是为自己开脱,并不能否定自己的抄袭行为。

3. 诉诸无知

　　——为什么不能推出"他在银行一定有存款"?

　　诉诸无知:根据不能证明某情况存在而推断其相反情况存在的谬误。例如:

　　某人说:"他在银行一定有存款,因为,没有人能证明他在银行没有存款。"

　　这段话中,某人认为"他在银行一定有存款"的理由,是"没有人能证明他在银行没有存款"。如果一件事不能被证明,就等于没有证明,任何没有证明为真的判断,都不能作为有效论据进行推论。

4. 偶然关联

——为什么不能推出"下次郊游,别选周日去"?

偶然关联:把偶然现象误作必然现象的谬误。例如:

> 商量郊游时,有人说:"我们下次郊游,别选周日去,因为前两次选周日去,不是刮风,就是下雨。"

根据过去两次周日的情况,就推断以后周日也必然发生该情况,把偶然看作必然,是很不靠谱的。

5. 非黑即白

——为什么不能推出"不让我选最高层,就让我选最底层吗"?

非黑即白:将多种可能误认为只有两种极端可能并作出非此即彼的推断谬误。例如:

> 张先生要买一座高层楼房中的一套住房,选楼层时要选最高层的,妻子不同意。张先生说:"不选最高层的,难道你让我选最底层的吗?"

实际上,选楼层时有多种可能,"最高层"和"最底层"是两种极端的选择,还有"中层"的许多选择。张先生反驳妻子说法时,无视其他选择,作出了"非此即彼"的推断,犯了"非黑即白"的谬误。

6. 偷换概念的诡辩

——为什么张先生喝完价值10元的咖啡,却不付钱就走?

> 星期天,张先生在公园里游览了一天,又渴又饿,走进一家咖啡厅,要了一份价值10元的夹肉面包。这时,张先生问老板:"咖啡多少钱一杯?"老板答:"10元。"张先生说:"我现在渴比饿厉害,不要面包了,用它换一杯也是10元的咖啡,可以吗?"老板说:"当然可以。"于是,张先生退了夹肉面包,换来一杯咖啡。
>
> 张先生很快喝完了咖啡,起身正要走时,老板叫住了张先生说:"您还没付钱呢!"张先生说:"我不是用与咖啡等价的夹肉面包换的吗?"老板说:"您的面包并没付钱。"张先生说:"我并没有吃面包,而且退还给你,为什么要付钱?"老板一时语塞,不知该怎样说服张先生。

[分析]

诡辩是一种貌似合乎逻辑,实则违反逻辑的谬误论证。在这则诡辩故事中,张先生故意用"偷换概念"的手段,说得似乎很有道理,一时把老板弄糊涂了。

在张先生的思维中,把"未付钱的夹肉面包"偷换为"已付钱的夹肉面包",然后,把"已付钱的夹肉面包"换成与它等价的咖啡,造成咖啡已付钱的假象。当老板指出面包没付钱时,正中张先生下怀,振振有词地说:"面包没吃,当然不付钱。"掩盖了用面包换咖啡的事。其实,老板应指出:"你是用没付钱的夹肉面包换的咖啡喝,面包没吃不付钱,咖啡喝了当然要付钱。"

从用词上看,"换",可以有各种不同对象之间的"换"。张先生换咖啡时,在思维中完成了一次偷换操作,即把实际上是"未付钱的面包",偷换为"已付钱的面包",再去换同价的咖啡,造成"偷换概念"的诡辩。

7. 重复计算的诡辩
——为什么黄女士拿价值一万的项链却要换价值两万的项链?

黄女士在一家珠宝店买了一条价值一万的项链,回家后又觉得不可心,第二天拿到珠宝店要求换一个价值两万的项链。黄女士对店主说:"昨天已付过你一万,今天又拿一条价值一万的项链给你,一共是两万,请给我一条价值两万的项链。"店主用疑惑的眼光盯着黄女士,一时不知如何作答。

[分析]

黄女士的说法听起来似乎很有道理,实际是一种"重复计算"的诡辩。黄女士第一天买到的项链已付出一万,该项链已实现了自身的价值。如果要用它再来换其他的项链,只能换价值相等的项链。如果把它又当一万,再加上已付出的一万,作为两万来付款,等于对它的价值加倍计算了。店主应要求黄女士先退货,让黄女士拿回付出的一万,然后再买其他价值的项链。

店主也可以换一种说法说服黄女士:"昨天我已经给了你一条价值一万的项链,今天若再给你一条价值两万的项链,一共已是三万;而你昨天付给我一万,今天又给我一条价值一万的项链,一共也只是两万,还差一万呀!"这样说,把双方付出的价值都算清楚,自然也就找出中间的不等价差额了。

由上面对两种诡辩例子的分析,可以看出,要识破诡辩伎俩,需要具备一定的逻辑知识和辨析能力,这样才能有效地揭穿各种貌似合乎逻辑的诡辩谬误。

(选自《咬文嚼字的逻辑》修订版,李衍华编著,
北京大学出版社2019年版,原文有删改)

单元实训

语言表达

辩 论 技 巧

学习目标 >>>

了解辩论的种类和语言类型,掌握辩论的技巧。

知识链接 >>>

在一次记者会上,朱镕基总理接受了记者提问。

记者:"朱总理,我们想请问,无论下一届总理是谁,你觉得他应该有什么优点呢?你认为他在哪个方面应该向你学习? 在哪个方面不应该向你学习?"

朱总理:"我是很佩服你们新闻记者的执着和毅力的,总是要把这个问题追个水落石出。关于我本人,除了我确实是在埋头苦干,我没有什么优点。我不希望别人学习我,特别是某家香港报纸说我的本事就是拍桌子、捶板凳、瞪眼睛,那就更不要学习我。但是这家报纸说得不对,桌子是拍过,眼睛也瞪过,不瞪眼睛不就成植物人了嘛,板凳是绝对没捶过,那捶起来是很疼的。至于说我这样做是为了吓唬老百姓,我想没有一个人相信他这种说法。我从来不吓唬老百姓,只吓唬那些贪官污吏。"

记者的提问十分刁钻,企图让朱总理对自己的政绩及缺点做一番评价。朱总理的回答却十分巧妙,他举香港一家报纸对自己的评论,用幽默的语言,否定了"捶板凳",赢得了众多记者的掌声。朱总理的这段答记者问,真是口舌生风,妙趣横生,被誉为辩论口才的"红色经典"。

辩论是一种常见的语言交流形式,大到联合国关于国际事务的争辩、法庭上是非曲直的诉讼,小到工作中出现分歧时的争执,甚至生活中买东西时的讨价还价,都涉及辩论。很多问题正是通过辩论得以澄清、得到解决的,比如人们思想的沟通、正确认识的形成、合法权益的维护等。辩论活动可以提升我们思维的灵活性,增进表达的逻辑性。因此,掌握一定的辩论技巧,适当地开展辩论训练很有必要。

一、辩论的概念

辩论,是观点对立的双方或多方,就同一论题,阐述己见,批驳或说服对方时所进行的言语交锋。辩论的最终目的是辩明事理,彰扬真理,否定谬论。

二、辩论的作用

就口语表达而言,辩论有以下两方面的重要作用。

(一)激发求知欲望,深化对事物本质的认识

在一般情况下,由于受主客观条件的制约,个人在思想认识上存在着局限性,容易被表面现象蒙蔽,因而对某些事物的真相认识不清;与某些思辨能力强或对某些事物有研究的人进行争辩,就会受到启发,提高认识,掌握规律。通过辩论,人们会发现有许多问题看似明白,追根究底却又说不清楚,这就促使他们扩大视野,学会灵活运用所掌握的知识去分析解决问题。

(二)培养综合能力,全面提高口语表达水平

在辩论过程中,要求能迅速提取个人知识储备的有关信息进行思辨,具有确定自己立论的能力、边听边归纳对方话语要点的能力、判断对方见解正误的能力和快速组织语言做出有针对性的反应的能力。论述自己观点时要逻辑严密、条理清晰;反驳对方观点时要分析透辟、制其要害。通过辩论训练,人们注意力的集中性、指向性、思维的敏捷性、灵活性、表达的准确性、条理性,都会得到很好的培养,逻辑推理能力、现场应变能力和即兴讲说能力,都会得到有益的锻炼,从而能全面提高口语表达水平。

除此之外,在宏观领域,辩论也是发扬真理、揭穿谬误的重要武器,是保护公民正当权益、捍卫法律尊严的重要手段,是推进学术发展的重要途径,是保证决策科学化的重要条件。

三、辩论的原则

(一)实事求是原则

俗话说:"事实胜于雄辩。"辩论须对事实予以尊重,予以承认。对用来证明己方观点的材料,不能信口胡说;对对方引用的材料,不能随意否定。对经过辩论已被证明为正确的观点或理论应予以承认,对错误的观点或理论应自觉摒弃。遵守实事求是的原则,观点鲜明、理据充分。

(二)逻辑推理原则

逻辑推理是辩论的主要工具,要使辩论充满魅力,需要正确运用三段论、选言、假言、二难、归纳、类比、反证、归谬等逻辑推理形式,彰显令人倾倒的逻辑力量,分清辩题的共认点、异认点,分清异认点的主次。遵守逻辑推理的原则,剖析辩题、理解原意。

(三)平等相待原则

辩论者的人格是平等的,绝无尊卑大小、高低贵贱之分。因此,在辩论时,应大方而

不过于矜持,谦虚而不矫饰诈伪。既不仰视对方,将其看得高大无比;也不居高临下,在其面前盛气凌人。面对强者,不唯唯诺诺、低三下四;面对弱者,不趾高气扬、神气活现。遵守平等相待的原则,态度诚恳、有理有节。

四、辩论的种类

辩论根据场景可分为六大类,即学术辩论、决策辩论、法庭辩论、专题辩论、赛场辩论和日常辩论。

(一)学术辩论

学术辩论是辩论中常见的形式。开展学术上不同观点、不同思想辩论的"百家争鸣",是促进科学发展、文化繁荣的重要方法。由于立场、客观等方面的限制,我们的认识是不平衡的,在学术领域,必然也会存在各种不同的观点和理论体系。开展争鸣辩论能够更好地明辨是非优劣,这就可以使人们在各个学科中的正确认识不断发扬光大,逐渐去认识和掌握各种学科领域中客观事物的本质和规律,从而建立、巩固、发展各种优秀的观点和理论体系。

(二)决策辩论

决策是一种重要的领导行为,辩论活动会影响决策者意志,左右决策方案。我国浩如烟海的文化典籍,给我们留下了许多脍炙人口的故事,如商鞅与甘龙、杜挚等秦国旧臣展开辩论,坚定了秦孝公改革的决心;诸葛亮与东吴主和派群儒展开辩论,推进了"联刘抗曹"战略的施行;施琅在清政府收复台湾后,与主张迁民弃台的一批重臣展开辩论,坚决主张留台、守台,最终力排众议,将台湾划为郡县,由中央统一管理;在社会主义新中国的历史上,围绕党和国家工作重心的转移、重大方针政策的制定、重大工程的动工等,都曾在内部展开过不同程度的辩论,影响着最终决策的出台。

(三)法庭辩论

法庭辩论是法律活动的重要组成部分。诉讼活动包括两个方面:诉,就是告诉、控诉;讼,则是辩论是非。现代法庭审判中,辩论是法定的重要程序之一。我国刑事和民事诉讼的有关法律均规定有辩护制度,以确保诉讼双方的法律权利。刑事和民事这两种不同诉讼的法庭辩论,从法律角度来看是有区别的,但从辩论的角度来看,却是基本相同的,都是为了辩明事实真相,以确保法庭审判的正确,防止冤、假、错案的发生。

(四)专题辩论

专题辩论是指在专门场合进行的有特定议题的辩论,如毕业答辩、外交谈判、联合国大会辩论、各种谈判中所发生的论辩等。在很多国家的总统竞选中,也设有"电视辩论"的节目,辩论能力也作为衡量总统才能的综合性指标。专题辩论的形成标志着当今的人类文明已经进入一个激烈的智力竞争的时代,竞争的武器由金属制成的枪和剑转变为唇枪舌剑。

（五）赛场辩论

赛场辩论,是将辩论作为一种比赛项目来进行的演练活动,侧重于人们言辞表达能力的展现。一些著名赛事有国际大学群英辩论会、世界华语辩论锦标赛、华语辩论世界杯等,参加者多为各国大学生。比赛前,先确立一个辩题,辩题可以涉及社会、道德、法律、伦理、政治等人们所关心的方面。比赛的双方分为正题方和反题方,正题方支持这一辩题,反题方则反驳这一辩题。评分以参赛人员的立场、辞令和演讲风度三项作为衡量依据,总分最高者胜。

（六）日常辩论

日常辩论是指人们在日常生活中随时随地发生的争辩,常采用当场辩论、摆事实、讲道理的方式。它一般是在双方都没有准备的情况下,由眼前突然触发的景象而即兴引起的。

五、辩论的语言类型

辩论的语言类型,主要有申辩和驳辩两种。

（一）申辩

申辩就是表明自己的立场,提出自己的立论,说明自己立论的理由和根据。优美的语言表达、恰当的修辞能使申辩逻辑框架更为丰满,从而使辩论更具感染力和说服力。在1999年国际大专辩论赛的决赛现场,决赛双方围绕"美是客观存在还是主观感受"的议题展开辩论,西安交通大学谭琦关于"美是主观感受"的申辩,被评委们公认是"最优美的辩词,美丽得让人动容",以下是他的精彩发言:

> 如果美和美的感受不是统一起来的话,那么这个感受反映这个客观存在的时候,就必然有真假对错之分,可是我们谈了这么多美的角度、美的欣赏,您能告诉我哪一个是对的,哪一个是错的吗?和对方辩友清谈主观、客观,不如我真的拿出一个具体的客观实例来。请问对方辩友(举着一枝玫瑰花),您告诉我,在大家的眼中,这是不是同一枝花,但在大家的心中是不是有不同的美的评价?伤心的人会说"感时花溅泪";高兴的人会说"花儿对我笑";憔悴的人会说"人比黄花瘦";而欣喜的人会说"人面桃花相映红"。有人说花是有情的,所谓"落红不是无情物,化作春泥更护花";有人说花很无情,"癫狂柳絮随风舞,轻薄桃花逐水流"。原因是什么?"年年岁岁花相似,岁岁年年人不同",客观上,"花自飘零水自流",可是我们主观上却是"一种相思,两处闲愁"。谢谢!

（二）驳辩

驳辩是揭露对方认识上的谬误,反驳其错误观点,以击败对方的立论,可以有不同的途径。既可以直接反驳论点,也可以指出对方论据的虚假之处,使其立论因失去依据而站不住脚,还可以指出对方论证方法的错误,揭示其论点与论据缺乏联系或论点未得到证明,以此进行反驳。

下面结合鲁迅写的《中国人失掉自信力了吗?》一文,来看驳辩的思路。

从公开的文字上看起来：两年以前，我们总自夸着"地大物博"，是事实；不久就不再自夸了，只是希望着国联，也是事实；现在是既不夸自己，也不信国联，改为一味求神拜佛，怀古伤今了——却也是事实。

于是有人慨叹曰：中国人失掉自信力了。

如果单据这一点现象而论，自信其实是早就失掉了的。先前信"地"，信"物"，后来信"国联"，都没有相信过"自己"。假使这也算一种"信"，那也只能说中国人曾经有过"他信力"，自从对国联失望之后，便把这他信力都失掉了。

失掉了他信力，就会疑，一个转身，也许能够只相信了自己，倒是一条新生路，但不幸的是逐渐玄虚起来了。信"地"和"物"，还是切实的东西，国联就渺茫，不过这还可以令人不久就省悟到依赖它的不可靠。一到求神拜佛，可就玄虚之至了，有益或是有害，一时就找不出分明的结果来，它可以令人更长久地麻醉着自己。

中国现在是在发展着"自欺力"。

自欺也并非现在的新东西，现在只不过日见其明显，笼罩了一切罢了。然而，在这笼罩之下，我们有并不失掉自信力的中国人在。

我们自古以来，就有埋头苦干的人，有拼命硬干的人，有为民请命的人，有舍身求法的人……虽是等于为帝王将相作家谱的所谓"正史"，也往往掩不住他们的光耀，这就是中国的脊梁。

这一类的人们，就是现在也何尝少呢？他们有确信，不自欺；他们在前仆后继地战斗，不过一面总在被摧残，被抹杀，消灭于黑暗中，不能为大家所知道罢了。说中国人失掉了自信力，用以指一部分人则可，倘若加于全体，那简直是诬蔑。

要论中国人，必须不被搽在表面的自欺欺人的脂粉所诓骗，却看看他的筋骨和脊梁。自信力的有无，状元宰相的文章是不足为据的，要自己去看地底下。

从题目就不难看出，这篇文章反驳的是"中国人失掉自信力"的观点。那么是怎样反驳的呢？文章先承认对方的论据是真实的：两年前自夸"地大物博"是事实，后来相信国联是事实，现在求神拜佛也是事实。但接着指出，这些都不是"自信力"，"信地""信物""信国联"都是"他信力"，而求神拜佛则是"自欺力"。既然"不曾有过自信力"，当然也就无所谓"失掉了"。也就是说，对方的论据证明不了对方的论点。

此外，在文章的后一部分，还树立了一个与错误论点相对立的论点："我们有并不失掉自信力的中国人在"，并加以证明："我们自古以来，就有埋头苦干的人，有拼命硬干的人，……""这一类的人们，就是现在也何尝少呢？"这样，通过证明这个论点的正确，也就批驳了"中国人失掉自信力"的说法。

六、辩论的技巧

（一）临场不乱

口头辩论是面对面进行的，辩者都是临场的，即时性特点非常明显，辩手要稳定心态、沉着应变，清除上场的紧张感，克服胆怯状态。自己或队友失言时，要不失常态，并做出恰当的补救。

著名相声演员马季，有一次到湖北黄石市演出，他的搭档在演出时无意将"黄石市"说成"黄石县"，在场的观众一时惊讶。马季立即接过话头："我们今天有幸来到黄石省……"这话又把观众弄得糊涂了。马季解释道："方才，我的搭档把黄石市说成黄石县，降了一级。我在这里当然要说成省，给提上一级。这样一降一提，哈！就持平了！"在场的观众无不佩服马季这种失言不失态、及时进行补救的应变技巧。

（二）立论精当

辩论是由立论和反驳两个基本环节构成的，其中立论就是为了证明己方的基本立场，它是反驳的基础和必要的阶梯，是辩论的灵魂。如果己方立论不稳，自然会被对方攻击得没有招架之功，更谈不上发起对对方的反攻了。可见，立论的好坏，直接关系到辩论的成败。因此，要运用严密的逻辑思维，构建坚实的理论框架，从而使自己的理论精当稳固。

某年大学生电视辩论大赛上，北京大学队的辩论题目是："我国现阶段应该鼓励私人购买轿车"。这一题目的关键是"轿车""鼓励"和"我国现阶段"这三个词。如何找准这三者之间的逻辑关系，从而形成一条强有力的立论思路，是能否构建严密防守体系的关键。作为正方的北大队根据其内在的逻辑联系推导出了这样的思路：

现阶段发展轿车工业是我国工业发展的主导方向之一，由于具有"三高一快"的特点，轿车工业被证明是经济起飞最有力的助推器，轿车的质量和产量也是衡量一个国家发展水平高低的标志，我国要想促进工业发展，就必须发展轿车工业。其次，轿车工业要发展，关键在市场。如何扩大市场，最便捷的方法是使汽车"飞入寻常百姓家"，因此，轿车工业同鼓励私人购买就存在着必然的联系。在此基础上，又依据其必然的逻辑联系充分论证了"鼓励购买"的现实可能性和必要性。

由于北大队在立论中充分运用严密的逻辑思维来确立自己的论证体系，保证了该体系的严整周密，所以，他们的立论在实践中既立得起，又防得住，达到了较好的效果。

（三）攻防有道

辩论中的自由辩论阶段，就是由进攻和防守两个方面组成的，因此，不仅要有进攻的准备，还要有防守的准备。只会进攻不一定能够取胜，只会防守则容易陷入被动。攻防有道、松弛有度，这样的队伍在辩论时才能游刃有余。

1. 辩论的进攻技巧

攻击，即在自由辩论中的主动进攻、主动发问。进攻能否有效，是由多方面因素决定的。

（1）问题准备。在辩论战略方案确定、辩词定稿后应做好关于辩论攻击的前期准备。一般而言,每位辩手应该根据自己所阐述的内容、自由辩论的时间长度准备向对方发问的问题。

一般初次上场,每位辩手应准备20个左右的问题。这样,四个辩手准备的问题应该约有80个,足够坚持到自由辩论结束。在有的比赛中,有的队员有时间却没有问题可以提问,这往往是准备不足导致的。

(2)提问层面。准备提问的问题,应该从三个层面上进行准备。

现象层面的问题,又称事实层面问题。这类问题极易引起听众的共鸣,提得好则很容易出彩,但也须注意,不可故作新奇而偏离辩题,进而产生负面效果。

理论层面的问题,又称论据层面问题。即对本方论点予以引申,对对方论点予以驳击的问题。这类问题,直问要问得尖锐,曲问要问得巧妙,反问要问得及时,逼问要问得机智,其效果就是让对方不好回答,又无法回避。

价值层面的问题,又称社会效应层面问题。即把对方论点、立场引申,从价值层面去延展它的效应,看其是否具备说服力。这类问题,一是能够扩大自由辩论的战场,使对方陷入被动境地,同时也可争取听众,得到评委的认同。但应注意,如果辩题立场对本方不利,则应慎重使用,以免搬起石头砸了自己的脚。

从这三方面进行提问,就能够形成立体阵势,使对方陷入被动境地。在一些比赛中,不少队伍只准备了一个层面的问题,且大多是现象层面的问题,只在趣味性上花时间,其结果是打击力度不强,不容易看到辩论的深度。

(3)进攻组织。自由辩论中的有效进攻,应当体现出进攻的有序性,即看得出轮番上阵的脉络,而其基本目的,就是在场上要有主动权,处于控制场面的主动地位。

为了达到这个目标,场上应该有"灵魂队员",或者称为"主力辩手"。他需要有冷静把握全局的眼光,充当场上的指挥员,务求进攻有效,其发问不仅是对对方的进攻,也是对本方立论的强化。若在一个层面上处于被动,要主动打破僵局,转向另一个层面,开辟新的进攻点;若本方误入对方圈套,也要能及时挽回并再次发起进攻。

当然,其他队员要主动配合、主动呼应,这样才能形成有效的进攻组织,充分发挥整体的力量,这就需要队员之间配合默契,形成"流动的意识整体"。

(4)进攻方法。进攻的方法,主要有以下几种。

一是以矛攻盾。即将对方论点和论据间的矛盾、这个辩手和那个辩手陈述中的矛盾、某个辩手陈词中的矛盾或其他方面的矛盾予以披露,将对方一小道漏洞缝隙撕大,令对方陷入被动。

二是引申归谬。即将对方的论点、论据,或是某个事实、某句话加以主动引申归谬,陷对方于左右被动、无力自救的境地。但要注意,引申须对准话题、有理有节,不可牵强附会,更不可做无病呻吟。

三是简问深涵。即提问的问题看似很简单,但却含义深刻,且与辩题密切相关。回答准确很难,但若答不出来就显得尤为尴尬,估摸回答也不甚准确,一般这种类型的提问,也容易让对方左右为难。

四是多方追问。即从几个方向、几个侧面、几个层次上同时问一类问题,使对方顾此失彼,没有招架的能力。但要注意的是,这类问题必须对准一个核心,以造成合围的态势,不能存在主要立场和观点上的偏差。

　　五是心理战术。即用心理调控的手段,直击对方情绪,引发情绪联动,从而"淹没"对方的理智,打乱对方的阵脚。但要注意的是,不能够进行人身攻击及情绪化的回应,更不可陷入无理纠缠甚至胡搅蛮缠之中。

2. 辩论的防守技巧

　　面对辩论中对方的进攻态势,防守中,应该注意的技巧有以下几个方面。

　　一是盯人技巧。即各人盯住各人的对象防守,一般来说就是一辩盯一辩,二辩盯二辩,即一辩回答一辩的问题,二辩回答二辩的问题。这样各人就会有关注的具体目标,不会出现易回答的问题抢着答,难回答的问题无人应答的情况。当然,在分工之余也要讲求合作,这就要发挥辩手各人的长项,如长于说理、长于说史、长于记忆、长于辨析等,对对方的提问做出针对性的防守,较难回答的问题往往由"灵魂队员"补救。

　　二是合围技巧。假如对方有一位非常突出的辩手,对本方威胁很大,甚至本方队员对其有畏惧感,这时往往会采用合围技巧。所谓合围技巧,就是以全队四人的力量来围击、合击,多人从不同的侧面对准对方的问题,以守为攻,此唱彼和,形成整体优势。需要注意的是,实力强大的队员仅靠一两个回合是难以制服的,因此要有韧劲,不可操之过急,争取五六个回合令其提不出更尖锐的问题,削弱其内在的进攻力,这样才能有取胜的基础。

　　三是高压技巧。一般在辩论赛中,由于参赛队的实力比较接近,所以在自由辩论中容易出现"同位推顶"的情况,既浪费时间,又不易取胜。破解的办法是采用高位压迫防守。若对方提出的是现象问题,就先将其提升到理论高度再来回答;若对方提出的是现实问题,那就从历史的角度来回答;若对方提出的是具体问题,那就以全景认识来回答。用"高位下罩"的方式回应对方的问题,便会使对方感到自己的思维位势稍逊一筹,从而内心产生动摇,攻击力也会随之下降。

　　四是揭弊技巧。即在回答问题时,巧妙合理地揭开其弊端。如同一个人陈词与发问中的矛盾,前一个问题与后一个问题的矛盾,两个或数个人问题中的矛盾,就可以将对方的陈词、反问、答问中的语言予以组合回击,使问题本身站不住脚。也可以从反方向上反问其问题的悖常性、悖题性、悖理性、悖逻辑性,对问题不做正面回答,而是对问题本身予以评价,或对之引申揭弊,直指其终端的谬误,或指其目的,断其归路。

　　五是启导技巧。对于对方一些有极强演讲欲与表现欲,但语词啰唆且不易冷静的辩手,在进行防守时可以采用一定的启导技巧,即在回答时巧妙开启对方的教导意识,任由其滔滔不绝地抒发观点,其直接效果就是长篇大论的观点内容繁复,消耗了对方的规定时间,使其陷入被动。

能力训练 >>>

以下是在以"不破不立"为题的辩论中，正方的一段辩词：

正方：大家好，我方观点认为"不破不立"。毛泽东在《新民主主义论》中曾说"不破不立，不塞不流，不止不行"，结合特定历史环境，也就是说，不破除旧的，不对旧的事物进行批判和革命，就不能建立新的事物。试问，不破除旧思想的桎梏，哪会有新事物的萌发？从《易经》的"穷则变，变则通"，到商鞅的"治世不一道，便国不必法古"，从黑格尔提出"否定之否定"的哲学规律，到梁启超呼喊"不破坏之建设，未能有建设者也"的变革豪情，都印证了"破旧方能立新"。在此，我要强调的是，我方所说的"破"是改造的过程，是克服自身不符合社会发展因素的过程，而绝非一种破坏的过程。因此，破是立的前提和基础，破的实质是扬弃，希望在接下来的辩论过程中，对方辩友不要混淆这一问题。谢谢各位！

5.5 辩论赛
介绍

1. 请谈一谈上面一段辩词的立论逻辑。
2. 你同意正方的观点吗？如果同意，请以"助辩"的身份帮助他补充；如果不同意，请作为反方的"辩手"进行辩论。选定立场后划分小组开展辩论，正反双方注意辩论技巧的运用。

第六单元

体悟匠心　追求卓越

面向社会，做好职业准备。体悟匠心，追求卓越。我们应该具备哪些职业素养呢？

庄子的《痀偻承蜩》《梓庆为鐻》，通过持之以恒、精益求精的痀偻老者和心无旁骛、精神专注的梓庆，告诉我们心志专一才能成就职业技能的出神入化；《轮扁斫轮》通过敢于质疑权威的轮扁，告诉我们只有在实践中磨炼才能掌握精湛技艺；洪烛、邱华栋的《老字号》，通过一个时代的"名牌"风采，为我们阐释了品质和诚信的重要性，"人无信不立，业无信不兴"；斯蒂芬·茨威格的《从罗丹得到的启示》，通过忘我工作的罗丹，告诉我们干一行、爱一行、专一行、精一行才能成为行业的精英；李斌的《以工匠精神雕琢时代品质》，以睿智的分析告诉我们时代呼唤"工匠精神"，也为我们职业学子指明了职业技能、职业素养的培育方向。

新时代的工匠精神，是爱岗敬业的职业精神，是精益求精的品质精神，是协作共进的团队精神，是追求卓越的创新精神。通过单元实训"职业岗位模拟面试"，明确职业目标，了解岗位需要的职业能力、职业素养。在职业学习的三年里，让我们一起，树匠心、炼匠艺、践匠梦，传承工匠精神，成就最好的自己！

6.1 第六单元导语

《庄子》三篇

痀偻承蜩

仲尼适^①楚，出于林中，见痀偻^②者承蜩^③，犹掇^④之也。

仲尼曰："子巧乎！有道^⑤邪？"

6.2《痀偻承蜩》朗读

曰："我有道也。五六月累丸二而不坠，则失者锱铢^⑥；累三而不坠，则失者十一；累五而不坠，犹掇之也。吾处身^⑦也，若厥株拘^⑧；吾执^⑨臂也，若槁木之枝；虽天地之大，万物之多，而唯蜩翼之知。吾不反不侧^⑩，不以万物易^⑪蜩之翼，何为而不得！"

孔子顾谓弟子曰："用志不分^⑫，乃凝于神^⑬，其痀偻丈人^⑭之谓乎！"

梓庆为鐻

6.3《梓庆为鐻》朗读

梓庆削木为鐻^⑮，鐻成，见者惊犹鬼神。鲁侯见而问焉，曰："子何术以为焉？"

对曰："臣工人^⑯，何术之有！虽然，有一焉。臣将为鐻，未尝敢以耗气^⑰也，必齐^⑱以静心。齐三日，而不敢怀庆赏爵禄^⑲；齐五日，不敢怀非誉巧拙^⑳；齐七日，辄然忘吾有四枝形体也^㉑。当是时也，无公朝^㉒，其巧专而外骨消^㉓，然后入山林，观天性^㉔，形躯^㉕至矣，然后成见鐻，然后加手^㉖焉，不然则已。则以天合天^㉗。器之所以疑神者^㉘，其^㉙是与！"

---

① 适：到，往。　② 痀偻(gōu lóu)：曲背。　③ 承蜩(tiáo)：用长竿粘取蝉。承，通"拯"，引取。蜩，蝉。　④ 掇(duō)：拾取。　⑤ 道：方法，技巧。　⑥ 锱铢(zī zhū)：古代重量单位，锱为一两的四分之一，铢为一两的二十四分之一，两者都是极小的计量单位。"锱铢"比喻极其微小的数量。　⑦ 处身：安处身形。　⑧ 厥(jué)：同"橛"，树桩。株：木桩。拘：通"枸"，树根盘曲交错。厥、株、拘三字意义相近，指树桩。　⑨ 执：举起，伸出。　⑩ 不反不侧：不翻身不侧身，这里指不移动身体。　⑪ 易：转移，转换。　⑫ 分：分散。　⑬ 凝于神：精神凝聚集中。　⑭ 丈人：古时对老年男子的尊称。　⑮ 梓(zǐ)：负责管理木工的官。庆：人名。梓庆即名叫"庆"的负责管理木工的官。鐻(jù)：古代一种乐器，似虎型，用木刻制。　⑯ 工人：做工匠的人。　⑰ 耗气：损耗神气。　⑱ 齐(zhāi)：同"斋"，斋戒，素食洁身，排除杂念。　⑲ 庆赏爵禄：庆贺、赏赐、爵位、俸禄。　⑳ 非誉巧拙：非议、赞誉、灵巧、笨拙。　㉑ 辄然：不动的样子。四枝：即四肢。　㉒ 无公朝：心中没有公家朝廷，好像不是为官府做鐻。公朝，朝廷。　㉓ 巧专：技巧专一。　㉔ 观天性：观察树木天然的性状。　㉕ 形躯：指树木的形体躯干。　㉖ 加手：动手加工。　㉗ 以天合天：第一个"天"指人的天然本性，第二个"天"指树木的天然本性。　㉘ 疑神：被怀疑为鬼神之作，相对前文"见者惊犹鬼神"而言。　㉙ 陈景元《庄子阙误》引江南古藏本"其"后有"由"字。

轮 扁 斫 轮

　　桓公读书于堂上。轮扁①斫②轮于堂下，释③椎凿④而上，问桓公曰："敢问⑤，公之所读者何言邪？"公曰："圣人⑥之言也。"曰："圣人在乎？"公曰："已死矣。"曰："然则君之所读者，古人之糟魄⑦已夫！"

　　桓公曰："寡人读书，轮人安得议乎！有说⑧则可，无说则死！"

　　轮扁曰："臣也以臣之事观之。斫轮，徐⑨则甘⑩而不固⑪，疾⑫则苦⑬而不入⑭，不徐不疾，得之于手而应于心，口不能言，有数⑮存焉于其间。臣不能以喻⑯臣之子，臣之子亦不能受之于臣，是以⑰行年⑱七十而老斫轮。古之人与其不可传⑲也死矣⑳，然则君之所读者，古人之糟粕已夫！"

6.4《轮扁斫轮》朗读

（选自《庄子集释》，郭庆藩撰，王孝鱼点校，中华书局2013年版）

作者简介

　　庄子（约前369—前286），名周，战国时期宋国蒙邑人，我国先秦时期伟大的思想家、哲学家和文学家，是先秦道家学派的主要代表人物，与道家始祖老子并称为"老庄"。庄子曾担任过宋国地方的漆园吏，史称"漆园傲吏"。庄子崇尚自由，主张"天人合一""清静无为"。庄子是老子学说的集大成者，他继承和发展了老子的"道法自然"观点，认为"道"无所不在，万事万物都应该顺应自然之道，自生自化是自然界的规律，人类活动也应该符合这一准则。在一定程度上，他提倡自由，对外物役使人心抱有批判的态度。他继承老子学说，倡导自由主义，蔑视礼法权贵，他的散文在先秦诸子散文中独树一帜。

6.5 老庄思想的区别

　　他的代表作《庄子》，又名《南华真经》，分为内篇、外篇、杂篇三部分，共

① 轮扁：可理解为制造车轮的人。轮，车轮；扁，匠人的名。　② 斫：用刀斧砍为斫。　③ 释：放下。　④ 椎凿：木匠工具。　⑤ 敢问：冒昧地问。　⑥ 圣人：指尧舜。　⑦ 糟魄：本义指造酒剩下的无用的渣滓，后比喻粗劣无用的事物，此处指古人的遗言。魄，通"粕"。　⑧ 说：解释，阐释。　⑨ 徐：缓，宽。　⑩ 甘：松滑。　⑪ 固：坚固。　⑫ 疾：急，紧。　⑬ 苦：涩滞。　⑭ 入：相适应，相吻合。　⑮ 数：方法，规律。　⑯ 喻：使……明白。　⑰ 是以：为介宾前置用法，可翻译因此、所以。是，代词，这，这个原因；以，介词，因，由于。　⑱ 行年：经历的岁月，指目前的年龄。　⑲ 其不可传：指古人之道。　⑳ 死矣：指古人已死，其道无法凭借书流传，也随之消失了。

33篇，是庄子及其弟子、后学著作的总汇，是道家经典。其中名篇有《逍遥游》《齐物论》《养生主》等。《庄子》一书开创了"三位一体"的写作手法，"寓言""重言""卮言"为主要表现形式，三者互相辅助，互相映衬，构成别具一格的艺术特色。《庄子》想象丰富，文笔恣肆汪洋，富有浪漫主义色彩；多用寓言，能把微妙难言的哲理写得引人入胜，被称为"文学的哲学，哲学的文学"。《庄子》不仅仅是一部哲学范畴的著作，它将哲学思想以一种艺术的表达形式呈现在世人面前。那些生动形象、幽默机智的寓言故事蕴含的不仅仅是人生大道理，更有着强烈的艺术感染力。《庄子》对于后世的屈原、陶渊明、李白、苏轼、曹雪芹、鲁迅等人都有着很深的影响。

作品解读

　　《痀偻承蜩》《梓庆为鐻》两篇皆出自《庄子·达生》。"达"指通晓、通达，"生"指生存、生命。"达生"，就是通达生命的意思。《达生》主要讨论的是如何养神，明确提出要摒除各种外欲，要心神宁寂事事释然。庄子通过"痀偻承蜩""梓庆为鐻"两则故事论道——通达生命的真相，是抛开名利，放下得失，忘掉自己，融入自然，遵从天道。养生可以使人长寿，但人生的意义不仅仅是长寿，而更在于悟道，了解生命的价值。

　　《痀偻承蜩》讲述孔子到楚国，走过一片树林，看见一位驼背老人用竿子粘蝉就像用手捡拾东西一样容易，通过交流得知驼背老人技艺熟练的方法，最终使孔子受益匪浅。

　　按理说捕蝉这件事对一个不能仰视的驼背老者来说，是非常困难的。但孔子看到的却恰恰相反，老人熟练的技艺让常人都不可企及。作品或直叙，或对话，形象地描绘了痀偻者抱定目标，在每年捕蝉的季节苦练勤学、循序渐进的情形，而终于达到捕蝉万无一失的境界。行文为了刻画他的苦学勤练，特别突出他习艺练技的难度："累丸二而不坠，则失者锱铢；累三而不坠，则失者十一；累五而不坠，犹掇之也。"虽然练习的难度很大，但由于专心苦练，捕蝉技巧日臻完美，蝉飞走的可能性越来越小，终达万无一失。说他一直练到"吾处身也，若厥株拘；吾执臂也，若槁木之枝。虽天地之大，万物之多，而唯蜩翼之知。吾不反不侧，不以万物易蜩之翼"。他处置自己的身体，像一根树桩那样纹丝不动；他举起胳臂，则像干枯的树枝。这些形象、生动的描写，都突出地展现了他的"用志不分，乃凝于神"的性格特点。老人技艺熟练的主要原因就是专一和刻苦。只有专心致志、精神集中、形神统一，才能掌握规律、得心应手、无往不胜、无所不能。要达到这样高的境界，必须经过长期的实践，苦练基本功，坚持不懈，直到炉火纯青。驼背老人的这一形象也说明，只要志专苦学，无难不克，即使客观条件较差的人，也能获得成功。

《梓庆为鐻》写一位专技者梓庆精修用心的过程，以喻"与自然为一"的道理。梓庆通过三个步骤依次淡忘了利、名、我，才能以我的自然和木的自然相应合，以天观天，以天合天，做出了鬼斧神工的鐻。梓庆回答鲁侯的话是本文重点，有转折，有波澜，生动自然，很有感染力。梓庆先说"我哪有什么技术？"故意曲折作笔，以蓄文势，然后层层推递，一泻千里，把道理说得淋漓透辟。为鐻之前，不敢"耗气"，要斋戒以静其心，使精神专一。"斋三日""斋五日""斋七日"几句排比，一层比一层深入，最后达到"忘吾有四枝形体"的高妙境界，真所谓远尘俗，忘形骸，超然物外！古人云："太上忘情。"世间的荣衰宠辱已不在心中，外界的纷乱也不能起作用，这样才可能有所作为。下面连用三个"然后"，如急弦繁管，将文章推向高潮。"不然则已"一句，劈空而下，斩截干脆，引出以人的自然来适合物的自然的主题。

《轮扁斫轮》出自《庄子·天道》，讲述轮扁斫轮于堂下，敢说齐桓公所读圣人之言是古人之糟粕。他用砍削车轮来阐释其中的道理。他说，砍削车轮，榫眼宽了，榫头就松滑而不牢固。榫眼紧了，榫头就涩滞而安不进去。不松不紧，得心应手，嘴里虽然说不出来，但分寸大小心里清楚。他无法明明白白地把这些告诉他的儿子，他的儿子也无法从他这里接受这些技巧，因此他年已七十，到老还在砍削车轮。古代的人及他们无法传授的东西都已经死了，那么，君王所读的书，都是古人的糟粕而已。轮扁斫轮的技艺达到了炉火纯青的程度，可他不能用语言表述，将其传给儿子。这并非轮扁语言能力低下，而是语言难以表达这种精妙的技艺，需要亲身体会，领悟其中奥义。

《庄子》有很多赞颂能工巧匠的篇章，如《养生主》中歌颂了善于解牛的庖丁，《天道》中歌颂了见解卓越、手艺高超的轮扁，《达生》中歌颂了善于游水的吕梁丈夫、具有捕蝉绝技的痀偻者和善于削鐻的梓庆。庄子对他们出神入化的技艺都进行了精心描绘，不仅文采斐然，思想性也非常强。这些能工巧匠都是平凡的人，因为专一、精益求精，而成为行业的翘楚，成为一代匠师。庄子说的道，与今天各行各业倡导的"工匠精神"不谋而合。其实不论是悟道还是做事，都要专心致志，都要精益求精。各行各业的平凡人，对本职工作认真钻研、精益求精，也能成为行业精英、大国工匠。

思考与练习

1. 分析"痀偻承蜩""梓庆为鐻""轮扁斫轮"三则故事的寓意。
2. 结合这三则故事，思考应该如何学习专业技能。

拓展阅读

忘是心的专注

高利民

忘心就是忘己而合于天，天在《庄子》一书占有重要位置。庄子说"道合于天，道兼于天"（《庄子·天地》）。天这个范畴有时可以替代道本身，有时也可以指道的最高原则和最高境界，还可以指具体之物的自然形态。忘己合天就是让心处于一个物我不分的完整语境空间之中，物不伤人，人亦不伤物。而且，人与物成为一体，对于人来说，他此时处于某种忘我的专注之中，亦可称之为忘境。一般人总是认为庄子提倡遗忘是一种使人处于无知觉的昏庸状态，这是错的。下面我们先看几个故事。

仲尼适楚，出于林中，见痀偻者承蜩，犹掇之也。仲尼曰："子巧乎！有道邪？"曰："我有道也。五六月累丸二而不坠，则失者锱铢；累三而不坠，则失者十一；累五而不坠，犹掇之也。吾处身也，若厥株拘；吾执臂也，若槁木之枝；虽天地之大，万物之多，而唯蜩翼之知。吾不反不侧，不以万物易蜩之翼，何为而不得！"孔子顾谓弟子曰："用志不分，乃凝于神，其痀偻丈人之谓乎！"（《庄子·达生》）

大马之捶钩者，年八十矣，而不失豪芒。大马曰："子巧与？有道与？"曰："臣有守也。臣之年二十而好捶钩，于物无视也，非钩无察也。是用之者，假不用者也以长得其用，而况乎无不用者乎！物孰不资焉！"（《庄子·知北游》）

梓庆削木为鐻，鐻成，见者惊犹鬼神。鲁侯见而问焉，曰："子何术以为焉？"对曰："臣工人，何术之有！虽然，有一焉。臣将为鐻，未尝敢以耗气也，必齐以静心。齐三日，而不敢怀庆赏爵禄；齐五日，不敢怀非誉巧拙；齐七日，辄然忘吾有四枝① 形体也。当是时也，无公朝，其巧专而外骨消。然后入山林，观天性，形躯至矣，然后成见鐻，然后加手焉，不然则已。则以天合天。器之所以疑神者，其是与！"（《庄子·达生》）

这三个故事有相同寓意：心有所忘才能专注做好一件事。因为此时心与物共属于某种情境，它们之间是没有分别、没有隔阂的，即心性与物性处于合一状态，心物相互配合、应合不会出现半点差错。人与物的关系如同左手与右手的关系。

---

① 四枝：四肢。

第一个故事大意：孔子到楚国去的路上看见一个驼背的老者，他正用竿子粘蝉，就像从地上拾取一般。孔子问他是否有什么技巧和门道。老者回答说，自己有方法，先是练习累迭弹丸，五六个月后去粘蝉，站在那里，身体如盘根于地面的断木，臂如枯木之枝，虽天地广大，万物繁多，但是只专注蝉的翅膀，身臂绝不变动，没有其他东西可以改变我对蝉翼的注视，这怎么会不成功呢？

　　第二个故事大意：大司马家有一个锻制带钩的人，已经八十岁了，工作时却一点差错也不出。大司马问他是有技巧还是有什么门道。他回答说："我有道也。我二十岁就喜好捶钩，周围的事物除了带钩我一概看不见。盖用心于此，便不会分心于彼，这样捶钩的技术越来越精。何况体道的圣人，无用无不用，故能成大用。如果这样，所有的物都会与他合宜地在一起。"

　　第三个故事大意：梓庆削木做镶，做成之后，见到的人惊为鬼斧神工。鲁侯问他，那是怎么做到的呢？梓庆回答说，自己只是一个做工的人，没有特别的技术。但是做镶之前要做一件事。那就是守气而不动心，必定以斋戒来安定心神。斋戒三天，不再有赏庆爵禄的思想。斋戒五天，便不存毁誉巧拙的念头。斋戒七天，平静得忘掉了四肢和形体。这时，无视功名，技巧专一而没有外物扰乱。然后进入山林，观察它们的天然质地，有形容躯貌精妙者，能够为镶，便动手加工，否则就停止不做。这便是以"我"之自然合"物"之自然，因能尽物之妙，所以被疑为鬼神之工。

　　这三个故事提了一个相同的问题：人怎样才能完美地完成一件事情？如何才能掌握一门出神入化的技艺？答案又几乎是相同的，他们有的虽然经历了长时间的训练，可是最重要的却是心无旁骛，精神专注。我们对庄子的误解由来已久，仿佛他只是一个逍遥自在的人，不拘小节，不过日常生活。实际上，庄子本人应该是极为严谨的，至少在思考和写作上如此。他的工作是思考通过何种途径能够转变人们观察事物的方式，以及如何能够把一件事做得合乎天机，从而不留痕迹。人只要活着，就得生活，就得做事。但是，庄子认为人们还不会做事，至少做得不够好。因为人们做任何事情的时候总是分心，总是因为外界的干扰而无法按照事情本身所要求的势态或节奏来进行。或者说，人们总是不能把自己的心思完全地投入到物与人所在的具体情境中去，他们的心总是在外面，被另外的不相干的东西诱惑和驱使。

　　就是说，人们总是被外在目的束缚，不断地自我观察、自我评价，一件事情还没有开始，已经有许多的利害关系悬隔在人与物之间了。人们往往不是按物所属的尺度来做事，即不是按照天然的尺度来做事，而是按照外在的要求和标准来扭曲物。人扭曲物，人自身也被扭曲了。如何能够像粘蝉的老者与捶钩的老者那样忘掉了周围的世界呢？梓庆详细地叙述了他在斋戒中摆脱外在干扰的过程，他的心最后变得能够直接显现事物天然的形态，因为那时他自己的心恢复了天然的本性。以天合天才能把一件事做得完美，完美在这里是指一种洽合与圆融，人与物似乎达到了一种空无状态。庄子认为停留在这样一种做事的状态中就达到了最高境界、终极境界。

　　庄子的天或"无"确实有特殊的含义。一方面，它们不是佛教中观所说的空，中观描述无自性的事物,空不是真空,亦不是顽空,这里的空是佛学在潜意识中禅定实证的结果。不过,虽然这种空或"无"无论怎样被个体证实,但从外在的角度看似乎仅仅是一种心相和体悟,并不是与物在交往中达成的无物、无我的原初状态。另一方面,它们也不是原始儒家的天地之境。原始儒家是最讲求实践的,他们积极入世,代天行道,很少关注存在本身的"虚理"。或者说,他们的一切行为都是为了达到外在的应用,得到外在的认同;原始儒者也能达到物我同一的天地境界,可是这种境界并不是终极性的,或者说原始儒者不停留于这一境界,这些只是为更大的抱负所做的心理的和精神的修炼。即使像孔子那样发奋忘食、乐以忘忧的圣人还在待价而沽,终生的学习和修养似乎都是在为从政做准备,他的专注和用心明显是有功利指向的。

（选自《有无"之间"——庄子道论释读》,高利民著,
上海古籍出版社2013年版,原文有改动）

老 字 号

洪　烛　邱华栋

所谓的老字号,用今天的流行语来说,其实就是名牌。而这名牌是靠数十年甚至百余年的苦心经营才能树立的。几代人的诚信与汗水,全凝聚在上面,自然就赢得了良好的口碑。老字号不仅要经得起时间的检验,更要经得起人心的考核——所以"买卖和气、货真价实"是古今通用的生意经。

北京的老字号,大都是一些古老的"个体户",其发家史是很值得研究的。私人投资,既要注重目前利益,又不能忽略长远利益——这涉及家族的延续与兴衰。况且对于商家店铺而言,起名容易出名难,创业容易守业难,真是一点也大意不得啊。在天子脚下做生意,原本就如履薄冰,再加上众口难调——可以想见老字号的创立者们是如何勤勉与辛苦。据说这些老铺子当年使用的包装纸上,都印有"货真价实、言不二价"之类字样,相当于拍着胸脯承诺了,一言九鼎,掷地有声。功夫不负有心人,他们如愿以偿地取得了巨大的成功——既留下了蒸蒸日上的产业,更留下了远近相传的名声(即今人常说的无形资产)。在那个广告与策划业尚未形成的时代,在那个没有消费者协会监督的时代(自然也没有什么3·15纪念日、打假热线之类),老字号却深入人心,广泛获得了信誉,真挺了不起的。甚至如今,它们仍然是工商行业的老前辈或大哥大。

一

热播一时的电视剧《大宅门》,说白了就是对同仁堂的回忆。这家中药铺至今仍在,但它的发家史不见得谁都清楚。于是全国的观众都准时趴在电视机前,看老字号的故事。据说编剧兼导演是同仁堂创业者的后裔,他为自己成长于这样一个光荣的家族感到骄傲。他以此怀念祖辈播种的血汗。同仁堂是从风里雨里走过来的。由同仁堂的盛衰与变迁,折射出北京城乃至整个中国的那一段历史。

同仁堂、怀仁堂等,都是久负盛名的中药铺。但其中最古老的,要数建于明嘉靖四年(1525年)的鹤年堂,它比饮誉中外的同仁堂整整年长二百岁。即使跟其他领域的老店铺相比,它仍然算得上是至尊长者——堪称老字号中的老字号。鹤年堂曾长期保存着嘉靖年间使用的账簿(这部流水账整整流了四百多年)。

"丸散膏丹同仁堂,汤剂饮片鹤年堂。"这句老话是用来形容同仁堂与鹤年堂的双峰并峙。鹤年堂以选料严格、制作精良的汤剂为"拳头产品",打开了局面,并且一直拥有稳固的地位。

据传说鹤年堂原址位于明代大奸相严嵩的后花园，鹤年堂原本园中堂名。解放后因道路改建，鹤年堂由今菜市口商场北部的地段略往西移，但是它对面的菜市口胡同，旧称为"丞相胡同"——可见这家中药铺与那位奸相不无关系。还有一点是肯定的：鹤年堂昔日的牌匾，确实由严嵩题写——而且是药店发家致富的最原始的资本。民间谣传"鹤年堂"匾刚挂出时，路人皆夸这三个大字写得气宇轩昂，独有一位外地来的老头细加揣摩后发表了不同意见："字是好字，出手不凡，可惜笔锋转折处过于圆滑，时时透露出一丝奸气。"他的眼光挺"毒"，仿佛看出了这是一位将遭到历史唾骂的奸臣。

严嵩的名声太不好听了，所以后来鹤年堂将其手书的匾额移入店内幽暗处——至今仍悬挂在那里。好在明代在东南沿海抗倭、后又调到北京重修长城的民族英雄戚继光，也曾替鹤年堂题写过"调元气""养太和"两幅横额，毕竟能镇压住严嵩的邪气。

二

头顶"马聚源"（帽），脚踩"内联升"（千层底缎鞋），身穿"八大祥"（衣料），腰里别着"西天成"（烟袋）……这是老北京流传的一段民谣，也是那个时代出门时一身最好的"行头"。可见北京人有重名牌、爱精品的传统，知道怎么"包装"自己。穿衣戴帽，一点也不马虎。可说到底还是要靠钱来撑腰，于是又加上了一句：怀里揣着"四大行"（即"中央""交通""中国""农工"四大银行的洋钞票）。

这一身装束，在那个时代，至少也相当于"白领"了嘛，穷人恐怕只有羡慕的份。但据我所知，老舍笔下拉洋车的骆驼祥子，也很爱穿内联升的鞋——一种双脸带"筋"、外观显得虎头虎脑但柔软吸汗的"轿夫靸鞋"，物美价廉。这是内联升为贩夫走卒特制的。因为它有两句口号。第一句是："要想赚大钱，就得在坐轿的人身上打主意。"第二句则是："要伺候好坐轿子的，就得想到抬轿子的。"它既要照顾贵族的趣味，但也未因之而忽略平民的愿望。所以连祥子这类车夫、脚夫都穿上了内联升——都穿得起"名牌"了。考察得如此周到、如此有人情味——这样的名牌，肯定名不虚传。

你肯定想象不到，这被祥子赞不绝口的内联升，是以生产官靴而出名的。甚至连溥仪在太和殿登基时穿的那双"龙靴"，都是向内联升订制的。

内联升替年仅六岁的宣统皇帝打造了小小的"龙靴"。不仅天子的脚下穿着内联升，文武百官、皇亲国戚拜谒时穿的朝靴，也大多来自内联升……一个王朝都依赖着一个老字号而行走。我这么讲是否太夸张了？

其实仔细分析内联升的店名你就不奇怪了。"内"指"大内"，即皇宫；"联升"，取"连升三级"的意思。内联升确实是靠那些热衷于走仕途的人发大财的。谁不图个吉利呀？谁不想升官发达呀？他们更容易领会一种商品的名称里所隐含的吉祥与祝福，于是大把地掏钱——内联升生产的朝靴行情看涨，卖到了几十两白银一双。

鞋店的创始人叫赵廷，原本就是个皮匠（相当于三分之一个诸葛亮吧），他很早即意识到"官商"一词的厉害，于是找到京城达官丁大将军为靠山，筹集白银一万两于咸丰三年（1853年）正式开店，并且匠心独运地取"内联升"为字号。店名自然取得好，但更主要的是大掌柜的经营有方。据蒋寒中先生透露："赵廷密藏一本'履中备载'，专记王公贵族和知名的京官、外省大吏的靴鞋尺寸、样式和特殊脚形。

穿着龙靴的末代皇帝于1911年退下历史舞台，内联升的主打产品不再是官靴了，改为民用的礼服呢面千层底鞋和缎子面千层底鞋。在运用高档材料方面一点也不含糊：从美国进口的礼服呢做鞋面，用日本的亚细亚牌漂白布做千层底包边，连纳底时都选用温州出产的上等麻绳。"锥锃要细，勒得要紧，针码要匀，拉力要大，每平方寸要纳146针。纳好的鞋底要放到80℃—100℃的热水中煮，然后用棉被包严热闷，闷软后再用木锤锤平、整型、晒干，这样就使几十层布和十几层袼褙组成的鞋底变成一个整体，穿着柔软舒适、吸汗、不走样、不起毛。"（蒋寒中语）这哪是做鞋呀，仿佛在做艺术品。简直像造飞机那样专心、认真、严谨。我算是佩服你了，内联升！由此可见，老字号之所以成为老字号，名牌之所以成为名牌，肯定是有原因的。更值得现代企业学习的是那种一丝不苟的精神。要想赢得大众的口碑，光靠花钱做广告可不行。比黄金地段更重要、比打折或有奖促销更灵验的，还是产品的质量本身！

我不知道内联升独特的制作工艺和精品战略在今天是否还能保持，或保持了多少？它的"祖传秘方"被公开之后，每每逛大栅栏时遇见这家老字号，我总要肃然起敬。这才是合格的厂家，这才是我们民族优秀的商人……

至于民谣里提及的"八大祥"，则指北京绸布皮货行业的八个"祥"字号：瑞蚨祥、瑞林祥、瑞增祥，等等。八大祥都是山东省济南府章邱县旧军镇一户孟姓人家的产业，相当于现在家族式管理的集团公司。

其中的瑞蚨祥最牛气，在全国各地开设了数十个分号，"生意兴隆通四海，财源茂盛达三江"——说得一点也不假。据说解放前的大栅栏，一直是由东、西瑞蚨祥和同仁堂平分的天下。瑞蚨祥，占据了前门外大栅栏的半壁江山。它要撤的话，寸土寸金的天平便会失重的。

而瑞林祥才是八大祥的"开山祖"，创立于清代道光、咸丰年间，传至光绪初年，已在前门外东、西月墙（瓮城内）和鲜鱼口外路东分别开有三号绸布店，掌柜的叫孟燮元。潘治武先生曾讲述："瑞林祥以经营苏杭上等丝绸锦缎、南绣乃北京'广盛茂'细毛皮局加工的海龙、水獭、貂皮、玄狐等高档商品为主。由于孟燮元精明善谋、交游广泛，并在业务、理财上高出同业一筹，使瑞林祥在京城以货真价实、童叟无欺而赢得顾客称赞，更由于地处繁华之地的优势，瑞林祥一路成为北京绸布皮货行之魁首。光绪中叶，日本巨商土井彦一郎曾派数名日本留学生到瑞林祥学商，后于1900年回国。可见，当时瑞林祥的经营管理在国内外都享有极高声誉。"连外国人都要来北京的老字号学习经商，孟燮元恐怕相当于那个时代的荣毅仁了——知名的民族企业家。

三

近来北京有句流行语：翠花，上酸菜！老北京的名菜馆里还真有个叫翠花楼的，不知道那里面的酸菜是否由翠花姑娘端上来？

餐饮业的老字号可太多了，比翠花楼更有名的是全聚德、便宜坊、东来顺、六必居、鸿宾楼、同和居……包括在虎坊桥一带纪晓岚阅微草堂遗址的晋阳饭庄。

有"超级老店"之称的是柳泉居，原址在护国寺西口路东，后迁至迤南路西。原先院内有一棵垂杨柳（让人联想到花和尚鲁智深）和一口甜水井，因而得名。可惜经营到民国时期一搬家，全没有了，名称也就变得抽象。"柳泉居者，酒馆而兼存放。盖起于清初，数百年矣。资本厚而信誉坚……"（引自夏仁虎《旧京琐记》）可以证明它的年龄。老舍童年时就住在柳泉居对面的小羊圈胡同（在《正红旗下》一书里提到），估计为之流过口水。

西珠市口的丰泽园饭庄的字号，是其老板1930年游中南海丰泽园后所得，为了沾一点残存的皇气。他起名时绝对想象不到，几十年后，国家领袖毛泽东在一次会议上遇见丰泽园的特级厨师，亲切握手："贵宝号和我的住地都叫丰泽园，很有缘分。代我向全体职工问好！"来往的食客一进丰泽园饭庄，听到这典故，肯定会有特殊的感觉。丰泽园饭庄真有福气，受到了伟人的点评。

旧时的许多餐馆都是四合院结构，坐落于胡同深处，有"酒香不怕巷子深"之气概。譬如菜市口的广和居，以擅长烹饪山东菜而出名，引来过张之洞、翁同龢、谭嗣同等无数名流光顾，也只是一套大四合院："临街房三间，南山半间为门洞，其门面磨砖刻花，如今尚有磨面刻花的小门楼旧迹可寻。门洞正对着院内南房的西山墙，墙上的招牌是砖刻制的，好似影壁院内设前后相通的两进北房，靠东侧设一月亮门，门内南北房是为雅座自成一体。院内各房，皆分大小，或独饮，或小聚，或大宴，皆尽其妙。"根据穆雪松先生的描绘，我们大致能猜测出旧京老餐馆的格局与情调。然而可别小瞧了："广和居在北半截胡同路东，历史最悠久盖自道光中即有此馆，专为宣南士大夫设也。"（《道咸以来朝野杂记》）相当于官场的外延。清末书法家何绍基与广和居为邻，落魄时像孔乙己一样在这里赊账，店主把他打的欠条当宝贝一般装裱起来，以展览其铁画银钩。后来，那位塑造了孔乙己的鲁迅，也寄宿于附近的绍兴会馆，常"夜饮于广和居"（在其日记里有记载），借酒浇愁，并且最终爆发出一声《呐喊》。

鲁迅曾经与郑振铎合编《北平笺谱》，在书信中评价："至三十世纪，必与唐版媲美矣。"这部用宣纸、木版、水墨套印的笺谱，是在琉璃厂请人镌刻、印刷的。鲁迅对琉璃厂的水墨刻印信笺情有独钟，多次去选购。他1933年还函告同仁："去年冬季回到北平，在琉璃厂得了一点笺纸，觉得画家与刻印之法，已比《文美斋笺谱》时代更佳。譬如陈师曾、齐白石所作诸笺，其刻法已在日本木刻专家之上……"琉璃厂是很让鲁迅先生牵挂的地方。

我觉得琉璃厂堪称老北京的一条"文化街"，密集着众多的书店、纸店、文具店、古董店。经营文房四宝、名流字画的老字号，首推荣宝斋——店名隐含着"以文会友，荣名为宝"的意思。荣宝斋的匾额是请清代的大状元陆润庠书写的，温文尔雅。

琉璃厂是看牌匾、看名人手迹的最佳场所。宝古斋古玩铺是翁同龢题写，韵古斋是宝熙题写，萃珍斋是寺石公题写，静文斋南纸店是徐世昌题写，松古斋是胡浚题写……类似的老字号还有松华斋、清秘阁、淳菁阁、懿文斋呀什么的。不过有些因世事沧桑早已停办。不仅找不见牌匾，连门脸儿也没了。

和鲁迅合编《北京笺谱》的郑振铎，当年就游走于琉璃厂，搜访笺样、交涉印刷事务。他最赞赏荣宝斋，称之为"一家不失先正典型的最大的笺肆"，在这里他找到了林琴南的山水笺、齐白石的花果笺、吴待秋的梅花笺等诸多珍品。郑振铎踏破铁鞋也不嫌其累，因为这一系列鳞次栉比的老字号像约好了在等他这个有心人似的……

老字号永远给人以一种温情。当然，也同样令人怀旧。当年周作人在西四牌楼以南走过，望着异馥斋的丈许高的独木招牌，不禁神往："因为这不但表示他是义和团以前的老店，那模糊阴暗的字迹又引起我一种焚香静坐的安闲而丰腴的生活的幻想。"看见老字号的牌匾，他仿佛就走不动路了，忍不住想入非非。我难道不也是如此吗？我是老字号的一个梦游者。

（选自《北京的前世今生》，洪烛、邱华栋著，
中国文联出版社2002年版，原文有删改）

作者简介

洪烛（1967—2020），原名王军，生于南京，原中国文联出版社文学编辑室主任。有诗集《蓝色的初恋》《南方音乐》《你是一张旧照片》《我的西域》，长篇小说《两栖人》，散文集《我的灵魂穿着草鞋》《眉批天空》，评论集《眉批大师》《与智者同行》，历史文化专著《北京的梦影星尘》《北京的前世今生》等。

邱华栋（1969—　　），1969年生于新疆昌吉市，在《中华工商时报》工作多年，曾任《人民文学》副主编。出版有长篇小说《夜晚的诺言》《白昼的喘息》《正午的供词》《刺客行》，中短篇小说集《哭泣游戏》《都市新人类》《黑暗河流上的闪光》，诗集《岩石与花朵》、随笔集《私人笔记本》《城市漫步》等。

作品解读

《老字号》节选自《北京的前世今生》,给我们呈现出一个时代的"名牌"风采。

老字号不仅是经济的产物,是城市工商业发展的见证,更是传统文化的一部分。老字号在长期发展中形成的行业精神和经营准则,构成了中华商业文化的核心内容。那些伴随名牌而生的轶事、人物,传达给我们的不仅仅是历史的沧桑,还有老字号那股"神"气,透着温情、安闲、丰腴,甚至有点令人神往。课文节选部分侧重于老北京的商业文化,给我们呈现出一个时代的"名牌"风采。

文章脉络清晰,采用"总—分—总"结构。开始总体介绍了老北京昔日的名牌,然后以小标题形式,分别介绍了"汤剂饮片'鹤年堂'""脚踏官靴'内联升'""锦衣裘皮'瑞林祥'""风流数尽老菜馆"这些老北京的昔日名牌。最后以"老字号永远给人以一种温情"概括全文,引用周作人的文字给这些老品牌赋予了更多的怀旧味道、文化熏陶。

文章旁征博引,史料丰富。引用百姓俗语、民间传说,引经据典,既朴实生动又严谨认真,并且透出历史沧桑感。如引用民谣"头顶'马聚源'(帽),脚踩'内联升(千层底缎鞋)……",通过市井文化,反映了当时的社会舆论倾向和社会价值观念。浅显易懂、朗朗上口,给人一种阅读的轻松感,又体现出几分老北京的味道,令人回味无穷。如引用口号"想要赚大钱,就得在坐轿的人身上打主意""要伺候好坐轿子的,就得想到抬轿子的",丰富了文章内容,增强了真实性,表现了内联升"以人为本"和富有"人情味"的经营理念。如引用故事"履中备载",让文章富有真实感,引发读者兴趣,表现出内联升经营之道中包含设定高端客户、提供VIP制鞋服务,表明良好的服务是一流品牌的基础。如引用名言,用蒋寒中的原话,从材料选择、制作过程等细节上说明内联升严格的制作工艺。

从文中我们可以看出这些老字号之所以能在当年发展壮大,并留存至今,是因为这些老字号都是与老百姓衣食住行密切相关的行业,在发展过程中赢得了老百姓的口碑,服务也能处处体现人文关怀,让人舒心惬意,他们在发展中已经形成了优秀的企业文化和企业经营理念。

思考与练习

1. 作者介绍了北京哪几个行业的老字号?给你印象最深的是哪一个?

2. 分析课文中这些老字号能发展壮大并留存至今的秘诀。

3. 分享你家乡的老字号,追寻一下它的发展轨迹,交流你的感想。

拓 展 阅 读

名　实　篇

汪曾祺

我浑身上下无名牌,除了口袋里有时有一盒名牌烟。叫我谈名牌,实在是赶鸭子上架。我只能说一点极其一般的老生常谈。

"牌子"是外来语,中国原先没有这个东西。"牌子"是商标,更精确一点,是"注册商标",原文是 Trade Mark。最初引进的可能是广东人。广东四五十年前出了一种花露水,瓶子上贴了印了两个广东妞的图画。有字:"双妹唛"——后来为了通行全国,改成了"双妹老牌花露水"。但是"唛"这个字并未消失。有一种长方形扁铁桶装的花生油,还叫做"骆驼唛"。我的女儿管这种油叫做"骆驼妈"。

中国没有牌子,但有字号。有的字号标明××为记,这"为记"实近似商标。如北京后门桥一家卖酱菜的在门口挂一个大葫芦,这本是一个幌子,但成了这一家的字号,有一个时期与六必居、天源鼎足而立,后来不知道为什么歇业了。有的药品以创制的人为记。昆明云南白药的仿单印着曲焕章的照片,北京长春堂的避瘟散的外包装上印着发明这种药的老道的像。曲焕章、老道的玉照,实起了牌子的作用。老字号、名牌,有时是分不清的。王麻子、张小泉,是字号,也是商标。

牌子的兴起,最初大概是香烟。人们买烟,都得认准了是什么牌子的。一时从南到北到处充斥各种中外名牌烟:555、三炮台、绞盘牌、老刀牌、红锡包;骆驼牌、Lucky Strike、吉士斐儿、万宝路……中国烟则有大前门、美丽牌。其后才出现别种名牌商品。最初是"天虚我生新发明"的无敌牌牙粉、三友实业社的三角牌床单、天厨味精、奇异牌电灯泡……这些名牌,有的退步了,有些消失了。考察一下名牌的兴衰史,可以作为今天创保名牌的借鉴。

名的基础是实。"名者实之宾","实至名归",这是常识,也是真理。要出名,先得东西地道。北京人的俗话说:"人叫人千声不语,货叫人点手就来",说得很形象。

创名牌不易,保名牌尤难。关键是质量。昆明吉庆祥的火腿月饼我以为是天下第一。前几年有人给我带了一盒"四两砣"(旧秤四两一个),质量和我40年前在昆明吃的还是一样。而过桥米线、汽锅鸡则完全不是那么一回事了!

以烟卷为例。"红塔山"现在已经是无可争议的国产烟的头块牌了。原来可不是这样。在云南名烟中,"红塔山"只是位居第三。为什么能够力挫群雄,扶摇直上呢?因为玉溪卷烟厂非常重视质量,厂的领导认为质量是企业的生命。他们严格把好两道质量关。一是保证烟叶的质量。他们说玉烟的第一车间不在厂里,而在田间。厂方对烟农在农药、化肥等方面给予很大的帮助,但有一个条件:你得给我一级烟叶。第二是烟叶在制造前一定要储存二年至二年半，这样才能把烟叶中的杂味挥发掉。中药铺的制药作坊挂着一副对子："修合虽无人见，存心自有天知。"制烟也是这样。烟叶的质量、储存时间，是没有人看见的。但是烟也有"天"，这个"天"就是烟民的感觉。

名牌是要靠宣传的，就是做广告。"桃李不言，下自成蹊"是过于古典的说法。"酒好不怕巷子深"未必然。小酒铺贴对联："隔壁三家醉，开坛十里香"，是宣传，是广告，而且很夸张。广告，总要夸张，但是夸张得有谱。有的广告实在太离谱。上海过去有一个叫黄楚九的人，此人全靠广告起家。他发明了一种药叫"百龄机"，大做广告。他出过一本画册，宣传百龄机"有意想不到之功效"，请上海的名画家作画，图文并茂，每一页宣传意想不到的功效中的一项。有一页画的是一个人在小便，文曰："小便远射有力。"因为这种功效真是"意想不到"，给我留下的印象很深。但是我不会去买百龄机的，因为小便是否远射有力，关系不大。现在有许多高级补药，我看到广告言过其实，总不免想到百龄机，想到小便远射有力。

广告是一门艺术。广告语言要有点文学性。广告语言中最好的，我以为是丰田汽车广告牌上的"车到山前必有路，有路便有丰田车"，头一句运用中国谚语很巧妙，下接"有路便有丰田车"，读起来非常顺口。美丽牌香烟在《申报》《新闻报》作全幅广告，只是两句话——"有美皆备，无丽不臻"，虽然两句的意思是一样的，在诗律中是"合掌"，但是简单明了。而且大家看得多了，便记得住。其次是图像。万宝路在各画报杂志上登的广告，都是同一个牛仔。这个牛仔的形象、气质和万宝路的烟味有相通处，是一幅成功的广告，听说这个牛仔前两年死了，那万宝路以后靠谁来做广告呢？广告上出现的人物形象得讨人喜欢。七喜电视广告上的那个女孩就很可爱。康莱蛋卷广告上那个男孩，"康莱，把营养和美味，卷起来！"看了那个孩子，叫人很想买一盒康莱蛋卷嚼嚼。有的广告是失败的，如一个风雨衣厂的广告，看了叫人莫名其妙。

随着商品经济的发展，名牌的破土解箨，应该培养人们的名牌意识，有些观念需要改变。比如"价廉物美"，在高消费时期，就不适用，应该代之以"价高物美"。现在"价廉物美"的陈旧观念，还在束缚着一些企业的手脚。

名牌意识的普及，有几个方面，一是企业家，一是消费者，一是工商业的领导。名牌需要保护，需要特殊照顾。最重要的是保障原料的供应。举一个例，昆明的汽锅鸡、过桥米线为什么质量下降？因为汽锅鸡、过桥米线过去用的鸡都是"武定壮鸡"——一种动了特殊手术的肥母鸡，现在武定壮鸡几乎没有了，用人工饲养的肉鸡，怎么能做得出不减当年的汽锅鸡和过桥米线呢？要恢复当年的汽锅鸡、过桥米线，首先应恢复武定壮鸡的生产。

（选自《四时佳兴》，汪曾祺著，浙江文艺出版社2020年版）

从罗丹得到的启示

斯蒂芬·茨威格

我那时大约二十五岁，在巴黎研究与写作。许多人都已称赞我发表过的文章，有些我自己也喜欢。但是，我心里深深感到我还能写得更好，虽然我不能断定那症结的所在。

于是，一个伟大的人给了我一个伟大的启示。那件仿佛微乎其微的事，竟成为我一生的关键。

有一晚，在比利时名作家魏尔哈仑家里，一位年长的画家慨叹着雕塑美术的衰落。我年轻而好饶舌，热炽地反对他的意见。"就在这城里，"我说，"不是住着一个与米开朗琪罗媲美的雕刻家吗？罗丹的《沉思者》《巴尔扎克》，不是同他用以雕塑他们的大理石一样永垂不朽吗？"

当我倾吐完了的时候，魏尔哈仑高兴地拍拍我的背。"我明天要去看罗丹，"他说，"来，一块儿去吧。凡是你这样赞美他的人都该去会他。"

我充满了喜悦，但第二天魏尔哈仑把我带到雕刻家那里的时候，我一句话也说不出。在老朋友畅谈之际，我觉得我似乎是一个多余的不速之客。

但是，最伟大的人是最亲切的。我们告别时，罗丹转向着我。"我想你也许愿意看看我的雕刻，"他说，"我恐怕这里简直什么也没有。可是礼拜天，你到麦东来同我一块吃饭吧。"

在罗丹朴素的别墅里，我们在一张小桌前坐下吃便饭。不久，他温和的眼睛发出的激励的凝视，他本身的淳朴，宽释了我的不安。

在他的工作室，有着大窗户的简朴的屋子，有完成的雕像，许许多多小塑样——一只胳膊，一只手，有的只是一只手指或者指节；他已动工而搁下的雕像，堆着草图的桌子，一生不断地追求与劳作的地方。

罗丹罩上了粗布工作衫，因而好像就变成了一个工人。他在一个台架前停着。

"这是我的近作，"他说，把湿布揭开，现出一座女正身像，以黏土美好地塑成的。"这已完工了。"我想。

他退后一步，仔细看着，这身材魁梧、阔肩、白髯的老人。

但是在审视片刻之后，他低语了一句："就在这肩上线条还是太粗。对不起……"他拿起刮刀、木刀片轻轻滑过软和的黏土，给肌肉一种更柔美的光泽。他健壮的手动起来了；他的眼睛闪耀着。"还有那里……还有那里……"他又修改了一下，他走回去。他把台架转过来，含糊地吐着奇异的喉音。时而，他的眼睛高兴得发亮；时而，他的双眉苦恼地蹙着。他捏好小块的黏土,粘在像身上,刮开一些。

这样过了半点钟,一点钟……他没有再向我说过一句话。他忘掉了一切,除了他要创造的更崇高的形体的意象。他专注于他的工作,犹如在创世的太初的上帝。

最后,带着舒叹,他扔下刮刀,一个男子把披肩披到他的情人肩上那种温存关怀般地把湿布蒙着正身像。于是,他又转身要走,那身材魁梧的老人。

在他快走到门口之前,他看见了我。他凝视着,就在那时他才记起,他显然对他的失礼而惊惶。“对不起,先生,我完全把你忘记了,可是你知道……”我握着他的手,感谢地紧握着。也许他已领悟我所感受到的,因为在我们走出屋子时他微笑了,用手抚着我的肩头。

在麦东那天下午,我学得的比在学校所有的时间都多。从此,我知道凡人类的工作必须怎样做,假如那是好而又值得的。

再没有什么像亲见一个人全然忘记时间、地方与世界那样使我感动。那时,我参悟到一切艺术与伟业的奥妙——专心,完成或大或小的事业时注意力的全力集中,把易于弛散的意志贯注在一件事情上的本领。

于是,我察觉我至今在我自己的工作上所缺少的是什么——那能使人除了追求完整的意志把一切都忘掉的热忱,一个人一定要能够把他自己完全沉浸在他的工作里。没有——我现在才知道——别的秘诀。

(选自《世界散文经典西方卷7》,楼肇明、天波主编,
北方文艺出版社2005年版,原文有改动)

作者简介

6.6 茨威格

斯蒂芬·茨威格(1881—1942),奥地利著名小说家、传记作家,出身于富裕的犹太家庭。青年时代,他在维也纳和柏林攻读哲学和文学。后来他去世界各地游历,结识了罗曼·罗兰、罗丹等人,并深受他们的影响。第一次世界大战时,他从事反战工作,成为著名的和平主义者。20世纪20年代,他赴苏联,认识了高尔基。1934年,他遭纳粹驱逐,先后流亡英国、巴西。1942年,在理想破灭的绝望中,他与妻子双双自杀。

茨威格在写作诗、短论、小说、戏剧和人物传记方面均有过人的造诣,尤以小说和人物传记见长。他的代表作有小说《初次经历》《马来狂人》

《恐惧》《感觉的混乱》《人的命运转折点》《一个陌生女人的来信》《象棋的故事》《一个女人一生中的二十四小时》《危险的怜悯》等，传记《三大师》《同精灵的斗争》《三个描摹自己生活的诗人》等。茨威格热衷于研究心理学与弗洛伊德学说，擅长细致的性格刻画，以及对奇特命运下个人遭遇和心灵的描摹。

作品解读

奥古斯特·罗丹（1840—1917），法国19世纪和20世纪初最杰出的现实主义雕塑艺术家，欧洲两千多年来传统雕塑艺术的集大成者，20世纪新雕塑艺术的创造者。他的《思想者》《加莱义民》《巴尔扎克》等作品都有新的创造。包含着186件雕塑的《地狱之门》的设计，因当时官方阻挠而未能按计划实现，只完成《思想者》《吻》《夏娃》等部分作品。他不仅是一位雕塑大师，同时又是一位伟大的老师。他的学生或助手，哪怕是仅仅有过交往，都在艺术上深受罗丹的影响。他从不在艺术观点上束缚学生们，因此他的学生都能形成自己的独特风格并脱颖而出。他们学习的是罗丹的创造精神，所以其中出类拔萃者甚多，有些后来与老师齐名。罗丹与他的学生马约尔、布德尔，被誉为欧洲雕刻的"三大支柱"。他偏爱悲壮的主题，他善于用丰富多样的绘画性手法塑造出神态生动、富有力量的艺术形象，善于从残破中发掘出力与美。青铜头像《思想者》是罗丹的雕塑名作，可谓罗丹艺术的化身。

一个偶然的机会，年轻作家茨威格有幸受邀拜访了久负盛名的雕塑家罗丹。罗丹待人温和亲切、平易淳朴，但他却在艺术灵感突至时，完全沉浸于忘我创作的快乐，忘了时间，忘了客人。但也正是因为这"被忘"，茨威格全程观摩了大师全神贯注工作的状态，从他身上"参悟到一切艺术与伟业的奥妙——专心，完成或大或小的事业时注意力的全力集中，把易于弛散的意志贯注在一件事情上的本领"。

课文从罗丹投入工作的姿态"罩上了粗布工作衫，因而好像就变成了一个工人"，展现了雕塑家的特点，唯有简单才不会浪费时间，唯有简单才能专注投入。从工作情态"就在这肩上线条还是太粗""拿起刮刀、木刀片轻轻滑过软和的黏土，给肌肉一种更柔美的光泽""时而，他的眼睛高兴得发亮；时而，他的双眉苦恼地蹙着""过了半点钟，一点钟……"，展现罗丹沉浸其中的专注。"一个男子把披肩披到他的情人肩上那种温存关怀般地把湿布蒙着正身像"，展现罗丹在从事创作时的用情。创作时的罗丹已经与手中的作品融为一体，以至于忘记了时间，忘记了世界，忘记了身边的"我"。等他"醒"过来，才与"我"打招呼，为自己的"失礼而惊惶"。作者由此得到启示:"专心,完成或大或小的事业时注意力的全力集中,把易于弛散的意志贯注在一件事情上的本领。"作者明白了自己所缺少的,就是"那能使人除了追求完整的意志把一切都忘掉的热忱,一个人一定要能够把他自己完全沉浸在他的工作里"。全身心地、专注地投入,这就是成功的秘诀。作者揭示的道理看起来非常简单,但做起来却不容易。他通过自己的一次经历,一次与罗丹零距离的接触而获得的感悟,给予读者真切的感受,从而令人信服。

 思考与练习

1. "以人为镜,可以明得失",作者从罗丹从事创作的过程中得到了什么启示?
2. 交流你对"敬业"的理解,并分享名人敬业的故事。

一身"绝活"的能工巧匠许振超

方鸿琴

伴随着青岛港码头的升级换代,电工许振超被抽调出来,学习如何操作10吨重的门式吊车,俗称歪脖子吊。第三次的师傅还是姓姜,老姜是队里最好的司机。这位姜师傅很有耐心,手把手地教许振超如何操控门机。不到7天,许振超就能独立作业了。

然而,会开容易开好难。师傅开门机,钩头起吊平稳,钢丝绳走的是"一条线"。到了许振超手里,钩头稳不住,钢丝绳直打旋。特别是矿石装火车作业,一钩货放下,洒在车外的比进车内的还多。看到工人们忙着拿铁锨清理,许振超十分内疚。还有,矿石装火车装多了,工人要费不少劲扒去多的,装少了,亏吨,货主不干。为了早日掌握这项技术,每次作业完毕,别人歇着了,许振超还留在车上,练习停钩、稳钩。

"一钩准"是许振超20世纪70年代初开门机时的创造。20世纪90年代又把它移植到集装箱操作。集装箱上有4个锁孔,从几十米高的桥吊上看下去,很难分辨,更别说用在空中摆荡的吊具放下去,一次把锁眼都对齐,把集装箱抓牢靠了。但是,许振超和他的队友们就是做到了。许振超练成"一钩准"的诀窍是,钩头起吊平稳,钢丝绳走"一条线"。四五个月后,他开的门机钢丝绳走起来也一条线了,一钩矿石吊起,稳稳落下,不多不少,正好装满一车皮。这手"一钩准"的绝活,很快就被大家传开了。

"一钩净"是许振超的又一项发明。一次，许振超干散粮装火车作业，发现粮食颗粒小，更易撒漏。他便在工作之余，吊起满满一桶水，练习走钩头，直至练到钩头行进过程中滴水不洒。再去装散粮，一抓斗下去，从舱内到车内，平平稳稳，又一个绝活——"一钩净"。

　　在青岛港开吊车的司机，都知道一个"四稳"的口诀：就是在舱内起钩要稳，旋转时要稳，落钩时要稳和变幅时要稳。但要协调做到这四个方面很不容易。特别是落钩，操作不好就会造成货物撒漏。如何能做到不让货物撒出来？许振超开始练习，练了半年后，做到了吊具一钩下去，一点不撒，他把这种技术起名为"一钩净"。抓粮食时，吊具一抓斗重10吨，要准确地把抓起来的10吨粮食装入长12.5米，宽2.7米的车厢，很不容易。因为吊车的抓斗伸张开有3.4米，比车厢要宽。许振超就反复练习，琢磨抓斗的嘴张多大正合适，终于找出了恰当尺寸。铁路运粮食时，对装车的标准要求很严格，粮食要在车厢内打个尖，高出车厢80厘米，码头工人叫起"龙骨"。打这个"龙骨"很难，坡度要合适，坡面要平滑，盖上篷布后，才能不存雨水。许振超用他的"一钩净"，把这些问题给解决了。许振超的活干净利索，装卸工人们二次劳动强度大大减轻，谁都愿意跟他搭班。

　　由于肯钻研、个人技术比较好，许振超得到了装卸工们的认可和领导的赞赏，20世纪80年代初就荣获了"优秀门机司机"的荣誉称号。1989年被公司评为"最佳桥吊司机"，1991年担任桥吊队副队长，1992年10月任桥吊队队长。许振超实现了自己的目标，成了一名"好工人"，而且是誉满全国的"金牌工人"。

　　许振超练就了一身绝活，他的认识很朴素：虽然自己当不了科学家，但可以有一身的"绝活"。这些"绝活"可以使自己成为一名能工巧匠，这是时代和港口所需要的。就是凭借着这样的一种信念，许振超的"技术口袋"里的"绝活"越来越多了。他不仅带出了身边的一个"绝活"队，还带起了全港口大练"绝活"热，青岛港掀起了"学振超，练绝活，创一流"的热潮，涌现了1 200多项"绝活"。

　　注：许振超，山东荣成人，青岛前湾集装箱码头有限责任公司固机高级经理，曾先后荣获全国五一劳动奖章、全国交通系统劳动模范、中华技能大奖、全国劳动模范、全国优秀共产党员等荣誉和称号，被誉为新时期产业工人的杰出代表。

（选自《为了可爱的中国：大国工匠的匠心与使命》，方鸿琴编著，
中国民主法制出版社2022年版，原文有删改）

以工匠精神雕琢时代品质

李　斌

　　今天，我们迎来了一个更加注重精细品质和独特体验的时代。"我真的是希望工匠精神可以变成我的墓志铭。"不久前，一位生产智能电器的企业家如是感慨。企业对高精尖、炫彩酷的不懈追求，同工匠精神不谋而合。像手工匠人一样雕琢技艺、精致产品，企业才有金字招牌，产品才能经受住用户最挑剔眼光的检验。

　　《说文》里记载："匠，木工也。"今天作为文字的"匠"，早已从木工的本义演变为心思巧妙、技术精湛、造诣高深的代名词。一位作家说过，能将胡辣汤做得顾客盈门、生意红火，和能让火箭上天没有本质的区别。职业与职业没有高低贵贱的差别，但人与人却从来都有职业品质、专业精神的分殊。工匠精神厚植的企业，一定是一个气质雍容、活力涌流的企业。崇尚工匠精神的国家，一定是一个拥有健康市场环境和稳健人文素养的国家。"将产品当成艺术，将质量视为生命"，正是这样的极致追求，将我们带往一个更为不凡的世界。

　　一盏枯灯一刻刀，一把标尺一把锉，构成一个匠人的全部世界。别人可能觉得他们同世界脱节，但方寸之间他们实实在在地改变着世界：不仅赋予器物以生命，更刷新着社会的审美追求、扩充着人类文明的边疆。工匠精神从来都不是什么雕虫小技，而是一种改变世界的现实力量。坚守工匠精神，并不是把"拜手工教"推上神坛，也不是鼓励离群索居、"躲进小楼成一统"，而是为了擦亮爱岗敬业、劳动光荣的价值原色，高树质量至上、品质取胜的市场风尚，展现创新引领、追求卓越的时代精神，为中国制造强筋健骨，为中国文化立根固本，为中国力量凝神铸魂。

　　将一门技术掌握到炉火纯青绝非易事，但工匠精神的内涵远不限于此。有人说，"没有一流的心性，就没有一流的技术"。的确，倘若没有发自肺腑、专心如一的热爱，怎有废寝忘食、尽心竭力的付出；没有臻于至善、超今冠古的追求，怎有出类拔萃、巧夺天工的卓越；没有冰心一片、物我两忘的境界，怎有雷打不动、脚踏实地的淡定。工匠精神中所深藏的，有格物致知、正心诚意的生命哲学，也有技进乎道、超然达观的人生信念。从赞叹工匠继而推崇工匠精神，见证社会对浮躁风气、短视心态的自我疗治，对美好器物、超凡品质的主动探寻。我们不必人人成为工匠，却可以人人成为工匠精神的践行者。

　　一个时代有一个时代的气质，我们的时代将以怎样的面貌被历史书写，取决于我们每个人的表现。工匠精神是手艺人的安身之本，亦是我们的生命尊严所在；是企业的金色名片，亦是社会品格、国家形象的荣耀写照。工匠精神并不以成功为旨归，却足以为成功铺就通天大道。

（选自《人民日报》2016年4月30日04版）

作品解读

　　本文是2016年4月30日发表在《人民日报》的一篇评论。新闻评论，是媒体编辑部或作者对新近发生的有价值的新闻事件和有普遍意义的紧迫问题运用分析和综合的方法，就事论理，就实论虚，有着鲜明的针对性和指导性的一种新闻文体，是现代新闻传播工具经常采用的社论、评论、评论员文章、短评、编者按、专栏评论、评述等的总称，属于论说文的范畴。简而言之，新闻评论是就有价值的新闻事实和社会现象发表意见以指导实践的一种文体。

　　李克强总理在2016年的《政府工作报告》中说："要鼓励企业开展个性化定制、柔性化生产，培育精益求精的工匠精神。""中国智造""中国创造""中国精造""工匠精神"成为决策层共识。本文发表于劳动节前一天，是对中央精神的积极回应。

　　"工匠精神"一词，最早出自著名企业家、教育家聂圣哲。现在，各行各业都在提倡"工匠精神"。飞速发展的中国迎来了一个更加注重精细品质和独特体验的时代。李斌写下此文想呼吁我们弘扬工匠精神，这是从中国制造到中国智造、中国创造的现实需要。没有劳模群体，难育大国工匠；没有大国工匠，难有大国重器。当下，面对复杂的国际形势，我们在进一步扩大开放的同时，更要练好内功，培育工匠精神，增厚国之底蕴。

　　这篇新闻评论在写作手法上，以"工匠精神"为中心，采用事实论证、道理论证等方式加以论述。在论述的过程中，正反面论证相结合，观点鲜明、逻辑合理、思辨性强。在文章主体部分，作者先解释"匠"的含义，然后阐述人的职业品质、专业精神的不同，再指出工匠精神对于企业和国家的意义。作者首先破除了世人对工匠的误解，展现了工匠精神的内涵和意义。其次，挖掘了工匠精神的深层内涵，点明"工匠精神"是"擦亮爱岗敬业、劳动光荣的价值原色，倡导质量至上、品质取胜的市场风尚，展现创新引领、追求卓越的时代精神"。最后，从生命哲学和人生信念的高度展现了"工匠精神"的终极含义，并强调它对社会浮躁风气、短视心态的治疗作用。通过逐层深入论证，让读者对"工匠精神"有了深刻的理解和认识。

　　本文写作特点体现在三个方面。一是观点鲜明，持论严正。有人认为工匠同世界脱节；作者认为，匠人在方寸之间实实在在地改变着世界，刷新了社会的审美追求，扩充了人类文明的疆域；有人认为工匠精神是雕虫小技，作者却认为它是一种改变世界的力量。作者要求人们践行工匠精神，但不要求人人都成为工匠，体现了论证的客观性。二是思路清晰，结构完整，首尾呼应。作者按照"提出问题、分析问题、解决问题"的思路行文,结构完整严密。文章的开头说,只有"像手工匠人一样雕琢技艺、精致产品,企业才有金字招牌,产品才能经受住用户最挑剔眼光的检验"。结尾段说,工匠精神"是企业的金色名片","工匠精神并不以成功为旨归,却足以为成功铺就通天大道",都提及企业及产品,首尾呼应。三是,语言精练整饬,文化色彩浓厚。文章使用大量成语,使语言简练、内涵丰富。排比句的运用使句式整齐,增强了语言的气势和论述力量。引用或化用诗文名句增强了文化色彩,如引用《说文》中的话,解释"匠"的含义,引用鲁迅《自嘲》诗中的"躲进小楼成一统",澄清对匠人的错误认识等。

　　文章分析了提倡工匠精神的现实需要,阐述了工匠精神的现代价值和丰富的内涵,呼吁人们践行工匠精神,雕琢时代品质。学习本文,重点领悟工匠精神的内涵,以实际行动践行工匠精神。

 思考与练习

1. 阅读课文,归纳总结什么是工匠精神。
2. 观看《大国工匠》,分享一位工匠的事迹,交流你的感悟。
3. 结合自己的专业思考交流:在职业技能学习中,哪些方面可以培养工匠精神。

 拓 展 阅 读

重拾工匠精神:从四大发明到科技强国

惠 新

　　在中华上下五千年的文明中历来不缺乏出色的工匠。仅在庄子的笔下就有很多出色的工匠,如削木为鐻的梓庆、游刃有余的庖丁、斫轮论道的轮扁、运斤成风的匠石、专精铸剑的捶钩者和刻木为鸟的鲁班等。

　　其中,梓庆可以把木头刻削成悬挂钟磬的精美架子,见者皆感叹为鬼斧神工。鲁侯问他:"你是用什么方法做成的?"梓庆回答:"我不过是个工匠,何术之有啊。若是有,那就是我在做工之前,必定会斋戒静养,凝神聚气,不敢怀有一点功名利禄、非誉巧拙的念头,当心神达到物我两忘的境界时就走入山林,观察并选择与鐻的形体相契合的木材,然后进行加工制作。"

　　梓庆和其他工匠一样,不仅是工艺纯熟的技者,更像是一名智者,能将娴熟的技艺发挥到极致,工匠精神在这些工匠身上得到了充分的体现。

我国有享誉世界的四大发明,指南针、火药、造纸术、印刷术是我国古代工匠智慧的结晶,四大发明不仅对中国古代的政治、经济、文化的发展产生了巨大的推动作用,还对世界造成了深远的影响。四大发明在欧洲近代文明产生之前陆续传入西方,这对西方科技发展产生一定影响。

　　早在战国时代,中国就已根据磁石能指示南北的特性制造出了"司南",这是世界上最早的指南仪器。北宋时期,人们发明人工磁化铁针的方法制成司南并开始应用于航海。南宋时期,司南开始普遍应用于航海,同时司南传到阿拉伯。13世纪初期,司南传入了欧洲。司南在航海上的应用加快了人类航海技术的进步,才有了以后的哥伦布发现美洲新大陆和麦哲伦的环球航行。

　　西汉时期人们就已经掌握了造纸术,东汉时蔡伦在总结前人经验的基础上改进了造纸术,他用树皮、麻头、破布和旧渔网等材料制成了纸。因为蔡伦曾被封为"龙亭侯",所以人们把他所制造的这种纸叫作"蔡侯纸"。

　　从公元6世纪开始,造纸术逐渐传往朝鲜、日本,后来又传入阿拉伯、埃及,之后又传入了西班牙等欧洲多个国家。1150年,西班牙建立了欧洲第一家造纸厂。此后,法国、意大利、德国、英国、荷兰都先后建立了造纸厂,16世纪时纸张已经在欧洲流行。中世纪的欧洲抄写一本《圣经》需要使用300多张羊皮,文化信息的传播因为材料而受到限制,而造纸术的盛行大大节约了文化传播的成本,为欧洲的教育、政治、商业等方面的发展提供了有利的条件。

　　中国隋唐时期发明了雕版印刷术,唐代留下的精美、清晰的《金刚经》是世界上最早的标有确切日期的雕版印刷品。在11世纪中期的宋代,毕昇发明了活字印刷术,这使得印刷术得到了普遍的推广。

　　中国的雕版印刷术大约在8世纪传到了阿拉伯,11世纪以后又由阿拉伯传到了欧洲。1450年前后,德国人受到中国活字印刷术的影响创造了欧洲的活字印刷术。印刷术的出现改变了只有僧侣才能读书和受教育的状况,加速了文化的传播,为欧洲的科学从中世纪后突飞猛进地发展和文艺复兴运动的出现提供了很重要的物质条件。

　　火药在中国唐代就已经被发明,而且被用于军事。唐末出现了火炮、火箭,等到了宋朝时火器就已经被普遍用于战争。

　　蒙古人从与宋、金的作战中学会了制造火药、火器的方法,而阿拉伯人从与蒙古人的作战中学会了制造火器的方法。欧洲人大约在13世纪后期从阿拉伯人手中获得了制作火药的书籍,到了14世纪又学会了制造火药、使用火器的方法。

　　中国古代工匠们所创造的四大发明给世界带来了深远的影响,除此之外,中国的瓷器、茶叶、手工业、纺织产品等样样精致。有些人说现代中国人失去了工匠精神,但是海尔董事长张瑞敏亲手砸烂次品冰箱、董明珠领导格力掌握核心科技、雷军投资两千万元研制电源插座……这些鲜活的案例难道不正是工匠精神的体现吗?

　　其实中国从未失去过工匠精神。如今中国的科技正在飞速发展,从"天河一号"超级计算机世界夺冠、"蛟龙"号完成7 000米深潜试验到如今航空航天科技领先于世界，中国无疑已经重拾工匠精神并站在了科技强国的行列中。

（选自《工匠精神：精英员工的行为准则》，惠新著，
中国商业出版社2017年版，原文有改动）

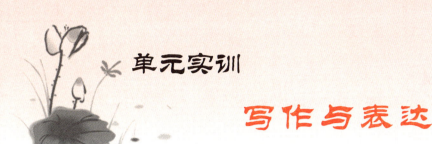

単元实训

写作与表达

求 职 简 历

学习目标 >>>

掌握求职简历的写作要素和写作格式,能够根据招聘岗位要求有针对性地撰写求职简历,从而顺利得到面试机会。

知识链接 >>>

求职简历是应聘者通往职场的名片。招聘者通过简历了解应聘者的信息,他们往往需要对应聘者的简历进行快速审阅,并快速决断。一份好的求职简历,能把自己推荐出去,证明自己是这个岗位的最佳人选,从而使自己从众多应聘者中脱颖而出,获得面试机会。

一、求职简历的概念

求职简历又称求职资历、个人履历等,是应聘者将自己与所申请职位紧密相关的个人信息清晰简要地表述出来的书面求职材料,属于应用文中的求职类文书。应聘者通过简历,向招聘者说明自己的基本信息、经历、能力、成绩等内容。求职简历是招聘者是否给予应聘者面试机会的依据性材料。

二、求职简历的特点

(一) 准确真实

准确详细地列出姓名、性别、出生年月、籍贯、户口所在地、婚姻状况等个人信息,学历程度、所学专业、毕业学校等教育背景,外语和计算机操作掌握的熟练程度等技术技能水平,给人以完整的印象。

(二) 意向明确

期望薪水、期望地点、期望行业、期望工作职位要根据自己的情况填写清楚,让别人更好地了解你对自己的职业规划。

（三）职位匹配

以目标职位与公司的要求为导向撰写简历，尽可能地突出符合企业要求的个人优势，陈述有利信息，争取面试机会。

三、求职简历的内容

（一）基本信息

基本信息放在简历第一页的上部，以方便招聘者与自己联系，并说明岗位意愿。具体包括个人信息、教育背景、求职意向等。

1. 个人信息

个人信息有姓名、性别、电话、地址、电子信箱等。联系方式写在前面，以方便招聘者联系。籍贯、户籍所在地、身高、体重、照片等个人信息，要看招聘要求，没有要求的可以不出示。

2. 教育背景

教育背景是应聘者接受教育的情况，包含专业、学历、学位、毕业学校等，有技能证书的可以在这里说明。提供信息要结合岗位需求，表明应聘者拥有能够满足特定工作要求的技能、资质。

3. 求职意向

求职意向是应聘者所希望从事的职位，应清晰明确，放在第一部分的开头或结尾等醒目位置。明确的求职意向可以让招聘者感觉到求职的诚意。简历的其他内容应该围绕求职意向展开。

（二）经历

经历包含学习经历和工作经历，写作重点是突出能力。经历列举不能面面俱到，要结合岗位所需能力选取亮点进行展示。

对于应届毕业生来说，学习经历最远写到高中即可。可以列举与职位相关的专业课程，一般偏上可以写平均分值，成绩不理想建议不写成绩。学习成绩是应届毕业生学习能力的体现，所以不限定学业，还可以包含培训经历，尤其是与岗位相关的技能培训经历。

对于应届毕业生来说，工作经历可以包含社会实践、社会活动、校外实习、校外兼职、社团活动、班委工作等。不要简单列举，要发掘工作经历中的能力培养提升点。例如创立或管理社团、团队合作中体现的团队意识、组织能力、领导能力、协调能力、谈判能力、开发市场的能力等职业能力。不要自己去评论，而要用结果和成绩说话。高中和大学时期的都可以写，但不能太零碎，避免弱项，杜绝编造，多用动词描述。描述实践经历时切忌含糊不清，一定要将自己的具体工作明确地描述清楚。如果自己曾组织过某次活动，如能将整个活动持续的时间、自己具体负责的工作及对活动的贡献（如曾为比赛争取到一万元的赞助费）等具体情况描述出来，就能起到让用人单位刮目相看的作用。

（三）成绩

成绩方面主要列举在校期间获得的奖励、取得的证书，要强调与岗位职业能力有关的成绩，无关的不写或一笔带过。例如空乘专业的同学写英语过四级，幼儿教育专业的同学写普通话达到二级甲等。这项适合成绩突出者，能凸显能力。如果荣誉没有那么多，可以在经历中一并介绍，不单项列举。

（四）自我评价

写作时要注意，杜绝千篇一律的大话、套话、废话、空话，以及主观的语言、自吹式的描述。用言简意赅的语言将自己的优势突出来，让招聘者看到应聘者的价值。如"不怕吃苦"或"绝对服从领导安排"，不如写成"可周末加班""可外地出差"，具体内容可视职业要求而定。再如计算机专业的写"本人积极向上、勤奋好学、认真仔细"，不如写成"细心严谨，在某某公司实习期间，没有出现数据分析错误"。写作时尽量不以"我""本人"开头，少用形容词。

简历既不需要封皮，也不要在后面附上大量的证书复印件，证书可以在面试时再给面试官看。

四、求职简历的注意事项

（一）凸显能力

个人简历一定要写得充实，有内容，有个性。至少能在一定程度上反映出应聘者的真实情况。要充分展示应聘者的专业特长和一般特长，强调过去所取得的成绩，成绩是能力的最有力的证据。最好能写出三种以上的成绩和优点，并且要讲究材料的排列顺序。

（二）版式简洁

篇幅控制在两页之内，格式应便于阅读，有吸引力。宜按内容采用清晰有序的板块列项式，不要装订成有封面、目录、封底等项目的书册式。白纸黑字是个人简历的最佳载体，个别需要特别突出的内容，可以加粗处理一下。

（三）表述规范

避免使用第一人称，要采用简洁的无主句式表达，尽量使用行为动词，少用形容词等修饰性词语。注意语法、标点、措辞，避免错别字的出现。

（四）避免不足

不写与申请职位无关的内容，不写对择业不利的情况，但也要实事求是。成绩主要写专业课的成绩。不要面面俱到，避免用人单位抓不住重点，失去兴趣。要突出对求职有利的兴趣、特长，实践经验的介绍应具体明确。

6.7 求职简历例文

能力训练 >>>

了解专业相关的招聘信息，运用求职简历知识，制作个人简历。

面　　试

掌握面试的技巧,能够根据需要做好面试前的各项准备,巧妙地应对面试中的问题,获取试用资格。

面试时,用人单位可通过与应聘者本人的对话,了解应聘者的专业、技能、学历、个人爱好、特长,了解应聘者的个人气质、谈吐风度、知识结构等各方面的综合素质,为能否录用掌握第一手材料。面试的形式越来越多样化,从单独面试到集体面试,从一次性面试到分阶段面试,从非结构化面试到结构化面试,从常规面试到引入演讲、角色扮演、案例分析、无领导小组讨论等活动的情景面试。面对多样化的面试方式,应聘者需要做好充分准备,巧妙应对面试问题。

一、面试的定义

面试即面对面的测试,主要指应聘者与面试官之间面对面的语言和行为的交流活动。通过面试,用人单位可以在一定程度上了解应聘者的形象、气质、性格、兴趣、特长、能力等;毕业生在面试过程中也可以了解到用人单位的信息。现在,面试已经成为用人单位选拔毕业生的必备程序,毕业生必须加以重视并认真准备。

二、面试的类型

(一)结构式面试

面试官按照一定的模式,根据预先设计好的题目和程序向应聘者发问,由应聘者一一作答。还有的是事先拟定一定数量的题目,由应聘者抽取后回答。结构式面试由于形式简单、便于组织,应用较为广泛。

(二)自由式面试

面试官和应聘者自由漫谈,在这种环境下,应聘者能够心情放松,自由发挥,能够显示出自身真正的水平。

(三)压力式面试

面试官有意识地向应聘者施加压力,或针对某一问题做一连串的发问,或故意为难甚至打击,总之,使应聘者陷于被动应付甚至难堪的地步,以此来测试应聘者的抗挫折能力、随机应变能力和心理素质。

（四）即兴式演讲

根据预先设定的题目，或者不限题目，由应聘者进行一定时间的即兴演讲。从而考察应聘者的语言表达能力、逻辑思维能力、应变能力等。

（五）角色模仿情景式面试

由应聘者现场模仿应聘岗位的角色，从而据此判断应聘者对应聘岗位的认识程度、理解程度等。或者设想某场景，由应聘者在该场景中扮演某种角色去完成某项任务，从而判断应聘者的反应能力和随机应变能力。

（六）协作式面试

将应聘者分成若干小组，以集体讨论、相互协作的方式在一定时间内完成某项工作任务或做集体游戏等，面试官根据每个人在集体活动中的表现，据此判断应聘者的领导能力、组织能力、团队协作能力、业务能力、集体观念等。

三、面试的技巧

（一）面试前的准备

1. 整理好文件包

准备好必备用品，如应聘材料、佐证材料等，以备面试官索要。应聘材料有求职信、求职简历、推荐信、身份证、报名表、笔、备用纸等。佐证材料的原件或复印件有学位证、学历证、成绩单、英语应用能力证书、计算机等级考试证书、专业技术资格证书、上岗证、培训证书、获奖证书、荣誉证书，以及发表的论文、著作等。相关佐证材料可以根据简历中提到的荣誉、成绩进行准备。

2. 确认到达面试地点的方案

准备好现金（以备不时之需）、车票等一切能使你从容按时到达面试地点的东西。为避免迷路，可以先到面试地点去一趟。尽量避免和父母、朋友及其他亲戚同去面试，以免给主试者造成一种信心不足、缺乏独立行事的不良印象。

3. 复习关于应征单位的材料和你的个人简历

提前了解公司的大体情况，反复阅读自己的个人简历，使之烂熟于心。大声说出你曾做过的工作中所学得的相关技能，以及为什么你是应聘职位的最佳人选的理由。将要点记录在一张卡片上，方便复习。

4. 保证充足的休息和合理饮食

不喝酒，睡好觉。面试当天早晨吃一顿高蛋白、高碳水化合物的早餐（谷类食物、水果、鸡蛋），精力充沛。

5. 要有时间观念

严格遵守面试的时间，应做到准时、守时、惜时，最好能提前一点时间到达面试地点，以熟悉面试环境，静心复习要点卡片的内容。

6. 注意面试礼仪

所穿衣服应能使你看上去像是公司一员;提前5～10分钟到达面试地点;踏进面试主考人办公室的那一刻,先深吸一口气,镇静地、有信心地步入,要面带笑容,精神饱满;敲门须轻敲三下,一长两短;得到允许方可进入,进入屋内后轻轻关门,得到邀请后才坐下;事毕需要听应答,之后轻轻推开门;随手轻轻把门带上,保持屋门原样。

7. 保持仪容仪表

面试着装要正式、得体、整洁、干练。男士头发常清理无异味,长度适宜且慎染色;西装以深色为主,衬衫以深色、白色为主,领带与西服搭配和谐,袜子与衣裤搭配合理,鞋子以黑色为宜。女士若留有长发最好束起,不遮挡眼,不染色,不怪异;裙子不过短,衬衣不过花,鞋跟不过高,首饰不过多,化妆不过艳;出门时包里可以带简单便捷的补妆工具,例如口红、眉笔等,以备不时之需。

(二)面试问题分析

面试官的提问是对应聘者各方面能力的探寻和测试,具有深层次用意和较强的针对性。读懂面试官问题背后的主旨,才能有的放矢,切中要害。下面我们就从几个面试问题入手,分析问题背后的主旨,明确应对策略。

1. 能介绍一下你自己吗?

分析:这样的问题是在测验你是否能表达流畅、重点突出。

策略:简单介绍,很快将重点转移到与工作相关的技能和经验上来。

2. 我为什么要雇用你?

分析:这是在测试你的工作能力水平与工作职位是否匹配。

策略:以实例提供强有力的证据,直接而自信地推销自己。

3. 你有哪些主要的优点?

分析:考察你是否真正符合用人单位的需要。

策略:如"我的学习能力、适应能力很强""人际关系很好"等都是可以提出的优点,但尽可能要提供与工作相关的证据,这会使你与众不同。

4. 你有哪些缺点?

分析:考察应聘者是否诚实,同时测试应聘者的反应能力。

策略:可以讲为把工作做得更好而表现出的缺点,如对工作过于投入、在工作和家庭关系处理上尚需改善等,这样往往可以取得正面效果。

5. 你想得到的薪水是多少?

分析:如果你对薪酬的要求太低,显然贬低了自己的能力;如果太高,那又会显得你分量过重,公司受用不起。

策略:在商谈薪酬前,可以调查下自己所从事工作的合理的市场价值。在与对方商谈时,不妨尽可能地插入"合理的市场价值"等表述。

6. 你以前的经验和我们现在的工作有哪些联系?

分析:这个提问要求你在与其他应聘者进行比较时,显示出自己的强项。

策略：重点介绍自己的优势。假如其他应聘者的受教育情况明显比你好，那么你就要介绍你在其他方面（如社会阅历、工作经验）比他们更有优势。切忌以己之短比他人之长。

7. 你对以后有什么打算？

分析：这个问题意在考察你的工作动机。这是在探究是否可以信赖你把工作长久地干下去，而且干得努力。

策略：最好的对策就是诚实。你应该准备坦率地、正面地回答面试官关心的问题。

8. 你为什么要找这样的职位？为什么是在这里？

分析：面试官想了解你是否是那种无论什么工作都行的人。果真如此，面试官不会对你感兴趣的。面试官想找那种想解决工作中问题的人。他想通过你的回答考察你是否是他们需要的。

策略：要尽量了解你所应聘的单位和职位，用实力坦诚、自信地介绍你适合这个职位的理由。

（三）面试的答题模板

1. "STAR"法则

"S"是指situation（情境），"T"是指task（任务），"A"是指action（行动），"R"是指result（结果）。具体意思是：在什么的环境下，你接到什么的任务，你做了什么（或者你的贡献在哪里），最后取得了什么样的成果。

2. "131"法则

第一个数字"1"是指大致介绍自己的背景。简短地介绍自己最主要的个人信息，比如：我叫×××，从×××学校毕业，专业是×××，现在在×××公司担任××职位。这里一句话介绍就好，避免说太多没用的信息。

第二个数字"3"是指举出3个与岗位能力相关的经历，并用"STAR"法则表达。找到3个与岗位能力相关的经历，按"STAR"法则，用四句话说清楚什么样的背景下，你接到了什么样的任务，做了哪些事、达成了什么样的结果。自卖自夸会没那么让人信服，但是使用"STAR"法则去说"当时做的一款Web产品，转化率达到10%"，就很有说服力。即使找不到与岗位能力相关的经历，也可以使用能体现岗位能力的经历，比如参加比赛、创业。比如最让你骄傲的事情，你工作中最突出的成就，最能体现领导力、沟通能力、团队精神的经历，最能体现学习能力的经历。甚至可以是与工作无关，但是让人印象深刻的个人经历，比如骑行、做义工、开网店等，这样的经历能从情感上拉近你和面试官的距离，让对方感觉到你是一个有趣的人，对你产生兴趣。

最后一个数字"1"是指想加入这家公司的原因。简要说明想加入这家公司的原因，最好从对方的角度来思考：描述自己能给公司带来什么，而不是能从公司得到什么。虽然你心里的答案可能是"对这家公司的产品感兴趣""想从这家公司学到东西"甚至是"钱多活少离家近"，但是需要传达对对方有价值的信息，比如说"我之前的经历让我更了解硬件技术，能在公司在新方向快速落地的过程中起到一些作用"。

四、面试的注意问题

（一）不要自曝短处

一上来就说自己的劣势，例如"我是想转行的新人，对岗位工作没什么经验，但是我对互联网很有兴趣……"，新人、没经验等容易给对方留下负面印象。只是空泛地说兴趣，并不能吸引对方的兴趣，对方需要知道的是你为了兴趣做了哪些行动。

（二）机会只给有能力的人

恳求对方给自己机会，例如"我对你们公司真的很感兴趣，非常想进你们公司，希望你能给我一个机会，让我进来多学习……"，把自己放到了一个很低的位置上，等待对方赐予一个机会。面试是一个平等的、双向选择的过程。公司和学校不同，若对方选择你加入公司，并不是因为想要帮助你学习，而是因为你能给公司带来价值。

（三）避免流水账

如果按时间顺序说自己大一做了什么、大二做了什么、大三做了什么等都和职业岗位无相关性的内容，可能并不能充分体现你的优势。如果想要吸引对方，需要总结自己最大的优势，需要梳理出来一条清晰的线，提炼出和职业岗位相关的经历。

能力训练 >>>

运用"面试技巧"，完成自我介绍并从下面四题中抽取一题回答。

1. 你最喜欢哪一门课程？最不喜欢哪一门？
2. 成功和失败对你而言意味着什么？
3. 你认为雇主应该给员工什么待遇？
4. 你怎样应对工作中最不令人愉快的部分？

第七单元
普通话水平测试专题

　　语言是人类最重要的交际工具和信息载体。21世纪的中国正日益强大，经济的崛起与强盛必然带动文化的繁盛。在中华民族伟大复兴的历史进程中，大力推广全国通用的普通话，有利于民族团结、国家统一、社会进步、文明复兴；有利于贯彻教育面向现代化、面向世界、面向未来的战略方针；有利于弘扬祖国优秀传统文化和爱国主义精神；有利于提高全民族的科学文化素质。

　　普通话水平测试是我国为加快共同语普及进程、提高全社会普通话水平而设置的一种口语测试。本单元将介绍普通话水平测试的方法、试卷构成，读单音节字词、读多音节词语、朗读短文、命题说话的目的、要求和评分标准，并进行相应的声韵母、语流音变、朗读、说话实训，开展模拟测试，以促进同学们提高普通话水平，最终取得合格满意的普通话水平等级证书。

　　在各类大型企业和行政、事业单位，普通话都是通用语言或工作语言。讲一口流利标准的普通话，是一个人素质与时尚的体现，自然会给自己的工作、事业增色添彩。

7.1 第七单元导语

第一节　普通话水平测试概述

一、普通话

普通话是以北京语音为标准音，以北方话为基础方言，以典范的现代白话文著作为语法规范的现代汉民族的共同语。

普通话，即现代标准汉语，又称国语、华语，指通行于中国大陆、中国香港、中国澳门、中国台湾和海外华人的共通语言，是中华人民共和国以及中国台湾的官方语言，是联合国六大官方语言之一。《中华人民共和国国家通用语言文字法》确立了普通话和规范汉字的"国家通用语言文字"的法定地位。

二、普通话水平测试简介

普通话水平测试（PSC: Putonghua Shuiping Ceshi）是我国为加快共同语普及进程、提高全社会普通话水平而设置的一种语言口语测试。普通话水平测试是对应试人掌握和运用普通话所达到的规范程度的测查和评定。

普通话水平测试一律采用口试方式进行。应试人在运用普通话口语进行表达的过程中所表现的语音、词汇、语法规范程度，是评定其所达到的水平等级的重要依据。

普通话水平测试是我国现阶段普及普通话工作的一项重大举措。在一定范围内对某些岗位的人员进行普通话水平测试，并逐步实行普通话等级证书上岗制度，标志着我国普及普通话工作走上了制度化、规范化、科学化的新阶段。开展普通话水平测试工作，将大大提升推广普通话工作的力度和速度，使"大力推行、积极普及、逐步提高"的方针落到实处，极大地提高全社会的普通话水平和汉语规范化水平。

三、测试方法

经报名核准后，应试者应在规定的日期，凭本人的准考证和身份证，进入指定的考场，并按指定试卷上的内容进行测试。至少有2位省级测试员负责对应试者的普通话水平进行判定打分。

考生进入考场后首先进行试音，然后按照四项内容先后进行测试：读单音节字词（100个音节）、读多音节词语（100个音节）、朗读短文（400个音节）、命题说话。测试全程录音。

普通话水平等级分为三级，每级分为甲、乙两等。一级甲等须经国家测试机构认定,一级乙等及以下由省级测试机构认定。应试人测试成绩达到等级标准,由国家测试机构颁发相应的普通话水平测试等级证书。普通话水平测试等级证书全国通用。

普通话水平测试等级证书分为纸质证书和电子证书,二者具有同等效力。纸质证书由国务院语言文字工作部门统一印制,电子证书执行《国家政务服务平台标准》中关于普通话水平测试等级证书电子证照的行业标准。纸质证书遗失的,不予补发。应试人可以通过国家政务服务平台查询测试成绩,查询结果与证书具有同等效力。

四、试卷构成

试卷包括4个组成部分,满分为100分。

(一)读单音节字词

100个音节,不含轻声、儿化音节,限时3.5分钟,共10分。

1. 目的

测查应试人声母、韵母、声调读音的标准程度。

2. 要求

(1)100个音节中,70%选自《普通话水平测试用普通话词语表》"表一",30%选自"表二"。

(2)100个音节中,每个声母出现次数一般不少于3次,每个韵母出现次数一般不少于2次,4个声调出现次数大致均衡。

(3)音节的排列要避免同一测试要素连续出现。

3. 评分

(1)语音错误,每个音节扣0.1分。

(2)语音缺陷,每个音节扣0.05分。

(二)读多音节词语

共100个音节,限时2.5分钟,共20分。

1. 目的

测查应试人声母、韵母、声调和变调、轻声、儿化读音的标准程度。

2. 要求

(1)词语的70%选自《普通话水平测试用普通话词语表》"表一",30%选自"表二"。

(2)声母、韵母、声调出现的次数与读单音节字词的要求相同。

(3)上声与上声相连的词语不少于3个,上声与非上声相连的词语不少于4个,轻声不少于3个,儿化不少于4个(应为不同的儿化韵母)。

(4)词语的排列要避免同一测试要素连续出现。

3. 评分

（1）语音错误,每个音节扣0.2分。

（2）语音缺陷,每个音节扣0.1分。

（三）朗读短文

1篇,400个音节,限时4分钟,共30分。

1. 目的

测查应试人使用普通话朗读书面作品的水平。在测查声母、韵母、声调读音标准程度的同时,重点测查连读音变、停连、语调以及流畅程度。

2. 要求

（1）短文从《普通话水平测试用朗读作品》中选取。

（2）评分以朗读作品的前400个音节（不含标点符号和括注的音节）为限。

3. 评分

（1）每错1个音节,扣0.1分；漏读或增读1个音节,扣0.1分。

（2）声母或韵母的系统性语音缺陷,视程度扣0.5分、1分。

（3）语调偏误,视程度扣0.5分、1分、2分。

（4）停连不当,视程度扣0.5分、1分、2分。

（5）朗读不流畅（包括回读）,视程度扣0.5分、1分、2分。

（四）命题说话

限时3分钟,共40分。

1. 目的

测查应试人在无文字凭借的情况下说普通话的水平,重点测查语音标准程度、词汇语法规范程度和自然流畅程度。

2. 要求

（1）说话话题从《普通话水平测试用话题》中选取,由应试人从给定的两个话题中选定1个话题,连续说一段话。

（2）应试人单向说话。

3. 评分

（1）语音标准程度,共25分。分六档：

一档：语音标准,或极少有失误。扣0分、1分、2分。

二档：语音错误在10次以下,有方音但不明显。扣3分、4分。

三档：语音错误在10次以下,但方音比较明显；或语音错误在10次～15次,有方音但不明显。扣5分、6分。

四档：语音错误在10次～15次,方音比较明显。扣7分、8分。

五档：语音错误超过15次,方音明显。扣9分、10分、11分。

六档：语音错误多，方音重。扣12分、13分、14分。

（2）词汇语法规范程度，共10分。分三档：

一档：词汇、语法规范。扣0分。

二档：词汇、语法偶有不规范的情况。扣1分、2分。

三档：词汇、语法屡有不规范的情况。扣3分、4分。

（3）自然流畅程度，共5分。分三档：

一档：语言自然流畅。扣0分。

二档：语言基本流畅，口语化较差，有背稿子的表现。扣0.5分、1分。

三档：语言不连贯，语调生硬。扣2分、3分。

说话不足3分钟，酌情扣分：缺时1分钟以内（含1分钟），扣1分、2分、3分；缺时1分钟以上，扣4分、5分、6分；说话不满30秒（含30秒），本测试项成绩计为0分。

五、水平等级

普通话水平划分为三个级别，每个级别内划分两个等级。其中：

97分及其以上，为一级甲等；

92分及其以上但不足97分，为一级乙等；

87分及其以上但不足92分，为二级甲等；

80分及其以上但不足87分，为二级乙等；

70分及其以上但不足80分，为三级甲等；

60分及其以上但不足70分，为三级乙等。

（一）等级标准

1. 一级（标准的普通话）

一级甲等（测试得分：97分～100分）：朗读和自由交谈时，语音标准，词汇、语法正确无误，语调自然，表达流畅。

一级乙等（测试得分：92分～96.99分）：朗读和自由交谈时，语音标准，词汇、语法正确无误，语调自然，表达流畅。偶然有字音、字调失误。

2. 二级（比较标准的普通话）

二级甲等（测试得分：87分～91.99分）：朗读和自由交谈时，声韵调发音基本标准，语调自然，表达流畅。少数难点音（平翘舌音、前后鼻尾音、边鼻音等）有时出现失误。词汇、语法极少有误。

二级乙等（测试得分：80分～86.99分）：朗读和自由交谈时，个别调值不准，声韵母发音有不到位现象。难点音（平翘舌音、前后鼻尾音、边鼻音、fu-hu、z-zh-j、送气不送气、i-ü不分，保留浊塞音和浊塞擦音、丢介音、复韵母单音化等）失误较多。方言语调不明显。有使用方言词、方言语法的情况。

7.2 普通话一级甲等示例读音

7.3 普通话一级乙等示例读音

7.4 普通话二级甲等示例读音

7.5 普通话二级乙等示例读音

7.6 普通话三级甲等示例读音

7.7 普通话三级乙等示例读音

3. 三级（一般水平的普通话）

三级甲等（测试得分：70分～79.99分）：朗读和自由交谈时，声韵调发音失误较多，难点音超出常见范围，声调调值多不准。方言语调较明显。词汇、语法有失误。

三级乙等（测试得分：60分～69.99分）：朗读和自由交谈时，声韵调发音失误多，方音特征突出。方言语调明显。词汇、语法失误较多。外地人听其谈话有听不懂的情况。

（二）从业要求

根据国家及有关部委的要求，现阶段各类人员的普通话水平应达到的等级标准如下：播音员、节目主持人、影视话剧演员为一级乙等以上水平；教师和大学生为二级乙等以上水平；公务员和社会公共服务行业从业人员为三级甲等以上水平。目前，一些省（区、市）和行业系统根据实际需要，在依照国家原则要求的基础上，对部分人员的普通话水平达标要求做了细化，促进了普通话的进一步普及，提升了相应人员运用普通话的能力。

附录

普通话水平测试模拟试卷

一、读单音节字词（100个音节，共10分，限时3.5分钟）

鹤 海 黑 杂 则 资 雌 四 志 赤 时 日 尔 猜 招 走
散 燃 陈 森 扔 层 中 旗 俩 别 渺 丢 柳 辫 免 聘
饼 名 宁 娘 突 垮 多 箩 快 兑 水 囡 棍 光 女 掠
乏 笼 伯 当 沫 埋 泰 背 陪 给 老 镐 激 窦 返 胆
愤 减 仿 糠 冯 同 舌 弓 疲 剃 郡 寻 圈 选 学 锯
曲 瓮 双 幻 转 追 揣 桦 处 俗 窖 兄 桨 亲 银 先
有 桥 桔 鸭

二、读多音节词语（100个音节，共20分，限时2.5分钟）

驰骋 口袋 悬挂 睡眠 美德 永恒 长年 制造 学堂 拐弯儿
抢救 草本 沸腾 倘若 花朵 转动 迅速 拍摄 民众 打杂儿
老者 充满 衰变 人家 况且 小鞋 分泌 理睬 流域 脖颈儿
困境 全球 思量 乞讨 奖状 战略 吞吐 抽穗 佛教 脸盘儿
少女 沙发 摧毁 音乐 差事 农作物 偶然性 情不自禁

三、朗读短文（400个音节，共30分，限时4分钟）

照北京的老规矩，春节差不多在腊月的初旬就开始了。"腊七腊八，冻死寒鸦"，这是一年里最冷的时候。在腊八这天，家家都熬腊八粥。粥是用各种米,各种豆,与各种干果熬成的。这不是粥,而是小型的农业展览会。

除此之外,这一天还要泡腊八蒜。把蒜瓣放进醋里,封起来,为过年吃饺子用。到年底,蒜泡得色如翡翠,醋也有了些辣味,色味双美,使人忍不住要多吃几个饺子。在北京,过年时,家家吃饺子。

孩子们准备过年,第一件大事就是买杂拌儿。这是用花生、胶枣、榛子、栗子等干果与蜜饯掺和成的。孩子们喜欢吃这些零七八碎儿。第二件大事是买爆竹,特别是男孩子们。恐怕第三件事才是买各种玩意儿——风筝、空竹、口琴等。

孩子们欢喜,大人们也忙乱。他们必须预备过年吃的、喝的、穿的、用的,好在新年时显出万象更新的气象。

腊月二十三过小年,差不多就是过春节的"彩排"。天一擦黑儿,鞭炮响起来,便有了过年的味道。这一天,是要吃糖的,街上早有好多卖麦芽糖与江米糖的,糖形或为长方块或为瓜形,又甜又黏,小孩子们最喜欢。

过了二十三,大家更忙。必须大扫除一次,还要把肉、鸡、鱼、青菜、年糕什么的都预备充足——店//铺多数正月初一到初五关门,到正月初六才开张。

四、命题说话(请在下列话题中任选一个,共40分,限时3分钟)

1. 我的一天
2. 难忘的旅行

第二节 读单音节字词

一、普通话水平测试之单音节字词

读单音节字词是普通话水平测试中的基础检测。读单音节字词100个(排除轻声、儿化音节),就是检测应试人常用字词的正确读音,考查应试人普通话声母、韵母和声调的发音水平。

《普通话水平测试大纲》(以下简称《大纲》)规定:该项测试要求应试者在3.5分钟内正确地读完100个单音节字词。在这100个音节中,要涵盖普通话的所有声母、韵母和声调,并按一定比例重复。也就是说,应试者对测试的基本内容没有任意选择或回避的可能,要全面掌握普通话的音系结构和所有带调音节的准确发音。

该项测试为语音考核内容,通过测试,重点考查应试人对普通话21个声母、39个韵母与4个声调的掌握情况,在带调音节中测试应试人发音的规范程度。要求应试人对普通话声、韵、调的发音到位,尽可能避免方音和不正确的语音习惯的干扰。

该项测试成绩占测试总分的10%(10分),读对10个音节得1分(每音节得0.1分);读错10个音节扣1分(每音节扣0.1分)。每个音节不论是声母、韵母还是声调,三个部分只要有一个部分读错,均算该音节错误。扣分分为"错误"和"缺陷"两类,每个错误音节扣0.1分,每个缺陷音节扣0.05分。

(一)注意事项

一个音节的声母、韵母、声调是一个完整的统一体,任何一项错了,这个音节就错了。在参加测试的时候要注意以下要求。

1. 声韵调要标准

(1)声母(韵母前面的辅音,普通话的声母包括零声母)。

b 百包别	p 怕胚批	m 妈猫谋	f 夫风发	d 呆德丁	t 胎汤特
n 乃闹宁	l 来捞林	g 该关锅	k 康科肯	h 含喝怀	j 江交阶
q 千枪秋	x 香星先	z 栽赞增	zh 追朱州	c 采策仓	ch 晨车初
s 撒桑森	sh 说神顺	r 热柔瑞			

零声母:有些音节开头部分没有声母,只有韵母独立成为音节。

熬	矮	袄	昂	爱	傲
偶	欧	讴	恩	婉	讹

（2）韵母：汉语字音中声母、字调以外的部分。

| a 巴 哒 擦 | o 玻 坡 佛 | e 喝 么 勒 |
| i 第 尼 李 | u 夫 股 卢 | ü 旅 女 鱼 |

ê 欸 又读作 ǎi ēi éi ěi èi

—i（前）	自私 zìsī	四次 sìcì	刺字 cìzì
—i（后）	诗史 shīshǐ	实施 shíshī	指示 zhǐshì
er 二 èr	儿 ér	耳 ěr	
ai 改 百 乃	ei 北 非 嘿	ao 报 搞 毛	ou 投 扣 柔
ia 家 下 雅	ie 跌 姐 页	ua 挂 耍 华	uo 躲 国 弱
üe 雪 约 却	iao 表 交 条	iou 丘 酒 留	uai 乖 甩 怀
uei 水 魁 翠			
an 单 干 叹	en 本 根 深	ian 年 脸 沿	in 临 心 音
uan 劝 暖 欢	uen 论 困 混	üan 全 原 轩	ün 均 寻 云
ang 行 忙 苍	eng 风 声 蒸	iang 两 将 向	ing 秉 灵 靖
uang 狂 双 往	ueng 翁 瓮 嗡	ong 通 融 恐	iong 窘 熊 琼

（3）声母要发准。在100个音节里，每个声母出现一般不少于3次，方言里缺少的或易混淆的声母酌量增加1～2次。声母要发准，是指发音要找准部位，方法正确。一是不能把普通话里的某一类声母的发音读成另一类声母，比如zh、ch、sh与z、c、s，f与h，n与l不分。二是不能把普通话里的某一类声母的正确发音部位用较接近的部位代替，造成读音缺陷。

（4）韵母要到位。100个音节里，每个韵母的出现一般不少于2次，方言里缺少的或易混淆的韵母酌量增加1～2次。韵母有单韵母、复韵母和鼻韵母。单韵母发出来的音要吐字如珠，一个就是一个，不拖泥带水。复韵母和鼻韵母的发音都要有动程，要有变化；变化要自然、和谐，归音要到位，发出来的音要圆润。韵母的读音缺陷多表现为合口呼、撮口呼的韵母圆唇度明显不够，语感差；或者开口呼的韵母开口度明显不够，或者复韵母舌位动程明显不够等。

（5）声调要发全。声调方面，调型、调势基本正确，但调值明显偏低或偏高，特别是四声的相对高点或低点明显不一致的，判为声调读音缺陷。尤其是上声字的发音，上声是降升调，先降后升，调值是214度，如果发音时只降不升，调型就成降调了，调值成了21度。读单音节字词的声韵调要标准，要和谐自然，不能把声韵调割裂开来，顾此失彼。

2. 不要将形近字误读

汉字的形体很多是相近或相似的，单独认读，稍不注意很容易读错。形近字误读有两种情况，一是有的人朗读过快，把很简单的字也读错了。二是有些日常生活中不多用的字，或在词语中能念准，而单字一下子难以念准的字，极易念错。

3. 多音字可选读一音

单音节字词中有不少多音字,朗读时念任何一个音都是对的。

4. 速度要快慢适中

读100音节,限时3.5分钟。读单音节字词,只要每个音节读完整,一个接一个地往下读,切忌抢读,但是朗读也不能太慢。

5. 要从左至右横向读

单音节字词100个,测试题一般分为10排,每排10个字。朗读时从第一排起从左至右。

6. 读错了及时纠正

一个字允许读两遍,即应试人发觉第一次读音有口误时可以改读,按第二次读音评判。如果对有的字拿不准是否读错了,不必再去想它,以免影响后面的朗读。

(二) 常见问题辨析

1. 声母辨析

(1)声母错误:主要指将普通话的一类声母读成另一类声母,造成音节的辨义错误。常见的声母错误如下。

① 将n读成l,或将l读成n,或将n读成ng。

② 将z、c、s读成zh、ch、sh或将zh、ch、sh读成z、c、s。

③ 将送气音读成同部位的非送气音,或将非送气音读成同部位的送气音。

④ 将普通话音系中不同部位的声母换位,如将h(花)、f(发)换位,将zh(朱)、j(居)换位。

⑤ 将普通话的r声母读成z、l、n或零声母,或将零声母字读成m(如"舞")、ng(如"眼")声母字。

(2)声母缺陷:主要指声母的发音部位不准确、不到位,但还不是将普通话的一类声母读成另一类声母,以致产生辨义错误。

常见的声母缺陷如下。

① 将舌面前声母j、q、x读得太接近舌尖前声母z、c、s,但还不是z、c、s。

② 将舌面前声母j、q、x读成舌叶音。

③ 将舌尖后音声母zh、ch、sh、r读得偏前,舌尖趋近于上齿或上牙床的位置。

④ 将舌尖前塞擦音声母读成齿间的塞擦音声母。

⑤ 将清塞音或清塞擦音声母读成浊塞音或浊塞擦音声母。

2. 韵母辨析

(1)韵母错误:韵母错误主要指韵母类型的发音错误而造成音节辨义的错误,或按方音模式对普通话结构进行明显的改造。主要表现如下。

① 将前鼻音韵母读成后鼻音韵母,或将后鼻音韵母读成前鼻音韵母。

② 韵母四呼发生错误:将撮口呼韵母读成齐齿呼韵母或合口呼韵母,或将合口呼韵母读成撮口呼韵母。

③ 将舌面后半高不圆唇单元音韵母 e（如"车""河"）读成舌面前半低不圆唇单元音韵母 ê，或将一类单元音韵母换成另一类单元音韵母。

④ er 或儿化韵无卷舌音色彩。

⑤ 将复韵母单元音化（如将 uo 改作［o］，将 ai 改作［ε］），将三合元音韵母改作二合元音韵母（如将 uai 改作［uε］）。

⑥ 将普通话的宽窄复韵母（ai—ei、uai—uei、an—en、uan—uen 等）换位；

⑦ 将鼻尾韵母改作鼻化韵母。

⑧ 遗留明显的方言入声韵尾。

（2）韵母缺陷：韵母缺陷主要指韵母发音不到位、不准确，但还不至于发生韵类与辨义错误。常见的韵母缺陷如下。

① 单元音韵母 i、u、ü 或舌尖元音带有明显摩擦成分。

② 单元音 u 舌位明显偏前。

③ 卷舌韵母 er 发音不自然，主元音偏高、偏低或偏前，或将一个音素发成两个音素。

④ 合口呼与撮口呼的圆唇度明显不够，听感上有明显差异。

⑤ 复元音韵母动程明显不够，主元音发音不到位，或韵尾咬得太死。

⑥ ou、iou 韵腹、韵尾整体舌位偏前。

⑦ in、ing 韵腹、韵尾之间加入流音。

⑧ 鼻音韵尾发音过长或咬得太死，或前鼻音韵尾成阻位置偏后，后鼻音韵尾成阻位置偏前。

3. 声调辨析

（1）声调错误：声调错误主要指普通话四个声调调类的错读和各调类调形（升降曲折）行进方向和调值高低的明显错误。常见的声调错误如下。

① 将普通话的一类调值读成另一类调值。如将"室"（去声）读成上声，将"微"（阴平）读成阳平，将"穴"（阳平）读成去声。

② 按方言调形将普通话的平调读成升调或降调，或将普通话的升、降、曲折调读作平调。

③ 将普通话的阴平调读作中平、半低平或低平。

④ 将普通话的升、降调形倒置。

⑤ 将阳平 35 读作低升 13，或将去声 51 读作低降 31。

⑥ 上声调只降不升。

（2）声调缺陷：声调缺陷指在调形、调势基本正确的前提下调值偏低或偏高，尤其是普通话四个声调起点和落点的相对高低的明显不一致。主要表现如下。

① 阴平保持平调，但（尤其在重读音节中）调值略低（44，尚高于中平 33）。

② 阳平略带曲折（中间曲折作 325，或调尾又作降势拖音）。

③ 上声开头略高，或上升不到 4。

④ 去声为降调,但起点不足5或落点不到1。

二、吐字归音要领

音节是听觉感觉可以区分清楚的语音的基本单位。汉语中,一个汉字通常就是一个音节,每个音节由声母、韵母和声调三个部分组成。

"吐字归音"是我国传统说唱理论中提及咬字方法时所用的一个术语。从汉语音节特点出发,把汉字一个音节的发音过程分为字头、字腹、字尾三个阶段,吐字归音是口腔控制重要一环。吐字归音的要领如下。

(一) 出字

出字是指头(声母)和颈(介音,也叫韵头)的发音过程,即"咬字"阶段。咬字要求干净利落、弹发有力,并与韵头迅速结合。如dian,d是字头,i是韵头,a是字腹,n是字尾。

整个字头的发音应具有一定的弹射力,这是整个音节是否有"力度"的关键。字头部位是否准确,咬字是否适当,是汉语语流中是否字字清晰,并且有一定"亮度"的关键。

(二) 立字

立字是指韵腹(字腹)的发音过程。韵腹的发音应有"拉开立起"之势,要"立得住",立字也称立度。汉字音节中,口腔开合度最大、泛音共鸣最丰满、声音最响亮的就是韵腹(主要元音)。韵腹是声调(字调)的主要体现者,声调和韵腹充实的声音结合在一起,在有声语言中形成抑扬顿挫的语言音乐美。

(三) 归音

归音是指音节发音的收尾过程。要求字尾弱收,肌肉由紧渐松,口腔随之由开渐闭、渐松。归音干净利索,趋向鲜明,既不可拖泥带水留尾巴,也不可唇舌"不到家"。音节收音时应注意用减弱的声波来收束音尾,不要改变口腔的大小,不可"吃字""倒字""丢字"。"吃字"即吃了字头,出字不好;"倒字"即韵腹发音有毛病,字没立住;"丢音"即归音不到家,丢了字尾。

(四) 吐字归音示例

以"电"字为例:d-i-a-n。

d是字头,发音应是先在准确位置(舌尖与上齿龈)成阻,蓄气(持阻),然后迅速解除发d。如同老虎叼着虎仔,用巧劲,不紧不松。还要注意富于弹性。

i是字颈(介音),不要发得过长。

ɑ是字腹，打开口腔，与头尾发音比较，发音过程最长，开口度最大，这样使音节"立起"。

　　n是字尾，舌尖要收到上齿龈，堵住气流在口腔的通道，鼻音一生成即收。

　　用枣核来形容一个音节的发音过程应如下图所示。

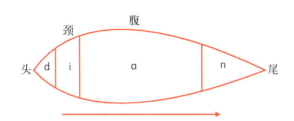

7.8 普通话声韵调读音示范

第三节　读多音节词语

一、普通话水平测试之多音节词语

（一）测试的基本要求

1. 测试内容

该项测试是前一项测试的继续与提升，要求应试者在2.5分钟内正确地读出规定的多音节词语（100个音节）。这些多音节词语中包括普通话音系的所有声母、韵母、声调及轻声、儿化与连读变调。

2. 测试目的

该项测试旨在进一步考核应试人在各类多音节词语的连读中，对普通话声韵调发音的掌握情况及轻声词、儿化词、多音节词变调的发音。

3. 评分标准

该项测试计20分（占测试总分的20%），即每个词语占0.4分，每个音节占0.2分。读错一个音节声、韵、调的任何一个部分都算该音节发音错误，每错一个音节扣0.2分，读音有明显缺陷的音节扣0.1分。

（1）关于"多音节词语错误"的判定。

① 基本声韵调的发音评判标准与前项测试相同。

② 两个上声音节相连时没有按应有的规律变调。

③ "一""不"在连续变调时发生变调错误。

④ 轻声音节没有读轻声。

⑤ 轻声音节违背轻声的音高模式。

⑥ 儿化音节没有读儿化韵。

⑦ 儿化音节读成两个音节。

⑧ 语气助词"啊"在连续变调中未按规律音变。

（2）关于"多音节词语缺陷"的判定。

① 基本声韵调发音的评判标准与前项测试相同。

② 儿化卷舌色彩不明显或发音生硬。

③ 中重格式的多音节词语将第一个音节读成重音节。

以上两项测试内容（"读单音节字词"与"读多音节词语"），若有一项失分超过该项总分的10%（即前一项失1分或后一项失2分），即可判定应试人的普通话水平不能进入一级。

应试人若有较为明显的语音缺陷，即使测试总分达到一级甲等也要降级，只能评定为一级乙等。

（二）双音节词语

1. 平翘舌声母

平舌音声母z、c、s发音的成阻点是舌尖的前端接触上门齿背,发音时舌尖有振感。保持以舌尖前端成阻是发平舌音的要领。

翘舌音声母zh、ch、sh、r的发音成阻位置是舌尖后,发音时,舌尖连同整个舌身要适当翘起,舌尖与硬腭前部的成阻位置不能太前,这是南方方言区的应试人应当特别注意的问题。

（1）双音节平舌音。

存在　早餐　才子　赠送　操作　色彩　遵从　色泽　沧桑　粗俗

（2）双音节翘舌音。

住宅　山水　软弱　出差　首长　郑重　长城　始终　忍让　书生

2. n、l声母

n声母发音时,舌尖中部与上齿龈成阻,完全封闭口腔气流通道,声音与气流由鼻腔送出;l声母发音时,成阻位置比n稍后一点,完全封闭鼻腔通道,声音与气流由口腔送出,这是两个声母发音的主要区别所在。

（1）n声母。

忸怩　恼怒　南宁　能耐　奶娘　泥泞　牛奶

（2）l声母。

联络　料理　拉拢　来历　凌乱　老练　浏览

3. j、q、x声母训练

南方方言没有规范的舌面前音j、q、x,只有舌尖前音z、c、s与近似于舌面音音色而发音位置完全不同的舌叶音,两者形成互补。音色的近似给南方方言区的人发j、q、x声母造成了干扰,尤其是粤语区的人对这组声母缺少音质特点的辨识,往往用舌尖前声母z、c、s加i来代替j、q、x声母。对这一似是而非的发音,南方方言区的人不知错在哪里。这组声母的发音也是一个难点,常常是语音矫正的重点。

要读准j、q、x声母,首先要能正确地区别z、c、s与j、q、x两组声母的音色特点,音色的不同是由于两组声母发音部位的不同。z、c、s由舌尖的最前端接触上门齿背成阻发音;j、q、x由前舌面贴近硬腭的前方成阻发音,其要领是:发j、q、x时,舌尖前端要自然、松弛地垂于下门齿背后,一定不能参与成阻,让前舌面贴紧(发擦音时贴近)上腭的前方形成阻碍点。注意,只要舌尖紧张,参与发音动作,发出的一定是 z、c、s 而不是 j、q、x。这两组声母，不但要常练，而且要常听，细心地辨别两组音的差异。

（1）焦急　究竟　即将　聚集　寂静

（2）亲戚　齐全　情趣　秋千　蹊跷

（3）消息　新鲜　纤细　兴修　小徐

（4）精细　情绪　尽心　急切　谢绝

4. 宽窄韵母训练（开口度大小区分）

（1）ai（uai）—ei（uei）韵母

① 海带　拍卖　开怀　晒台　白菜　财会　奶奶　太太

② 北美　累赘　委培　妹妹　魁伟　配备　百倍　暧昧

（2）ao（iao）—ou（iou）韵母

① 跑道　牢骚　高潮　照料　小巧　叫嚣　骚扰

② 谋求　逗留　走狗　手头　漏油　瘦肉　悠久

二、几种常见的普通话音变

人们在说话或朗读时，语音并不是孤立地一个个发出的，而是一个音节接着一个音节。当一连串音节不断发出时，便形成了"语流"。

在语流中，一个音素、一个音节或者一个字词，由于受到相邻语音的影响而发生一些读音上的变化，我们把这种变化称为"音变"。

音变在语流中大量存在。学习普通话，如果只掌握了单个字的读音而不掌握音变，就会让人觉得生硬、别扭。要想使自己的普通话说得地道，听起来自然、和谐，还必须掌握音变。普通话的音变主要有：变调、轻声、儿化和"啊"的音变等。

（一）变调

常见的变调有：上声的变调、"一""不"的变调和重叠式形容词的变调。

1. 上声的变调

在语言的实际运用中，上声读原调的机会并不多，只有在单念或词尾时读原调，其余多数情况下念变调。具体读音见表7-1。

7.9 上声变
调读音示范

表7-1　上声变调表

类　　别	读　　音	例
非上声前	读"半上"（211）	阴平前：雨衣、百般 阳平前：改革、耳闻 去声前：雪亮、把握 轻声前：伙计、尾巴
两个上声相连	前一个读得像阳平（35）	手指、反省 广场、母语
三个上声相连	1. 双单格35＋35＋214 2. 单双格211＋35＋214	勇敢者、五百所 买雨伞、很理想
多个上声相连	先按语义自然分节，再用上述方法读音	请小李跑百米。 老马卡秒表。
亲属称谓	"半上"（211）＋轻声	嫂嫂、婶婶
单念、词尾	读原调（214）	所、手、完整、落选

2. "一"和"不"的变调

"一"的单字调是阴平。"不"的单字调是去声。这两个字在单念或词尾时不变。它们的变调取决于后一个连续音节的声调。"一"一般有四个读音；"不"有三种读法。变调规律见表7-2。

7.10 "一、不"变调读音示范

表7-2　"一"和"不"变调表

所处位置	"一"的读音	例	"不"的读音	例
单念、 词尾、 表序数	不变调 （yī）	一、二、三、 万一、一营、 一九九一	不变调 （bù）	不！ 我偏不！ 行不？
非去声前	变去声 （yì）	一杯、一天 一直、一同 一所、一朵	仍念去声 （bù）	不依 不难 不管
去声前	变阳平（yí）	一段、一旦	变阳平（bú）	不必、不会
夹在词中	轻读	学一学、拼一拼	轻读	去不去　用不着

7.11 重叠
形容词变调
读音示范

3. 重叠形容词的变调

重叠形容词有三种：AA式、ABB式、AABB式。

（1）AA式

一般不变调，但带上"儿尾"，读作儿化时，第二个音节一律读作阴平。例如：

慢慢	大大	红红	（不变调）
慢慢儿	早早儿	远远儿	（读阴平）

（2）ABB式

① "BB"是阴平调时，仍读原调。如：白花花。

② "BB"不是阴平调时，大多数要变为阴平调。如：软绵绵。

③ "BB"虽不是阴平，但有少数仍读原调。如：光闪闪、白皑皑。

（3）AABB式

第二个"A"读轻声，"BB"均读阴平调。如：热热闹闹、整整齐齐。

也有少数词在书面语中是不变调的。一般在语气较严肃或读得缓慢时仍读原调。如：轰轰烈烈、堂堂正正、闪闪烁烁。

上述三种重叠式形容词的变调，多用于口语中。除口语中习惯变调的或在AA儿化时必须变调以外，其余也可不变调。

值得一提的是：关于变调的书写形式，汉语拼音正词法基本规则规定，除"在语音教学时可以根据需要按变调标写"以外，"声调一律标原调，不标变调"。因此，我们在读汉语拼音读物时，不能简单照字面所标的声调去读，而要根据情况具体对待。

（二）轻声

7.12 轻声
读音示范

1. 轻声的特点

轻声不是一个独立的调类，是普通话语流当中，从阴平、阳平、上声、去声四个声调中变化而来的一种特殊的调子。从音高看，它失去了原有的声调调值，产生了一种新的音高模式；从音长看，轻声音节较正常音节大大缩短。因此，听感上的"轻短模糊"，是轻声音节的本质特征。

2. 轻声的读音

轻声一般出现在双音节词中的后一个音节。它的读音不能独立存在，要依靠前一个音节的声调来确定。虽然轻声的调值不固定，但总体上来说，轻声在阴平、阳平后较低；在上声后最高；在去声后最低。如：

阴平后	珠子	妈妈	调值为2
阳平后	竹子	爷爷	调值为3
上声后	主子	奶奶	调值为4
去声后	柱子	爸爸	调值为1

读轻声时,有一种堵塞感和音乐节拍感。只要在词语发音行将结束时捎带一下即可。如:"棉花"。其中,"棉"可读得重些、时值长些;"花"要读得轻些、音长短些。

3. 掌握轻声词

在普通话里,轻声词的使用频率很高。轻声词是构成普通话语调的重要特征之一,也是普通话水平测试所要考查的重要内容。轻声能区别词性、区分词义,能使语言的节奏轻重有致、富于美感。因此,轻声是普通话学习的重点之一。学习中,除掌握正确发音之外,还要记住哪些词应该读轻声。轻声词大致归为以下四类。

(1)规律性强的轻声。

这类轻声词在构词中缺乏独立性,附着性强,意义也不实在,从词形上就可以识别,是较容易掌握的一类。主要有以下几种。

① 结构助词"的、地、得"。

② 时态助词"着、了、过"。

③ 语气助词"啊、呢、吧、啦"等。

④ 词的后缀"子、头、们、么、巴"等。

⑤ 大多数名词、代词后的方位词"上、下、里、边、面"等。

⑥ 动词、形容词后的趋向动词"来、去、起来、进去"等。

⑦ 量词"个"。

⑧ 单音节名词、动词重叠后的第二个音节。如:星星、弟弟、奶奶、听听、想想。

⑨ 部分四音节中的衬字。如:黑不溜秋、稀里哗啦、慌里慌张、老实巴交。

(2)具有区别词性、词义功能的轻声。

这类轻声词"形同而义异",念轻声或不念轻声意思大不相同。一定要根据所表达的语义,确定是轻声还是非轻声后再读。例如:

花费:～fei——名词　　　～fèi——动词
人家:～jia——代词　　　～jiā——名词
大意:～yi——疏忽　　　～yì——主要意思

(3)习惯上必读的轻声。

此类轻声词范围广而规律性不强,也无区别词的作用,但按习惯必读轻声。要注意识别、熟读和记忆。

如:答应　知道　马虎　使唤　吓唬
　　胡琴　活泼　庄稼　先生　商量
　　笑话　会计　秀才　云彩　月饼

(4)还有少数可轻可不轻的词语。

这类词,前一个音节读重音,后一个读次轻音。一般轻读,间或重读。注音时,后一音节要标出声调,并在前面加圆点。例如:"娇气"注为"jiāo·qi"。原调依稀可辨,但不稳定。"因为"等均属此类。

7.13 儿化
音读音示范

（三）儿化

"er"本是一个独立音节，但有时可以和前一个音节相结合，使前一个音节的主要元音带上卷舌动作，并使两个音节融合成为一个音节。词尾"儿"与前面音节相连而形成的这种语音融合现象就叫"儿化"。儿化了的韵母，称作"儿化韵"。儿化在书写上用两个汉字表示，读音上却是一个音节。

1. 儿化韵的发音及运用

儿化韵的基本性质，是使一个音节的主要元音带上卷舌动作。儿化发音的关键，是在念前一个音节韵腹的同时舌头就要上卷，如果等韵母念完了再卷舌，就不准确了。有些人在读儿化时，常将"儿"与前面的音节分开读；有的发儿化时舌头卷不起来或者卷得生硬、不明显；还有的卷舌过高或过后，这些都是应该避免的。此外，还要区分儿化和非儿化的词。少数带"儿尾"的词，并不读儿化。例如：诗文中起修饰作用或为了音节整齐时，"儿"均不读儿化。

"儿化"多用于口语中。在庄重、严肃的场合一般不宜使用。恰当地运用儿化，不仅能增添语音的韵味和美感，而且还能区分词性、区别词义、表达多种感情色彩。

2. 儿化韵的发音规则

儿化音变的条件，取决于韵母的最末一个音素。儿化了的韵母的实际读音，与原韵母有所不同。总的规律是：原韵母的开口度大，舌高点靠后而便于卷舌的，直接加"r"，儿化后原韵母不变；反之，原韵母开口度小、舌高点在前而影响卷舌的加"er"。儿化后原韵母会发生一些变化。儿化韵的音变规律，有以下几类。

（1）韵尾是α、o、e、u时，原韵不变，直接加"r"。如：

上哪儿　　一伙儿　　蛋壳儿　　白兔儿
打盆儿　　小车儿　　眼珠儿

（2）韵尾是i、n时（in、ün除外），丢韵尾，加"r"。如：

瓶盖儿　　晚辈儿　　大婶儿
一块儿　　账本儿　　纳闷儿

（3）韵母是in、ün时，丢掉韵尾n，加"er"。如：

干劲儿　　皮筋儿　　合群儿

（4）韵母是i、ü时，原韵不变，加"er"。如：

小米儿　　金鱼儿　　孙女儿

（5）韵母是-i（前）、-i（后）时，原韵母丢失，变为"er"。如：

铁丝儿　　棋子儿　　有刺儿　　没事儿　　树枝儿

（6）韵尾是ng的（ing除外），丢掉ng加"r"，并使主要元音鼻化（气流从口腔和鼻腔同时透出）。如：

没空儿～　　板凳儿～　　蛋黄儿～
茶缸儿～（浪纹号表示鼻化）

（7）韵母是ing，丢掉ng加"er"并鼻化。如：

电影儿～　　五星儿～

儿化在拼写时，不必按它的实际读音来注音，而一律在原音节后加一个"r"即可。如"玩儿"写成"wánr"，"小鸟儿"写成"xiǎoniǎor"。

（四）"啊"的音变

单音词"啊"，除用在句子开头做叹词外，还常常出现在句中或句末做语气助词。做语气词时，由于受前一个音节末尾音素的影响而读音有所不同。这种变化规律性较强，容易掌握。"啊"的音变规律见表7-3。

7.14 "啊"的变读示范

表7-3　"啊"的音变规律表

前字的末尾音素	读作	写作	举例
a、o、e、ê、i、ü	ya	呀	快写啊！　别火啊！
u（ao、iao）	wa	哇	大叔啊！　别要啊！
-n	na	哪	看啊！　真难啊！
-ng	nga	啊	不行啊！　真好听啊！
-i［zi、si］	［za］	啊	孩子啊！　去公司啊！
-i［zhi、chi、shi］、er	［ra］	啊	要理智啊！　儿啊！

第四节　朗读短文

一、普通话水平测试之朗读短文

在普通话水平测试中，有文字凭借、要求"读"的测试项共有3项：① 读单音节字词；② 读多音节词语；③ 朗读短文。

朗读的一般要求在前面已介绍，专项要求如下。

（一）矫正方言语调

就某一具体的方言而言，方言语调是该方言的客观存在和本来面貌；而将这一面貌带到"普通话"中来，就成了普通话规范的对象，成为普通话水平测试的扣分对象。

"方言语调"是指依附在语句之上的语音高低、轻重、节奏韵律的变化在语流组合中的方音语势。具体说来，可有以下表现。

（1）进入语流之后的音高变化与普通话的差异。

（2）语音轻重关系的方言色彩。这包括三种情况：一是词或词组的轻重格式与普通话有差异；二是轻声的读法不规范；三是语流中的重音关系有方言色彩，包括逻辑重音、语法重音的错误等。

（3）声调的错误和缺陷的一贯性形成的方言语调。

（4）语流节奏的方言色彩，包括语速、停顿、节拍群等与普通话的差异。

（5）方言语调在语句末尾有突出表现，包括使用方言中特有的感叹词、语气词等。

由于方言语调具有的在声母、韵母之上的游离性，与不同声韵调黏附的复杂性、在语流走势中组合的动态性、地方色彩的多样性等因素，加上与之对应的"普通话语调"也并没有一整套固定的模式可供比照，因此，方言语调主要通过以下途径矫正。

（1）加深对普通话"语感"的感受和认识，逐步将其化为自觉的言语行为。

（2）注重对广播、电视节目中有关生活栏目主持人（普通话水平达到一甲的）的语气、语调的学习和模仿。

（3）由于普通话是以北京语音（音系）为标准音，所以可有意识地多观看一些带有北京地方特色的电视剧（注意摒弃其中的方言土语），如《渴望》《皇城根儿》《我爱我家》等，从中感知和体会，可使自己的普通话语调更加自然、流畅，也更加纯正。

（二）注意适当的语速和规范的停顿

《大纲》提供了50篇朗读材料，规定在4分钟以内读完400个字。一般地说，用正常的速度是不会过快或过慢的。但如果应试人未经准备，或自觉难点语音多，见字读音，会造成过慢。通常，每分钟少于170个音节，会被视为"过慢"；每分钟超过270个音节，会被视为"过快"。

《大纲》规定，停顿、断句不当每次扣1分。有以下情况会被视为"停顿、断句不当"。

（1）停顿造成对一个双音节或多音节词语的肢解。

（2）停顿造成对一句话、一段话的误解，形成歧义。

每个意群停顿过长，甚至屡有停顿且每次停顿超过3秒钟的情况，会被一次性扣2分。

二、朗读技巧

朗读是把书面语言变成有声语言的表达形式。通过朗读，练习者可以提高普通话水平，养成正确的发音习惯，从而提升用普通话进行交际的能力。同时，好的朗读，是对仅靠视觉手段来感知的文字材料的再创作，可将作品的内容准确、生动、形象地传达给听众，加深听众对作品的理解，使其产生文字材料所难以企及的艺术效果。

（一）细致分析作品，深刻理解作品

1. 根据作品的风格类型，整体把握朗读的基调

一般说来，朗读作品大致有抒情型、叙述型、议论型等不同的风格类型。对不同风格类型的作品，应分别确立与之对应的朗读基调。比如抒情型的作品，核心是一个"情"字：壮志豪情、缠绵爱情、依依别情；对祖国、大好河山的热爱之情；对亲人、友人的思念、眷恋之情；对不幸遭遇的悲痛、伤感之情；愤世嫉俗、拍案惊起的愤慨之情……梳理出作品的情感类型，然后方能把握其分寸，声以传情，情以达意，感染听众。比如《大纲》上的作品3号《匆匆》，整体情绪是对光阴似箭、日月如梭的一种惋惜和感慨；而作品2号《春》，则尽情地抒发了作者对春天到来的期盼、欣喜和赞美之情。把握住作品情感的基本特点，朗读就成功了一半。当然，上述几种风格类型是就其基本面貌而言的，实际上，在叙事中抒情，抒情而兼叙述，叙事而兼议论等风格也是大量存在的，不能一概而论。

2. 深入挖掘主题，根据作品思想内容的发展表现主题

对作品中的各个章节、段落甚至一句话、一个词语在全文中的作用、与上下文的关系要做出细致的分析，理出作品的重点、高潮及关键语句，理清思想或感情的发展线

索。比如作品2号《春》的最后三个自然段。

　　春天像刚落地的娃娃，从头到脚都是新的，它生长着。
　　春天像小姑娘，花枝招展的，笑着，走着。
　　春天像健壮的青年，有铁一般的胳膊和腰脚，领着我们向前去。

　　三个自然段是文章对春天形象化、总结性的评说，都是对春天的由衷的赞美，但却细腻地刻画出三种不同的意境。第一自然段寓意春天到来的时候，万物复苏，气象万千，一派生机勃勃的景象；第二自然段极言春天之美；第三自然段则蕴含着对未来的无限憧憬和希望，以及对生活坚定的信念。深刻领会、细细品味，找出作品的每一处思想蕴含点和感情色彩区间，才能有充实的内心依据，才能激发真情实感，产生强烈的表达欲望，进而将其准确地传达出来。

　　3. 辨正方音，弄清难读易错字音，扫除语言障碍

　　朗读一篇作品，如果普通话不是十分纯正的话，首先要辨正方音。对于南方地区的人来说，比如声母的"平翘"不分、"鼻边"不分，韵母的前后鼻韵不分等问题是易犯的毛病，要把它们弄清楚。其次，对于难读、易错的字，尤其是一些常用字的读音，要勤查字典、词典，弄准读音，以免读错。如"和"字一共有6个读音，hé、hè、huó、huò、huo、hú，具体组合情况是：hé，"你和我"；hè，"应和"；huó，"和面"；huò，"和稀泥"；huo，"暖和"；hú，"和了"。再如"帖"有三个读音：tiē、tiě、tiè，具体组合情况是：tiē，"妥帖""服帖"；tiě，"请帖"；tiè，"字帖""碑帖"。拿不准的字，又要想当然地去读，必然会闹出一些笑话。如把"龟裂"念成guīliè，把"埋怨"念成máiyuàn，把"心广体胖"念成xīnguǎngtǐpàng等，都是错误的。

　　（二）朗读的技巧及运用

　　1. 掌握必要的发声技巧

　　如前所述，朗读是把书面语言变成有声语言的过程，因而，声音（语音）是朗读的基本手段。朗读者的声音是否洪亮，嗓音是否能持久，给人的听觉是否悦耳，是否字正腔圆，都与是否具备必要的发声技巧有关。这里，介绍一些科学发声的基本常识。

　　（1）注意呼吸的方法。建议采用"胸腹式联合呼吸"的方法。总的感觉是：吸气时，小腹微收，随着气流从口鼻被吸入肺下部，两肋向两侧扩张，腰带渐紧，小腹随之收缩。呼气时，保持腹肌的收缩感，以牵制膈与两肋，使其不能迅速回弹。随着气流的缓缓呼出，小腹逐渐放松，但最后仍不失去收住的感觉，而膈与两肋在这种控制下逐渐恢复自然状态。这种呼吸方式的突出特点是：气下沉、两肋开、小腹收。切忌吸气时有意识地使腹部收缩变瘪，那样会把腹腔内的器官挤到上腹部而阻碍膈肌的下降，致使气吸到上胸部，导致吸气量既小，又无法控制。

　　（2）注意声带的运用。总的感觉是：喉部放松，两声带轻松靠拢，而不是紧密闭合。在这种情况下，喉部肌肉活动灵活自如，能较好地与气息的控制协调工作。放松发音的方法可使嗓音持久,长时间地发出圆润的声音而不感觉疲劳;可使音色温和、丰满,泛音丰富;可使声门开闭灵活,声音虚实变化自如,富于弹性,听感自然亲切。

（3）注意声音的共鸣控制。善于控制声道共鸣,是使语言清晰、声音优美、色彩多变的重要环节。声音共鸣的整体感觉是:一根弹性声音"柱",在胸部的支撑下,垂直向上,到口咽处流动向前,"挂"于硬腭前部,透出口外,要注意脊背直而舒展,颈前部肌肉放松,保持咽管的通畅,以利于发挥咽腔的共鸣作用;胸部要放松,主观感觉声音好像从胸部透出,增加胸腔共鸣色彩,适当打开后槽牙,下颌活动灵活,声波可以通畅地到达口腔,取得丰富的口腔共鸣;感觉从口咽出来的声束,沿上腭中线前行,使声音有"挂"在硬腭穹窿上的感觉,这样,声音比较明朗、润泽。

上面分别叙述了气息、声带、共鸣的控制。实际上,发声是一个连贯的整体动作,气息支撑、放松声带、打开共鸣三者互相配合、互相影响,缺一不可。

2. 注意声音的造型能力

朗读作品的语音形式要富于变化。而这种语音形式变化的依据是思想感情的运动变化,是作品内容的运动变化。变化的声音随着思想感情的变化而表现出种种伸缩性、可变性、适应性,我们称之为声音的造型能力。丰富的声音变化形式和较强的声音造型能力,对于准确、生动、传神地传达出作品的思想内容和感情色彩,有着十分重要的作用。

声音的造型能力来自声音的可变性和伸缩性,最主要的是气息状态的变化和声音色彩的变化。色彩变化越丰富、越细致,对于思想内容的运动和感情色彩的适应性也就越强。

声音的造型能力表现为声音形式变化的对比性。这种对比变化往往以各种项目的复合形式出现。由于复合的成分不同,各种成分的强度、浓度的不同,因而产生了千变万化的声音色彩及性格。

声音对比的项目很多,其中主要的有:声音的高低变化,强弱变化,虚实变化,明暗变化,刚柔变化,厚薄变化以及气息的深浅、疾徐变化,收与纵的变化等。

声音造型能力的训练可分为两种方式。

一是单项对比训练。由于声音的变化主要以复合的对比形式出现,因而可选取一些简单的音节或短句做上述各项对比项的训练。

二是综合训练。首先可以采用古典诗词作为练习材料。古典诗词以精练的文字抒发深邃的情感,变化多、韵律美、耐推敲,是练习声音造型能力的好材料。然后,可以选用一些感情变化较复杂些的现代诗歌进行练习。再接下来,宜选用一些短小的现代优秀散文作为练习材料。《大纲》规定朗读的作品有很多属于这类感情色彩丰富的散文,这对练习声音的变化和提升声音的造型能力极有帮助。

7.15 朗读
短文示范

第五节　命 题 说 话

一、普通话水平测试之命题说话

普通话水平测试中的"说话"也是说话,与日常生活中的说话没有本质的区别。但说话作为一种考试的形式——水平测试,则有一些非常具体的要求。

首先,普通话水平测试对说话进行测试的目的,是考查应试人的语言形式的规范程度,即主要考查应试人将方言转换为标准语的口语运用能力——按照普通话语音、词汇、语法规范说话的能力,而不纯粹是语言知识的测试,也不是表达技巧、口才的测试。

其次,在说话测试里,要求应试人的说话内容具有完整性。叙述一件事情,要有头有尾;说明一个事物,要有个全貌的轮廓。在一个话题之下,围绕这个话题展开表述层次。不能东拉西扯,"信天游"。

最后,在这一测试项里,要求应试人在没有文字的凭借下说话,以单向为主,必要时辅以主试人和应试人的双向对话。可见,表达的单向性是其主要特征之一。

《大纲》为普通话水平测试提供了50个话题,每份试题含有2个命题说话题目。2个话题均从50个指定题目中随机抽取。考生须从2个话题中任选一个进行说话测试。

二、命题说话技巧

（一）对话题进行归并分类

50个话题,在参加测试前,应该都有所准备。这么多话题及其内容,怎能都记住呢?但如果事前毫无准备,测试场上临时抽到一个话题,短短的几分钟时间内要准备包括说话题目在内的整套测试题,显然时间比较仓促。因此,可对话题进行归并分类,类别把握。

一是按照话题的文体进行归类。大致可将话题分为叙事类、议论类、说明类。如"我的一天""难忘的旅行""朋友""假日生活""童年生活"等,可归为"叙事类";如"科技发展与社会生活""谈社会公德(或职业道德)""谈个人修养""对环境保护的认识""谈谈卫生与健康"等,可以归为"议论类";如"家乡(或熟悉的地方)""我喜欢的节日""我了解的十二生肖""向往的地方"等,可以归为"说明类"。

二是根据话题的内容进行归类,即把大致属于一类事物的话题归为一类。据此可分为"关于人""关于工作、学习""关于业余生活""感想议论"等类型。如把"尊敬的人"朋友""我欣赏的历史人物"等归为"关于人"这一类;把"我喜欢的职业(或专业)""学习普通话(或其他语言)的体会"等归为"关于工作、学习"类;把"假日生活""体育运动的乐趣""印象深刻的书籍(或报刊)""我喜欢的美食""我喜欢的节日"等归为"关于业余生活"类;把"向往的地方""对环境保护的认识""对美的看法""对垃圾分类的认识"等归为"感想议论"类。

归类之后,可对类型话题的形式、风格进行整体把握,整类思考,理顺材料,理清线索,而不必单个、逐一地去死记硬背。这样,测试时拿到话题,就可以迅速根据类型话题的主要风格和主要线索,再根据同类话题的细微差别,适当更换材料、调整表述内容。

关于第一种分类,这里提供一些基本的思考要点。

(1)叙事类。要把一件事说清楚,首先要思路清晰,把握中心线索,按照一定的顺序将其加以排列组合,快速整理、有条不紊地说出来。叙述的事件线索要单纯,不要太复杂。叙述的内容不要太多,涉及的人物要尽量少。要紧紧抓住事情的发生、发展、高潮、结尾等前后相关的环节,交代清楚时间、地点、人物、事件、原因、结果等要素。

(2)议论类。议论要遵循逻辑规律,所持见解要确定,概念要明确;判断要贴切、清楚,不能模棱两可;推理合乎逻辑,要有理有据。论证要充分,议论的结果要能服人。围绕议论的观点条分缕析,层层剖析,切忌泛泛而谈。比如"谈个人修养"这个题目,首先要旗帜鲜明地亮出自己对个人修养的态度,然后进行评说。在评说的过程中要用丰富的材料来证明、支持自己对个人修养的观点,并加以论证。

(3)说明类。说明要根据事物的性质、外在形状、结构特点、事物的梗概来进行表述。说明一幢建筑,要把它的位置、形状、结构等说清楚;解说一处风景,要把它的山光水色、千姿百态介绍给游客。例如:

悉尼歌剧院是闻名于世的伟大建筑,如果用口语的方式介绍出来,可以这样来说明:

悉尼歌剧院,举世闻名。它几乎成了澳大利亚悉尼这座城市的象征性的建筑。它坐落在悉尼的贝尼朗岬角上,三面环海。由一个大基座和三个拱顶组成,占地面积超过了18万平方米。远远望去,像一簇贝壳,洁白、漂亮,又像一队扬帆的航船。

一位导游员对苏州的洞庭山的解说:

朋友们,我们的面前就是西洞庭山。大家看,我们的背后是漫山的丛林,蜿蜒葱翠;前面是一望无际的太湖,碧波晶莹。青山绕着湖水,湖水托着青山。山石伸进了湖面,湖面咬进了山石。头上有山,脚下有水,真是天外有天,山外有山,岛中有岛,湖中有湖……

(二)口语语体,重在"说"字

说话就是讲究一个"说"字,不是念书,不是朗诵,也不是演讲。在普通话水平测试中,有的应试人说起话来一字一顿,生硬呆板,像小学生在老师面前背课文,这是不合适的。

说话的口语化,是与书面语相比较而言的,可以从语音、词汇、语法诸方面表现出来。

1. 语音方面

(1)较之测试中的朗读,说话的语流音变要显得更加自然"随和",不要在这一测试项里过分地追求字正腔圆,否则会显得矫揉造作,不像是在说话。

(2)较之书面语,说话里的轻声、儿化韵的出现更加频繁。

书面语中一些不读轻声的或两可的(区别意义、区别词性的除外),在说话里一般都读轻声,如:学生、棉花、太阳。儿化的情况如:不一定说"今天""明天",而说"今儿""明儿";不一定说"散步"而说"遛弯儿";等等。当然,这种儿化韵更多不仅仅是语音的问题,同时牵涉到词汇的问题,因为与之对应的儿化韵,有的连词根也不一样了。

(3)语调的变化更为丰富。

一般来说,在朗读中,高升调、低降调、平直调、曲折调是其最基本、最常见的语调类型。但在说话时,语调会随说话人的心境、态度、情绪的变化表现为更丰富的变化,或曲折回环,或跌宕起伏,或抑扬顿挫,显得更加生动活泼、"直观"可感。

2. 词汇方面

(1)较之书面语,口语更习惯于用一些双音节或多音节词语。

从古汉语发展到现代汉语,语音系统趋于简化,同音词的增多,语言符号的区别性受到干扰和破坏,汉语的解决办法就是加长词的长度,用更多的双音节词去代替单音节词。这种解决办法的出现始于口语,并在口语中表现得尤为突出。其次,在口语交际的过程中,从说到听的传递具有临场性和暂存性,信息转瞬即逝,不可能像书面语那样,信息可以通过接收一方的视觉反复辨认领会,口语的清楚明白、无歧义的交流原则使得人们在说话时更多地使用双音节词或多音节词。例如:

书面语	口语	书面语	口语	书面语	口语
饥 —	饥饿	抵 —	到达	惧 —	害怕
遇 —	碰到	归 —	回来	石 —	石头
父 —	爸爸	头 —	脑袋	距 —	距离
目 —	眼睛	口 —	嘴巴	颈 —	脖子
腹 —	肚子	腮 —	腮帮子	腋 —	胳肢窝

在口语中,将单音节词扩充为双音节或多音节词,可以有如下方式。

① 在语素或词的前面附加一些语素。例如:老虎、老鼠、老乡、老张、小偷、小贩、小吴、小孩儿等。

② 在语素后面附加语素。如:媳妇儿、老伴儿、后脑勺儿、小鸡儿、三轮儿、眼珠子、腮帮子、舌根子、嘴皮子、金子、叶子、小姨子、大舅子、木头、馒头、甜头、想头、闷得

慌、憋得慌、愁得慌,灰不溜丢,高兴劲儿、别扭劲儿、热闹劲儿等。

口语里还常用相当一部分四字格式的多音节词语。这些四字格式的词语大多数并不是成语。例如:

打头碰面	油嘴滑舌	蔫头蔫脑	愣头愣脑
贼眉鼠眼	抓耳挠腮	吃里爬外	东拼西凑
低三下四	说七道八	七嘴八舌	满打满算
黑灯瞎火	胡吃海塞	沾亲带故	傻不拉叽
吊儿郎当	七老八十	平白无故	针头线脑
丢人现眼	强拉硬拽	没心没肺	嬉皮笑脸

(2) 形象化的词语比较多。

日常生活的口语中,有不少词语具有鲜明的形象色彩。这些形象色彩浓厚的词语,可使口语表达更加生动、具体。口语词语的形象感可以是视觉形象的,也可以是非视觉形象的。如"很凉""很辣""很坏"等词,听起来比较概念化,而"透心凉""刺鼻子辣""坏透了"等词就比较形象。形象色彩浓厚的词语在口语中使用频率比较高,例如:

面包车	狮子山	蘑菇云	鹅蛋脸	三角眼
鸡冠花	金钱豹	鸭舌帽	眼镜蛇	喇叭裤
榆木脑袋	鸡皮疙瘩	羊肠小道	闷罐子车	
香喷喷	暖烘烘	白花花	黑洞洞	乱哄哄
懒洋洋	甜丝丝	亮晶晶	泪汪汪	肉乎乎

在口语中,有些词通过比喻的手法概括出新意,使其形象可感。例如:

纸老虎	半瓶醋	墙头草	背包袱	开夜车
挤牙膏	踢皮球	挖墙脚	背黑锅	扯后腿
走过场	和稀泥	吹牛皮	走后门	泼冷水

(3) 语气词出现频率高。

在日常生活的谈话中,说话都是有一定的语气的,因而语气词的使用就比较多。语气词的使用,可以更加生动、传神地传情达意。例如:

今天怎么回事啊?(询问)

快走哇!(催促)

那不是明摆着吗?(质问)

嗨,你找谁?(招呼)

哎,我马上就到。(应诺)

这篇文章是去年写的吧?（揣测）

这小姑娘长得多俊,啧!（赞叹）

嚯,真有两下子!（惊讶）

唵,真没想到。（叹息）

嘘! 不许出声!（制止）

（4）口语习惯用语。

在普通话里,有相当一部分词语习惯用于口语。一般说来,这些习惯用语在庄严隆重的场合,在严肃说理和写论说文的情况下要尽量避免,但在日常生活的说话里,却经常用到。这些词语在口语的名词、动词、形容词等词类里普遍存在,与书面语的对应并无严格的规律可循。例如:

书面语	口语	书面语	口语
身体	身子骨儿	视力	眼神儿
喉咙	嗓子	疟疾	打摆子
医生	大夫	厨师	大师傅
蟋蟀	蛐蛐儿	腹泻	拉肚子
目前	眼下	深夜	半夜
关键时刻	节骨眼儿	一生	一辈子
胡闹	起哄	思考	寻思
喋喋不休	唠叨	谈话	聊天儿
询问	打听	整理	收拾
抚养	拉扯	诞辰	生日
竣工	完工	斟酌	掂量
暴露	露馅儿	作罢	拉倒
有希望	有门儿	严重/厉害	邪乎
说不定	备不住	不一定	没准儿
大概	兴许	顺次	挨个儿
受欢迎	吃香	踌躇	犯嘀咕
欺骗	糊弄	没办法	没辙
非常好	没治了	喜悦	乐滋滋儿

3. 语法方面

由于说话具有言语与思维的协调同步性、表述形式的简散性、表达过程的临场性等特征,口语句子在语法方面表现出以下特点。

（1）口语句子比较短小。

例如:

① 甭问。问也白搭。人家肯定看不起咱们。咱们也不高攀人家。一见面准崩。

② 说帮忙，锸子儿不要也干，提钱？越给得多还不去。天生的这脾气。

上面两例中的句子都不长，口头怎么说的，笔下就怎么写。明快、干脆、简洁，是典型的口语句式。口语句子的短小一般表现为定语少而短，零句较多。

（2）口语句子比较简略。

汉语普通话讲究词约而义丰，用简略的形式表示比较复杂的意思，这种情况在口语里尤为明显。面对面说话，有一定的语境，很多信息可以在特定的语境中得到补充。因而，说话句子的简略，常常表现为省略、隐含、脱落、简缩等形式。在说话中，连词、介词、动词"是""有"等常常不露面；可以隐含时间、处所等词语；一些黏着成分可以脱落等。例如：

③ 忙，走不了。

④ 没有金刚钻，别揽瓷器活儿。

⑤ 拿钱呢，你走你的；不拿，好，天桥见。

例③实际省略了"因为……所以"，例④省略了"既然……就……"；例⑤省略了"要……的话"。

⑥ 院子当间，一群小孩活蹦乱跳。

⑦ 没有票的同志车上买。

例⑥、⑦都省略了介词"在"

⑧ 喂，老张吗？我小李。

⑨ 靠墙一张大立柜。

⑩ 昨天一下课你就走了。

例⑧省略了"是"，例⑨省略了"有"，例⑩隐含着表示时间的词语，实际等于"下课以后"。

黏着成分的脱落指丢掉附在词语后面的黏着成分（一般读轻声），可有介词的脱落，结构助词"得"的脱落。例如：

⑪ 花盆放凉台上。（脱落"在"）

⑫ 字写那么潦草。（脱落"得"）

（3）口语句子可以重复、强调。

说话不是写文章，反复推敲之后写下一段话来，写完之后还可以反复修改。说话是脱口而出，难免有表达上的缺陷。尤其是在没有文字材料凭借的情况下要说一段连贯的话来，难免会不是很完整。这时，需要重复或强调。另外，从接收信息的角度来看，听到的"话"也像文章那样干净，时间一长反倒使人疲劳。因而，为了强调某一表达信息、

加深听者的印象,说话中的重复和强调是必要的。例如:

⑬ 对了,我和海天就是在十年前,是十年前吧? 不错,是十年前拉车时认识的。

⑭ 我认为这篇文章是比较重要的,重要在哪儿? 不光是看到这种现象,值得研究,而且……

上述例句中加点的地方是一种重复。对前面提到过的关键词语进一步说明。在未说明之前,利用设问的方式把关键词语重复一下,以便迅速组织下面要说的话。

说话时,因为思维跟不上所以表达有可能重复;临时想起来有什么需要补充,插说完了以后,再接开头的话茬儿,需要重复;有时为了考虑措辞,借重复之机加紧思考;有时为了强调语气需要重复。说话中的重复和强调应当避免过多的啰唆,避免缺乏逻辑的重复,避免空白信息的重复。

(三)语调自然,通顺流畅

普通话水平测试中的说话是一种单向说话。由应试人根据说话题目在规定的时间内说出一段内容完整、表述清楚的话来。其目的是考查应试人用普通话说话的规范和流畅程度。这就要求应试人在说话时要内容连贯,语句通顺,语气自然,语流顺畅。避免说话时断断续续,结结巴巴。

1. 消除心理障碍,从容应试

在普通话水平测试中,由于说话这一测试项没有文字凭借,许多人表现为临场心理紧张,怯场,以至于将原来准备好的内容忘得一干二净,手足无措,思维混乱,词不达意,甚至突然口吃,说不出话来。这些现象的产生,主要是由于应试人精神压力过大,心理素质较差所致。

在说话测试前,要努力使自己处于一种坦然自信、舒缓松弛的状态之中。熟悉测试环境,消除陌生感;稳定情绪,消除胆怯心理。

2. 把握测试重心,沉着应试

这一测试项的目的不在于考查说话的内容是否有新意,是否有趣,是否感人,语言表述是否精彩,其重心是考查应试人的语音、词汇、语法是否规范,言语是否流畅。因此,不必在内容上花太多的功夫,而把主要注意力都放在如何用普通话去组织材料,把话说得语音标准、词汇正确、语法规范,语气自然,口语色彩浓厚,连贯流畅上。

说话的自然流畅要求应试人在说话时不能有过多、过长的停顿,不要做作、拿腔拿调;不要像背书或朗诵、演讲;言辞不要晦涩,像在读科学论文。

3. 训练灵活应试的能力,机变应试

一些应试人之所以测试时说得不流畅,是因为突然拿到的是一个比较陌生的题目,超出了原来准备的范围。这就需要加强心理素质的训练,做到处变不惊、镇定自若。拿到一个陌生的说话题目之后,首先是不要慌张,稳定情绪。其次是迅速将该话题尽可能地与自己原来熟悉的材料进行组合,不要过多地去考虑材料的真实性。比如,在对

"人"的材料的掌握上,你原来准备的是自己的爸爸、妈妈、老师、同学等。但拿到的题目却是"我的朋友",这样,就完全可以将原有材料中的任何一个"人"跟"朋友"这个题目靠拢,进行重新组合,迅速流畅地说出这个题目的内容。

(四)规范词汇、语法,避免方言成分

普通话水平测试中的说话自然要用普通话来说话,这毋庸赘言。在说话测试项里,"语音面貌"有"方音"的扣分项目,词汇、语法不规范,有方言成分,也要扣分。一般说来,方言区的人在日常生活里都用方言说话,一旦改用普通话说话,语音尤其是声调可能换过来了,而词汇、语法却一时换不过来,因而方言成分会自然而然地出现。因此,在说话这一测试项里,要尤其注意避免方言成分。

7.16 普通话说话示范《我了解的地域文化（或风俗）》

下 编
语文能力·实训

实训项目一 青春主题演讲比赛

一、任 务 书

实训主题	"逐梦青春,不负韶华"主题演讲			
实训目标	1. 培养当众演讲能力。 2. 培养适当运用肢体语言辅助演讲的能力。 3. 培养活动组织策划能力。 4. 培养团队协作能力,增强集体荣誉感。 5. 培养演讲稿、新闻稿写作能力。			
班级		日期	地点	教室
人员准备	1. 划分小组、选拔参赛选手。 2. 确定主持人、评委、计分人员等。	实训时长		2课时

实训任务及注意事项	环节	任 务	注意事项
	课前	1. 提前发布演讲比赛通知,明确演讲主题、要求及评分标准等。 2. 提前划分小组,可分为6个组,每组约6人。 3. 小组竞选比赛活动承办权,由承办小组选拔确定主持人和评委,以及负责场地布置等事项。 4. 其他小组选拔参赛选手。小组成员分工合作,完成搜集素材、写作演讲稿、制作演讲PPT等环节,小组内演讲选拔,推荐1人参加。	将活动参与情况纳入平时成绩进行赋分激励。 赋分参考如下: 　　小组完成任务,即承办小组完成活动组织,各小组选手参加了演讲比赛,获得小组基本分,成员均可得基本分。如无代表选手参赛,视作小组未完成任务,成员均扣减基本分。主持人、评委、选手及不同奖项的同学在基本分基础上相应地增加赋分。
	课中	1. 通过抽签决定出场顺序。 2. 主持人宣布演讲活动开始。 3. 各小组代表依次到讲台前演讲。 4. 每位选手演讲结束后,教师、学生评委和学生观众打分(学生观众打分可借助线上教学平台或QQ投票功能完成)。	1. 承办小组可将教室内讲桌、课桌重新摆放,以满足比赛需要。 2. 承办小组成员合理分工,安排好主持人、评委、计分人员和场控人员,也可从每小组中选择1人担任评委。

续　表

环节	任　务	注意事项
实训任务及注意事项		
课中	5. 计分人员根据评分占比计算最终得分。 6. 自第二位演讲选手演讲结束后开始公布前一位的得分。 7. 教师点评。 8. 学生评价,交流感悟。 9. 公布各参赛选手得分及奖项。 10. 颁奖。	3. 主持人须提前准备好主持词。 4. 比赛评分占比分配:教师评分占50%,学生评委评分占40%,学生观众评分占10%。
课后	1. 承办小组负责活动的总结和宣传,在班级微信公众号或QQ空间发布活动新闻宣传稿,并配以比赛现场图片。 2. 其他小组的学生查看消息,积极回帖评价或谈个人感悟。	学生自学新闻宣传稿写作,经教师指导把关后进行网上发布。

二、演讲评分标准

评价项目	评价要点
演讲内容 (30分)	1. 观点正确、鲜明,主题深刻、鲜明。（10分）
	2. 角度新颖,选材得当,材料典型、充分。（5分）
	3. 切合听众对象,切中社会现实,针对性强。（5分）
	4. 逻辑严谨,结构清晰,语言生动,说服力强。（10分）
语言表达 (40分)	1. 语音:普通话标准,吐字清楚、准确,语言流畅自然。（15分）
	2. 语调:停顿运用得当,抑扬顿挫,切合演讲内容,能准确、恰当地表情达意。（15分）
	3. 语速:演讲流利,有适当的速度,节奏富于变化。（5分）

续　表

评价项目	评价要点
态势语言 （20分）	1. 站姿：站姿挺立，精神饱满。（5分）
	2. 目光语：综合运用环视、扫视、凝视、虚视等注视方式，以增强演讲表现力。（5分）
	3. 表情：声情并茂。（5分）
	4. 手势：恰当运用手势语。（5分）
现场效果 （10分）	演讲具有较强的感染力、吸引力和号召力，其感情能较好地与听众融合在一起，有良好的演讲效果；演讲时间控制在5分钟之内。（10分）

三、评委打分表

序号	姓名	演讲内容 （30分）	语言表达 （40分）	态势语言 （20分）	现场效果 （10分）	合计

四、实训评价表

团队名称			组长	
评价项目		成员姓名		
完成分工任务	30			
能力目标达成	30			
团队协作	10			
成果评价	10			
团队贡献	20			

五、个人活动总结

1. 收获

2. 不足与改进

演　讲　稿

新闻宣传稿

（实践活动照片展示）

经典阅读交流会

一、任 务 书

实训主题	"阅读经典,浸润心灵"读书交流会			
实训目标	1. 激发读书热情,养成"好读书、读好书"的习惯。 2. 学会运用合适的阅读方法并做读书笔记,养成良好的阅读习惯。 3. 提升语言总结和表达能力。 4. 感受经典文学魅力,提升个人文学修养。			
班级		日期	地点	教室
人员准备	确定布置教室的人员和主持人。		实训时长	2课时

	环节	任 务	注意事项
实训任务及注意事项	课前	1. 提前发布读书交流会活动通知,明确活动主题、活动时间、活动地点、参与人员、活动流程等相关内容。 2. 提前划分小组,根据班级人员情况可大致分为5~8个组,每组5~6人;选出组长,在活动前,组长主要负责本组成员阅读篇目的选择、阅读进度的跟进和读书笔记的检查等工作。 3. 课前,课代表在各小组长的协助下组织同学做好活动现场的布置。在黑板上写好主题。其他同学以有利于交流探讨为前提进行座位的安排(全班座位可以围成一个圆)。提前准备好多媒体设备。 4. 提前确定活动主持人。 5. 提前抽签决定出场顺序。	1. 主持人须提前至少一周准备好主持词。 2. 课代表根据调研结果提前准备好电脑、话筒、音响等设备,并确定活动当天现场布置人员及具体分工。
	课中	1. 主持人宣布读书交流会活动开始。 2. 自主表达:同学们畅所欲言,可以谈谈自己在阅读方面的感触,也可以谈谈自己的阅读生活或本学年阅读计划。	1. 小组成员做好分工,做好现场活动照片的拍摄,做好活动内容和资料的整理、记录。

续 表

环节		任 务	注意事项
实训任务及注意事项	课中	3. 片段欣赏：选取所读书籍中自认为最有价值或精彩的片段进行赏析，并配乐朗诵。 4. 读书心得：选取阅读书籍中某一篇或某一段谈谈心得体会，展示自己的读书笔记。 5. 学生之间互相点评、点赞，交流感悟。 6. 教师点评，交流提升。	2. 课代表协助主持人，配合活动参与人员，确保活动的顺利进行。
	课后	1. 每个小组完成一份活动感悟，并配以活动现场图片，小组成员在自己的QQ空间或微信朋友圈进行分享。要求：传递正能量，激发大家的阅读兴趣，提倡好读书、读好书。 2. 将课后分享情况截图上传至校园课程学习平台。	同学们在QQ空间或微信朋友圈分享的本次活动的图片和资料，教师要进行审核和把关。

二、实训评价表

团队名称				组 长	
评价项目		成员姓名			
能力目标达成	自主表达	20			
	片段欣赏	20			
	读书心得	30			
团队合作意识		10			
成果评价		20			

三、个人活动总结

1. 收获

2. 不足与改进

读 书 笔 记

活 动 感 悟

（实践活动照片展示）

实训项目三 古典诗词吟诵展演

一、任 务 书

实训主题	"吟诵诗词,传承文化"吟诵展演			
实训目标	1. 激发学习兴趣,培养学生对中国古典诗词的热爱之情。 2. 掌握吟诵的规则,运用吟诵的方法欣赏和诵读诗词,传承中华优秀传统文化。 3. 提高活动组织策划能力。 4. 提高团队协作能力,增强集体荣誉感。 5. 培养当众登台展演的能力。			
班级		日期	地点	教室
人员准备	1. 确定主持人。 2. 确定布置教室的人员。 3. 确定负责播放音响等工作的人员。		实训时长	2课时

	环节	任 务	注意事项
实训 任务 及 注意 事项	课前	1. 提前发布吟诵展演的通知,明确展演时间、地点、参与人员、流程等相关内容。 2. 提前划分小组,根据班级人员情况可大致分为6～8个组,每组约6人,选出组长。 3. 划分小组后,组长组织组员一起定好本组吟诵篇目、配乐、道具和服装等。 4. 提前三天,各小组将所定下的篇目及吟诵伴奏音乐报课代表。 5. 确定2位主持人,根据上报吟诵篇目准备主持词。 6. 课代表和班长组织同学做好吟诵展演现场的布置。包括:板书主题;合理布局教室桌椅,预留足够的展演空间(可以留出前排大部分位置,以利于演出);提前准备好道具及多媒体设备。	1. 主持人提前准备好主持词。 2. 课代表根据各组报送情况,提前准备好电脑、话筒、音响等设备;确定活动当天现场布置人员及具体分工。 3. 将吟诵展演纳入平时成绩赋分。

续　表

环节	任　务	注意事项
课中	1. 主持人宣布"吟诵诗词，传承文化"吟诵展演活动开始。 2. 各小组按抽签顺序，依次上台表演，先朗诵，再吟诵。注意表演前、后行礼。 3. 集体吟诵外，如有想单独吟诵的同学，可穿插进行。 4. 学生之间互相点评、点赞，交流感悟，可借助校园课程学习平台评选"最美吟诵者"。 5. 教师点评、指导，帮助提升。	1. 小组成员做好分工，做好现场活动照片的拍摄，活动内容和资料的整理、记录。 2. 课代表协助主持人，配合活动参与人员，确保活动的顺利进行。
课后	1. 每个小组完成一份活动感悟，配以活动现场图片，小组成员在自己的QQ空间或微信朋友圈进行分享。要求：传递正能量，激发大家对吟诵古诗词的兴趣。 2. 将课后分享情况截图并上传至校园课程学习平台。	教师对学生在网络分享的活动图片和信息进行审核把关。

（左侧合并单元格：实训任务及注意事项）

二、吟诵评价标准

内　容	标　准	分　数
仪表 （15分）	1. 精神饱满，举止文明，着装得体，仪态稳重大方。	10分
	2. 动作设计合理，能与吟诵融为一体。	5分
创意 （15分）	形式独到，富有创意，有恰当的配乐或其他表现形式，给人耳目一新的感觉。	15分
吟诵 （70分）	1. 吟诵篇目经典，符合本次活动主题要求。	10分
	2. 能正确理解作品主题，感情饱满真挚，表达自然妥帖，声情并茂，富有表现力、感染力。	25分
	3. 吟诵流畅，符合吟诵规则，韵律感强。	25分
	4. 吟诵优美，语速恰当，声音洪亮。	10分

三、实训评价表

团队名称		组　长				
评价项目		成员姓名				
完成分工任务	30					
能力目标达成	30					
团队协作	10					
成果评价	10					
团队贡献	20					

四、个人活动总结

1. 收获

2. 不足与改进

吟诵展演活动策划书

新　闻　稿

（实践活动照片展示）

实训项目四 红色主题朗诵比赛

一、任务书

实训主题	"回首峥嵘,赓续红脉"主题诗歌朗诵比赛			
实训目标	1. 培养能把握朗诵作品情感基调并有感情地朗诵的能力。 2. 培养运用朗读技巧和肢体语言的能力。 3. 提高审美能力,增强自信心,陶冶高尚情操。 4. 加强个人文化修养,培养爱国情怀。			
班级		日期	地点	教室
人员准备	1. 划分小组、选拔参赛选手。 2. 确定主持人、评委、计分人员等。		实训时长	2课时

	环节	任务	注意事项
实训任务及注意事项	课前	1. 提前发布朗诵比赛通知,明确朗诵主题、形式、要求及评分标准等。 2. 划分小组,可分为6～8个组,每组约6人。 3. 小组竞选比赛活动承办权,由承办小组负责主持人、评委选拔及场地布置等事项。 4. 其他小组选拔参赛选手。小组成员分工合作,完成搜集朗诵素材、选择朗诵背景、确认朗诵形式(个人或集体),小组内进行朗诵选拔,并推荐1人参加。	将活动参与情况纳入平时成绩进行赋分激励。 赋分参考如下: 　小组完成任务,即承办小组完成活动组织,各小组选手参加了朗诵比赛,获得小组基本分,成员均可得基本分。如无代表选手参赛,视作小组未完成任务,成员均扣减基本分。主持人、评委、选手及不同奖项的学生在基本分基础上相应地增加赋分。
	课中	1. 通过抽签决定出场顺序。 2. 主持人宣布朗诵比赛活动开始。 3. 各小组代表依次到讲台前朗诵。 4. 每位选手朗诵后,教师、学生评委和学生观众打分(学生观众打分可借助在线上教学平台或QQ投票功能完成)。	1. 承办小组可将教室内讲桌、课桌重新摆放,以满足比赛需要。 2. 承办小组成员合理分工,安排好主持人、评委、计分人员和场控人员,也可从每小组中选择1人担任评委。

续　表

环节		任　务	注意事项
实训任务及注意事项	课中	5. 计分人员根据评分占比计算最终得分。 6. 自第二组朗诵选手朗诵结束后开始公布前一位的得分。 7. 教师点评。 8. 学生评价,交流感悟。 9. 公布各参赛选手得分及奖项。 10. 颁奖。	3. 主持人须提前准备好主持词。 4. 比赛评分占比分配:教师评分占50%,学生评委评分占40%,学生观众评分占10%。
	课后	1. 承办小组负责活动的总结、宣传,在班级微信公众号或QQ空间发布活动举办消息,并配以比赛现场图片。 2. 其他小组的学生查看消息,积极回帖评价或谈个人感悟。	学生自学新闻宣传稿写作,经教师指导把关后进行网上发布。

二、朗诵评分标准

评价项目	评价要点
内容形式 (30分)	1. 紧扣主题,内容积极向上,思想性强,有真情实感。(10分)
	2. 服装整洁,衣着得体,朗诵熟练,能够脱稿。(5分)
	3. 形式新颖,富有创意,感召力强,能够引起共鸣。(5分)
	4. 背景音乐与朗诵风格一致,上下场迅速,有礼貌。(10分)
语言表达 (40分)	1. 语音:普通话标准,吐字清楚、准确,声音优美、自然。(15分)
	2. 语调:声调发音正确,声音洪亮,有感染力,抑扬顿挫,切合朗诵内容。(15分)
	3. 语速:正确把握节奏,韵律明显,富有音乐美。(5分)

续　表

评价项目	评价要点
态势语言 （20分）	1. 站姿：站姿挺立，精神饱满。（5分）
	2. 目光语：眼神准确、自然、亲切，富有表现力。（5分）
	3. 表情：声情并茂。（5分）
	4. 手势：恰当运用手势语。（5分）
现场效果 （10分）	朗诵红色经典，回忆峥嵘岁月的奋斗历程，具有较强的感染力、吸引力和号召力，能与听众在情感上产生强烈的共鸣，激起同学们的爱国热情；朗诵时间控制在5分钟之内。（10分）

三、评委打分表

序号	姓名	内容形式 （30分）	语言表达 （40分）	态势语言 （20分）	现场效果 （10分）	合计

四、实训评价表

团队名称			组　长		
评价项目		成员姓名			
完成分工任务	30				
能力目标达成	30				
团队协作	10				
成果评价	10				
团队贡献	20				

五、个人活动总结

1. 收获

2. 不足与改进

朗 诵 选 文

新 闻 稿

（实践活动照片展示）

实训项目五　价值观主题辩论赛

一、任 务 书

实训主题	价值观主题辩论赛			
实训目标	1. 理解和掌握辩论的基本技巧,了解交际语言的特点和运用方法。 2. 促使学生加深思考问题的宽度和深度,提高交流应对的敏捷度和准确度,培养学生换位思考,以及综合多种角度思考问题的能力;增强学生的语言表达能力,提升语言素养;提升学生的活动组织策划能力和团队协作配合能力。 3. 培养学生独立思考、合作探究的习惯;鼓励学生勇于展示和表达,树立自信心;引导学生关注社会,关心他人。			
班级		日期	地点	教室
人员准备	1. 依据立场划分小组,选拔正反双方参赛选手。 2. 确定主持人、评委、计时人员、计分人员等。		实训时长	2课时
实训任务及注意事项	环节	任 务	注意事项	
	课前	1. 发布辩论赛通知、要求及评分标准等。 2. 教师提供参考辩题,学生进行线上投票,从中选出票数最高的两组辩题。 3. 成立辩论赛承办小组,负责安排辩论主席、评委、计时人员、计分人员等,并准备奖品。 4. 除承办组外,其他人员划分为4个小组,抽签决定两组辩论的正反双方。各组内确定4位辩手,其余人组成亲友团。 5. 各组根据抽签结果,思考论证角度,搜集论据资料,开展模拟演练。	1. 辩论赛覆盖班级全体人员,通过每场辩论都设置一个辩论主席、小组内部亲友团助阵等多种方式,让尽可能多的学生得到充分锻炼。 2. 考查承办组活动组织情况与辩论组前期准备情况,可将实训评价表作为赋分依据。	

续　表

环节		任　务	注意事项
实训任务及注意事项	课中	1. 正反双方确定好席位和座次，主持人交代与比赛相关的事项和规则。 2. 两场辩论赛均按照如下流程开展： （1）双方一辩开题立论，由正方开始，各计时3分钟。 （2）双方二辩开展攻辩，由反方开始，各计时2分钟。 （3）双方三辩交替向对方一、二、四辩各提一个问题，被问方必须回答，不能躲闪。正反双方每次提问时间不超过15秒，三个问题累计回答时间不超过1分30秒。 （4）双方一辩结合己方和对方二辩和三辩的发言做攻辩小结，限时1分30秒，由正方开始。 （5）自由辩论阶段，正反双方八位辩手都要参加，双方交替发言，允许亲友团助阵发言。双方各有4分钟的累计发言时间，在一方时间用完后，另外一方可以继续发言，直至本方的时间用完。 （6）双方四辩总结陈词，各限时3分钟，从反方开始。 （7）每场辩论结束后，教师、学生评委就团体和个人表现进行评价后打分，计分人员根据评分占比，计算最终得分。 3. 根据两场比赛得分评选并公布最终的获胜团队和最佳辩手，进行颁奖。 4. 学生交流比赛感悟，教师进行总体点评。	1. 承办组成员合理分工，布置好教室场地，主席、评委、计时人员、计分人员到位。 2. 当计时员提醒时间到时，发言辩手须终止发言，否则按违规处理。 3. 承办组赛中维护好场内比赛秩序，辩论主席赛中注意把控比赛节奏。 4. 辩手要针对赛场和态势及涉及内容发言，脱离比赛实际状况的背稿，适当扣分。 5. 比赛评分占比分配：教师评分占50%，学生评委评分占50%（占比可根据实际情况进行调整）。 6. 评分可借助线上教学平台进行统计，令数据的呈现更为直观。 7. 将辩论赛开展情况作为本节语文实训课重要赋分依据，参加辩论赛活动的人员均可获得基本分，有突出贡献的成员在基本分基础上相应增加赋分。

续　表

环节	任　务	注意事项
实训任务及注意事项 课后	1. 由承办小组负责活动总结宣传，在班级微信公众号或QQ空间发布活动举办消息，并配以比赛现场图片，其他同学查看消息，积极回帖评价或谈感悟。 2. 梳理每场辩论双方逻辑思路，总结论证展开角度，撰写思路提纲；也可在总结后发散思维，补充额外角度。 3. 摘录精彩辩词，分析其精彩之处。	1. 撰写新闻稿并开展宣传，发布前，教师对稿件质量进行把关。 2. 将梳理思路和摘录辩词作为课后作业，并纳入平时成绩考核。
参考辩题	1. 智商(情商)比情商(智商)更重要； 3. 自我肯定(他人肯定)更重要； 5. 技术型(知识型)人才更有利于社会发展； 7. 当今大学生应该先就业(先择业)； 9. 手机拉近(疏远)了人与人之间的距离；	2. 人生在世，重在尝试过(没做错)； 4. 成才的关键在自身实力(外部机遇)； 6. 求专(求博)更有利于个人发展； 8. 企业用人，应该以德(才)为先； 10. 偶像崇拜利(弊)大于弊(利)。

二、辩论赛评分标准

评价项目	评价环节	评　价　要　点
团体部分 （100分）	审题立论 （20分）	1. 准确把握辩题的内涵和外延，论点鲜明。（10分） 2. 对所持立场能进行逻辑、理论、事实等多角度的理解。（10分）
	论证展开 （30分）	1. 材料准备充分，论据典型翔实，引用恰当。（15分） 2. 论证层次清楚，具有说服力，推理过程合乎逻辑。（15分）
	攻防问答 （30分）	1. 提问能够抓住对方要害，问题简单明了。（15分） 2. 能够正面回答对方提问，从容应对，有理有据。（15分）

续　表

评价项目	评价环节	评 价 要 点
团体部分 （100分）	团队配合 （20分）	1. 具有团队合作精神，队员间相互支持配合，发言错落有致。（10分） 2. 团队论辩衔接顺畅、方向统一，其回答形成有机的整体。（10分）
个人部分 （100分）	语言表达 （30分）	1. 咬字清晰，语言流畅，用词准确，表达严谨。（15分） 2. 具有一定的文采，能够体现汉语的优美。（15分）
	辩驳思路 （30分）	1. 论点明晰，论据充足，引证恰当，分析透彻。（15分） 2. 能迅速抓住对方的漏洞，驳论有力，切中要害。（15分）
	整体辩风 （20分）	1. 尊重对手，尊重主持人、评委和观众，举止得体。（10分） 2. 敢于创新、勇于表现，具有本队特有的风格并贯穿全局。（10分）
	综合印象 （20分）	1. 着装整齐，仪表大方，体现出良好的气质和风度。（10分） 2. 反应敏捷，机智幽默，能恰当把握现场的节奏和气氛。（10分）
扣分事项	如出现不遵守发言规则，发言超时，发言带有人身攻击性、反动性和不健康性，不遵守比赛主持人的主持等情况，酌情扣分。	

三、评委打分表

团 体 评 分 表

辩论队	审题立论 （20分）	论证展开 （30分）	攻防问答 （30分）	团队配合 （20分）	合计 （100分）
正方					
反方					

<h3 style="text-align:center">个 人 评 分 表</h3>

	姓名编号	语言表达 （30分）	辩驳思路 （30分）	整体辩风 （20分）	综合印象 （20分）	合计 （100分）
正方辩手						
	姓名编号	语言表达 （30分）	辩驳思路 （30分）	整体辩风 （20分）	综合印象 （20分）	合计 （100分）
反方辩手						

四、实训评价表

团队名称			组　长		
评价项目		成员姓名			
完成分工任务	30				
能力目标达成	30				
团队协作	10				
成果评价	10				
团队贡献	20				

五、个人活动总结

1. 收获

2. 不足与改进

思 路 提 纲

辩 词 摘 录

（实践活动照片展示）

实训项目六　职业岗位模拟面试

<h2 style="text-align:center">一、任　务　书</h2>

实训主题	职业岗位模拟面试				
实训目标	1. 能明确职业目标。 2. 了解岗位能力要求。 3. 能分析自身优点与不足。 4. 完成求职简历写作。 5. 能积极灵活地应对面试。				
班级		日期		地点	教室
人员准备	1. 划分小组（确保每人都参与）。 2. 分配角色（面试官与应聘者）。			实训时长	2课时
实训任务及注意事项	环节	任　务		加分激励机制	
	课前	1. 发布模拟面试活动通知，明确要求： （1）全员参与，活动采取角色扮演形式，举办两轮，第二轮互换角色。 （2）面试采用自我介绍、抽签回答问题和现场随机提问三个环节。 （3）得分最高的应聘者为最佳应聘者，并获得活动奖励。 2. 划分8个小组，选出组长。组长抽签确定本组活动顺序、扮演角色顺序。 3. 每小组提前发布岗位招聘信息至QQ群招聘文件夹，以模拟网络发布信息；提前阅读求职简历信息并做好面试活动规划，提前将规划上传校园课程学习平台。要求： （1）招聘信息真实，小组间不允许重复。每个招聘信息至少提供两个岗位供选择。职业岗位必须与专业就业方向匹配。 （2）准备好3个固定面试问题供选手抽取。 （3）针对每位应聘者的求职简历，准备好1个随机问题进行现场提问。		1. 招聘信息发布：及时1分、对口1分。 2. 求职简历发送：及时1分、对口1分。	

续　表

环节	任　务	加分激励机制
课前	4. 每位同学根据所有招聘信息自选岗位，提前完成求职简历制作，做好面试前准备。要求：求职简历提前发到QQ群文件"招聘单位文件夹"，以模拟电子邮件投递简历。 5. 课代表课前组织同学布置面试现场，在黑板上板书主题。布置桌椅：评委桌椅摆一排，背对黑板；应聘者桌椅摆一排，面对评委；评委桌椅与应聘者桌椅中间间隔三排，相对摆放。	
课中	1. 面试官组组长宣布面试活动开始。 2. 面试官组轮流互助，录制现场每位面试官点评、应聘者回答问题、最佳应聘者分享经验的视频。个人视频自行上传至校园课程学习平台。 3. 按照简历投递先后顺序确定面试顺序，应聘者依次进行面试。面试包括三个环节：自我介绍、抽取一个固定问题回答、面试官问一个随机题。 4. 面试完成，各面试官组组长组织统分，公布最佳应聘者名单。 5. 最佳应聘者分享准备和面试的经验。	1. 面试官点评到位的加1分。 2. 最佳应聘者分享经验加1分。
课后	1. 每位同学完成一份活动感悟，并配以现场图片，在自己的QQ空间或微信朋友圈分享。要求： （1）分享真情实感。 （2）传递正能量，树立和宣传个人正面形象。 （3）通过点赞和互动与朋友进行积极交流，互相鼓励。 2. 将课后分享情况截图，并上传至校园课程学习平台。	1. 点赞数超过30的加1分，超过60的加2分。 2. 评论超过10条的加1分，超过20条的加2分。

实训任务及注意事项

二、面试评分标准

评价项目	评价要点
自我介绍（30分）	语言流畅（10分）、条理清晰（10分）、突显岗位能力（10分）。
固定问题（30分）	语言流畅（10分）、条理清晰（10分）、内容得当（10分）。
随机问题（30分）	语言流畅（10分）、条理清晰（10分）、内容得当（10分）。
面试礼仪（10分）	装束整洁（2分）、表情自然（2分）、举止得体（2分）、应对从容（2分）、充满自信（2分）。

三、评委打分表

序号	姓名	自我介绍（30分）	固定问题（30分）	随机问题（30分）	面试礼仪（10分）	合计

四、实训评价表

团队名称			组　长	
评价项目		成员姓名		
完成分工任务	30			
能力目标达成	30			
团队协作	10			
成果评价	10			
团队贡献	20			

五、个人活动总结

1. 收获

2. 不足与改进

个 人 简 历

招 聘 信 息

（实践活动照片展示）

实训项目七　普通话水平模拟测试

<h1 style="text-align:center">一、任务书</h1>

实训主题	普通话水平模拟测试			
实训目标	1. 能使用一定水平的普通话。 2. 熟悉普通话水平机测流程。			
班级		日期	地点	教室
人员准备	教师监考、学生测试及审音。		实训时长	1课时

	环节	任　务	注意事项
实训任务及注意事项	备测	1. 快速浏览（不是读）一遍试卷。 2. 将第三题（朗读短文）朗读一遍。 3. 思考一下第四题（命题说话），选择一个题目组织腹稿。	1. 第一题、第二题切勿串行。 2. 第二题、第三题注意语流音变现象。 3. 第四题切忌背诵范文和使用书面语。
	测试	1. 确认个人信息。 2. 试音时，考生根据屏幕信息进行朗读。 3. 正式测试时，第一、二题显示黑蓝两色字体的，都要朗读。注意语速。 4. 第三题（朗读短文），读完双斜线前的内容即可。 5. 第四题（命题说话），题目二选一，读出所选题目的名称，例如"我选择的题目是'假日生活'"。	1. 将手机放到指定位置，根据座位号就座。将准考证及身份证放置于桌面。 2. 录音时麦克风对准嘴部，手不能放在麦克风上，更不要捂住麦克风。 3. 如果出现机器故障导致录音失败，举手示意。 4. 答题结束并显示考试成功方可离开考场，学生离开考场时提醒考生领取手机。
	审音	1. 根据评分标准，与同位交换审音打分。 2. 交流普通话发音的缺陷及改进措施。	熟悉普通话测试的评分标准。
	课后	1. 加强练习，多注意调整发音部位。 2. 着重对第四题进行思考。	教师指导学生对第四题的全部题目进行整合分类。

二、普通话测试评分标准

评价项目	评 价 要 点
单音节字词 （10分）	1. 语音错误，每个音节扣0.1分。
	2. 语音缺陷，每个音节扣0.05分。
多音节词语 （20分）	1. 语音错误，每个音节扣0.2分。
	2. 语音缺陷，每个音节扣0.1分。
朗读短文 （30分）	1. 每错1个音节，扣0.1分；漏读或增读1个音节，扣0.1分。
	2. 声母或韵母的系统性语音缺陷，视程度扣0.5分、1分。
	3. 语调偏误，视程度扣0.5分、1分、2分。
	4. 停连不当，视程度扣0.5分、1分、2分。
	5. 朗读不流畅（包括回读），视程度扣0.5分、1分、2分。
命题说话 （40分）	1. 语音标准程度，共25分。分六档： 一档：语音标准，或极少有失误。扣0分、1分、2分。 二档：语音错误在10次以下，有方音但不明显。扣3分、4分。 三档：语音错误在10次以下，但方音比较明显；或语音错误在10次～15次，有方音但不明显。扣5分、6分。 四档：语音错误在10次～15次，方音比较明显。扣7分、8分。 五档：语音错误超过15次，方音明显。扣9分、10分、11分。 六档：语音错误多，方音重。扣12分、13分、14分。
	2. 词汇语法规范程度，共10分。分三档： 一档：词汇、语法规范。扣0分。 二档：词汇、语法偶有不规范的情况。扣1分、2分。 三档：词汇、语法屡有不规范的情况。扣3分、4分。

续 表

评价项目	评价要点
命题说话 （40分）	3. 自然流畅程度，共5分。分三档： 　一档：语言自然流畅。扣0分。 　二档：语言基本流畅，口语化较差，有背稿子的表现。扣0.5分、1分。 　三档：语言不连贯，语调生硬。扣2分、3分。
	4. 说话不足3分钟，酌情扣分：缺时1分钟以内（含1分钟），扣1分、2分、3分；缺时1分钟以上，扣4分、5分、6分；说话不满30秒（含30秒），本测试项成绩计为0分。

三、审音打分表

序号	姓名	单音节字词（10分）	多音节词语（20分）	朗读短文（30分）	命题说话（40分）	合计

四、实训评价表

学生姓名			班　级		
评价项目			评分情况		
测试成绩	70				合计
能力目标达成	15	预期		实际	合计
测试体会	15				

五、个人活动总结

1. 收获

2. 不足与改进

高等教育出版社 **教学资源服务指南**

感谢您使用本书。为方便教学，我社为教师提供资源下载、样书申请等服务，如贵校已选用本书，您只要关注微信公众号"高职素质教育教学研究"，或加入下列教师交流QQ群即可免费获得相关服务。

"高职素质教育教学研究"公众号

最新目录
样书申请
资源下载
写作试卷
线上购书

师资培训　教学服务　教材样章

资源下载：点击"**教学服务**"—"**资源下载**"，或直接在浏览器中输入网址（http://101.35.126.6/），
　　　　　　注册登录后可搜索下载相关资源。（建议用电脑浏览器操作）
样书申请：点击"**教学服务**"—"**样书申请**"，填写相关信息即可申请样书。
样章下载：点击"**教材样章**"，可下载在供教材的前言、目录和样章。
师资培训：点击"**师资培训**"，获取最新直播信息、直播回放和往期师资培训视频。

📍 联系方式

高职人文素质教师交流QQ群：167361230
联系电话：（021）56961310　电子邮箱：3076198581@qq.com